同济博士论丛
TONGJI Dissertation Series
总主编 伍 江 副总主编 雷星晖

张圆圆 汪光焘 陈小鸿 著

道路网络结构的交通安全分析方法

Traffic Safety Analysis Method for Road Network Pattern

同濟大學出版社
TONGJI UNIVERSITY PRESS

内 容 提 要

本书以道路网络结构为研究对象，为研究其对于交通安全的影响建立完整的分析方法。该方法以小区为分析单元，从对路网构型的描述及指标计算、空间数据处理、统计模型构建，以及整套方法的应用4个部分进行阐述。本书提供的整套方法可以分析各种类型路网结构与不同类型交通事故之间的关系，不仅可以用来分析实例应用中路网连通性与慢性交通安全的关系，同时还可以扩展到分析路网构型其他的属性指标与不同事故群体、不同事故严重程度的关系。

图书在版编目(CIP)数据

道路网络结构的交通安全分析方法 / 张圆圆，汪光焘，陈小鸿著. —上海：同济大学出版社，2018.2

（同济博士论丛 / 伍江总主编）

ISBN 978-7-5608-7742-6

Ⅰ. ①道…　Ⅱ. ①张…　②汪…　③陈…　Ⅲ. ①道路网—网络结构—交通运输安全—研究　Ⅳ. ①U412.1

中国版本图书馆CIP数据核字(2018)第024222号

道路网络结构的交通安全分析方法

张圆圆　汪光焘　陈小鸿　著

出 品 人　华春荣　　责任编辑　陆克丽霞　卢元姗

责任校对　徐春莲　　封面设计　陈益平

出版发行　同济大学出版社　www.tongjipress.com.cn

（地址：上海市四平路1239号　邮编：200092　电话：021-65985622）

经　　销　全国各地新华书店

排版制作　南京展望文化发展有限公司

印　　刷　浙江广育爱多印务有限公司

开　　本　787 mm×1092 mm　1/16

印　　张　14

字　　数　280 000

版　　次　2018年2月第1版　2018年2月第1次印刷

书　　号　ISBN 978-7-5608-7742-6

定　　价　78.00元

“同济博士论丛”编写领导小组

组　　长：杨贤金　钟志华

副 组 长：伍　江　江　波

成　　员：方守恩　蔡达峰　马锦明　姜富明　吴志强
徐建平　吕培明　顾祥林　雷星晖

办公室成员：李　兰　华春荣　段存广　姚建中

“同济博士论丛”编辑委员会

总 序

在同济大学110周年华诞之际，喜闻“同济博士论丛”将正式出版发行，倍感欣慰。记得在100周年校庆时，我曾以《百年同济，大学对社会的承诺》为题作了演讲，如今看到付梓的“同济博士论丛”，我想这就是大学对社会承诺的一种体现。这110部学术著作不仅包含了同济大学近10年100多位优秀博士研究生的学术科研成果，也展现了同济大学围绕国家战略开展学科建设、发展自我特色，向建设世界一流大学的目标迈出的坚实步伐。

坐落于东海之滨的同济大学，历经110年历史风云，承古续今、汇聚东西，秉持“与祖国同行、以科教济世”的理念，发扬自强不息、追求卓越的精神，在复兴中华的征程中同舟共济、砥砺前行，谱写了一幅幅辉煌壮美的篇章。创校至今，同济大学培养了数十万工作在祖国各条战线上的人才，包括人们常提到的贝时璋、李国豪、裘法祖、吴孟超等一批著名教授。正是这些专家学者培养了一代又一代的博士研究生，薪火相传，将同济大学的科学研究和学科建设一步步推向高峰。

大学有其社会责任，她的社会责任就是融入国家的创新体系之中，成为国家创新战略的实践者。党的十八大以来，以习近平同志为核心的党中央高度重视科技创新，对实施创新驱动发展战略作出一系列重大决策部署。党的十八届五中全会把创新发展作为五大发展理念之首，强调创新是引领发展的第一动力，要求充分发挥科技创新在全面创新中的引领作用。要把创新驱动发展作为国家的优先战略，以科技创新为核心带动全面创新，以体制机制改革激发创新活力，以高效率的创新体系支撑高水平的创新型国家建设。作为人才培养和科技创新的重要平台，大学是国家创新体系的重要组成部分。同济大学理当围绕国家战略目标的实现，作出更大的贡献。

大学的根本任务是培养人才，同济大学走出了一条特色鲜明的道路。无论是本科教育、研究生教育，还是这些年摸索总结出的导师制、人才培养特区，"卓越人才培养"的做法取得了很好的成绩。聚焦创新驱动转型发展战略，同济大学推进科研管理体系改革和重大科研基地平台建设。以贯穿人才培养全过程的一流创新创业教育助力创新驱动发展战略，实现创新创业教育的全覆盖，培养具有一流创新力、组织力和行动力的卓越人才。"同济博士论丛"的出版不仅是对同济大学人才培养成果的集中展示，更将进一步推动同济大学围绕国家战略开展学科建设、发展自我特色、明确大学定位、培养创新人才。

面对新形势、新任务、新挑战，我们必须增强忧患意识，扎根中国大地，朝着建设世界一流大学的目标，深化改革，勠力前行！

万　钢

2017年5月

论丛前言

承古续今，汇聚东西，百年同济秉持“与祖国同行、以科教济世”的理念，注重人才培养、科学研究、社会服务、文化传承创新和国际合作交流，自强不息，追求卓越。特别是近20年来，同济大学坚持把论文写在祖国的大地上，各学科都培养了一大批博士优秀人才，发表了数以千计的学术研究论文。这些论文不但反映了同济大学培养人才能力和学术研究的水平，而且也促进了学科的发展和国家的建设。多年来，我一直希望能有机会将我们同济大学的优秀博士论文集中整理，分类出版，让更多的读者获得分享。值此同济大学110周年校庆之际，在学校的支持下，“同济博士论丛”得以顺利出版。

“同济博士论丛”的出版组织工作启动于2016年9月，计划在同济大学110周年校庆之际出版110部同济大学的优秀博士论文。我们在数千篇博士论文中，聚焦于2005—2016年十多年间的优秀博士学位论文430余篇，经各院系征询，导师和博士积极响应并同意，遴选出近170篇，涵盖了同济的大部分学科：土木工程、城乡规划学（含建筑、风景园林）、海洋科学、交通运输工程、车辆工程、环境科学与工程、数学、材料工程、测绘科学与工程、机械工程、计算机科学与技术、医学、工程管理、哲学等。作为“同济博士论丛”出版工程的开端，在校庆之际首批集中出版110余部，其余也将陆续出版。

博士学位论文是反映博士研究生培养质量的重要方面。同济大学一直将立德树人作为根本任务，把培养高素质人才摆在首位，认真探索全面提高博士研究生质量的有效途径和机制。因此，“同济博士论丛”的出版集中展示同济大学博士研究生培养与科研成果，体现对同济大学学术文化的传承。

“同济博士论丛”作为重要的科研文献资源，系统、全面、具体地反映了同济大学各学科专业前沿领域的科研成果和发展状况。它的出版是扩大传播同济科研成果和学术影响力的重要途径。博士论文的研究对象中不少是“国家自然科学基金”等科研基金资助的项目，具有明确的创新性和学术性，具有极高的学术价值，对我国的经济、文化、社会发展具有一定的理论和实践指导意义。

“同济博士论丛”的出版，将会调动同济广大科研人员的积极性，促进多学科学术交流、加速人才的发掘和人才的成长，有助于提高同济在国内外的竞争力，为实现同济大学扎根中国大地，建设世界一流大学的目标愿景做好基础性工作。

虽然同济已经发展成为一所特色鲜明、具有国际影响力的综合性、研究型大学，但与世界一流大学之间仍然存在着一定差距。“同济博士论丛”所反映的学术水平需要不断提高，同时在很短的时间内编辑出版110余部著作，必然存在一些不足之处，恳请广大学者，特别是有关专家提出批评，为提高同济人才培养质量和同济的学科建设提供宝贵意见。

最后感谢研究生院、出版社以及各院系的协作与支持。希望“同济博士论丛”能持续出版，并借助新媒体以电子书、知识库等多种方式呈现，以期成为展现同济学术成果、服务社会的一个可持续的出版品牌。为继续扎根中国大地，培育卓越英才，建设世界一流大学服务。

伍　江

2017年5月

前　言

不同道路网络结构对于交通事故的影响存在争论：连通性良好的方格类路网可能由于较多的交叉口而形成较多的人车冲突，导致更多的交通事故；但是交叉口的出现使得车辆速度大大降低，且连通性的良好促进更多的步行和骑行交通，均迫使驾驶员更加集中注意力。与其相反的另一个路网类型——断头路曲线网，同样存在类似的争论，较差的连通性避免了大量的通过交通，因此减少了人车冲突的概率，从而有利于交通安全；但是曲线网络通视不佳，并且行人和自行车出行较少，都会导致驾驶员放松警惕，交通事故发生的概率有增大的可能。面对不同路网结构特点的争论，城市对于道路网络构型的选择几经反复：最初，传统的方格网被批评为拥挤和呆板，因而被田园风格的断头路曲线网所取代；之后，这种频繁使用曲线道路的花园城市，被指出导致了冷漠的城市氛围，并且对慢行出行不友好，从而出现了如今规划界对于传统路网的回归和新传统主义的盛行。存在争论的同时，城市规划师和设计师们正站在规划趋势的转折点，迫切需要全面地理解路网构型的特点，如何描述不同网络的属性？如何分析对于既定地区，使用不同类型的路网结构方案会对交通安全水平造成怎样不同的影响？为解答这些问题，首先需要选择合适的路网特征指标，满足交通安全分析的特殊要求；而路网特征的安全性作为一个区域层面的分析，又需要在区域层面集计和处理路网结构指标、区域特征数据和事故数据，满足以区域安全分析对于数据匹配性要求；最后，针对空间数据自身的空间信息，以及数据关系在区域层面的空间差异性特点，需要使用反映空间关系的先进的统计模型，定量地解释道路网络结构的具体特征对于交通安全的影响。

出于对以上需求的考虑，本书以道路网络结构为研究对象，为研究其对于交通安全的影响建立完整的分析方法。该方法以小区为分析单元，从对路网构型的描述及指标计算、空间数据处理、统计模型构建以及整套方法的应用4个部分进行阐述。首先，提出了基于路网形态认知的路网构型特征描述逻辑，在此基础上建立了不同尺度下路网构型描述的体系，包括网络规模、元素形态、网络结构三个不同深度和细度的指标。同时，在网络结构层面又提炼出横向结构和纵向结构两个维度的特征指标，并针对不同类型交通事故分析提出了道路网络结构指标选取的建议，为区域层面的交通安全研究提供区域的路网构型特征数据。在此基础上，本书总结了区域层面交通安全研究所涉及的空间数据类型、内容和特征，根据以小区为分析单元的安全研究需要提出数据准备常见的问题及处理方法，并且详细介绍了对应的处理软件工具；在数据准备的基础上，本书介绍了地理加权回归模型的原理和发展过程，根据交通事故数据的特点提出对于服从泊松分布地理加权回归模型的应用。进一步结合以小区为分析单元的安全研究过程而讨论模型使用过程中对于变量选择、模型构建、模型选择、结果解释等重要内容。最后，作为实例应用展现本书提供方法的使用过程，选择以路网连通性为研究对象，分析其对于慢行交通安全的影响。该实例一方面示例了本书提供的数据处理、模型构建和指标提取的方法，同时针对具体的路网特征和具体类型的交通事故进行分析，既是对全文内容的应用，也得到了具体问题的分析结论。

本书的创新点和突破点在于：① 针对交通安全分析的需求，提供路网构型的描述指标及算法，并针对不同的安全分析对象提供指标选择的建议；② 为满足区域层面的交通安全研究，提供空间数据准备和处理的参考，指导研究过程中关于空间数据使用的相关问题的思考，系统而全面地指导以区域为分析单元的交通安全研究所需各类数据的空间匹配过程，并且提出了对于边界数据分配方法的探讨和论证；③ 为满足交通安全分析模型对于解释力度的要求，充分考虑空间数据的空间信息表达，体现数据之间关系在区域层面特有的空间差异性，引入先进的局部空间统计模型，并针对交通事故分析的特征改进模型，提出了关于模型曝露变量选取、构建方法及结果解读的建议，最后从定量的角度再次论证了区域层面交通安全分析中边界问题的处理方法。本书对于路网构型特征指标体系的构建，除了为路网构型的交通安全研究提供分所需数据，还可用于研究路网构型与可达性、土地价值、气体排放等的关系。本书提供的整套方法可以用来分析各种类型路网结构与不同类型交通事故之间的关系，不仅可以用来分析实例应用中路网连通性与慢行交通安全的关系，同时还可以扩展到路网构型其他的属性指标与不同事故群体、不同事故严重程度的关系。书中提出的路网结构指标选取、边界问题处理以及交通安全分析对局部空间统计模型的改进，均是区域层面分析路网结构交通安全水平的难点和关键技术，也为交通安全的其他统计分析提供了参考依据。

目　录

第1章 引言

1.1 道路网络

当人类活动开始在不同地点分类进行的时候，人和物的移动开始变得必要。在人和物聚集性出现的道路两旁，开始出现居民活动的场所，如商铺、广场、银行、邮政等。随着人类的移动方式从最原始的步行到有轮畜力车辆，再从蒸汽时代进入汽车时代，交通工具的出现开始变成塑造道路网络的又一重要力量。正是移动在空间上的集中性导致了道路的出现，而对移动效率和安全的要求又导致了道路的不同布局。当一条条重要的道路逐渐生长而互相连通的时候，道路网络便得以形成。

1.1.1 路网的塑造与反塑造

对于移动的需求、沿途活动的进行以及交通工具的使用，是塑造道路网络的主要力量。在了解道路的原生态成长过程之后，路网的规划开始逐渐发展。由于社会资源的有限，管理者希望最大效益地配置资源，道路网络作为土地资源的一种消耗，也需要脱离粗放式的原生蔓延，得到特定愿景下的规划和设计。然而，由于道路网络的建设与土地利用的布局密切结合，其一旦建成，无论是改造还是扩建都变得成本巨大。因此，道路网络开始了一种对于人和物的多态的、长期的、难以逆转的反塑造经历。

道路网络的线形，决定了车辆的行驶轨迹，从而决定驾驶行为和车辆互动；网络提供的路径，决定了人和物移动所要经历的时间，而时间对于行人和自行车这类速度较慢的出行者而言更加敏感，从而直接影响到步行和骑行出行方式的选择；网络的组合形式，决定了出行者的路径选择是否丰富，甚至影响着地块的可达性，从而导致车辆在网络上的分配。另外，路网特殊的形态所造就的交通环境、视觉效果也深刻地影响着出行者对路径的偏好，从而导致局部地区公共空间活动的频繁或者稀少，影响着更深层次的、高于交通行为本身的、社会生活氛围和区域的宜居性[1]。

1.1.2 双刃剑

方格网被认为能够提供多样化的路径选择，出行距离短，且直接地通达目的地，同时提供通视性良好的街面环境，是最本能的路网选择。更由于步行和骑行的暴露时间比较短，因而无论是在以步行交通为主导的人类社会早期，还是在提倡多模式交通和绿色出行的今天，方格网都备受青睐。但是反对者认为，方格网的道路四通八达，这种引导会带来更多的通过式交通进入地块内部，破坏良好的内部交通环境，造成更多的冲突和噪声。而频繁出现的交叉口也不利于机动车交通的快速运行，从而更加恶化了地块内部的交通拥堵[2]。

与方格网形成极端对比的是断头路风格的曲线网络，此类型中频繁出现的蜿蜒街道，能够带来行走者步移景换的惊喜和静谧的体验，因此被认为适于营造公园和郊区的自然风光，成为城市美化运动和郊区化运动的宠儿。由于大量使用断头路提供地块的到达，可以很大程度上避免通过式交通的侵入，从而形成安静、安全的地方化、私密性的交通环境。与方格网一样，频繁使用断头路的曲线网也有反对者的声音，弯曲的道路线形，造成视野的阻挡，反而影响驾驶的平顺性和安全性。过于安静的私密环境，其实导致了公共空间的冷漠和低效利用。由于连通性较差，通常这类路网不能提供便捷直接的路径连接地块，造成步行和自行车使用率的下降，在居民健康、社会活动等方面更深层次地对城市造成负面影响[2]。

1.1.3 反传统与回归传统

正是因为道路网络对于交通活动乃至社会活动的深刻影响，使得网络的规划和设计备受关注。无序的原生态路网、有序笔直的方格网、田园风格的曲线网、郊野风情的断头路，如图 1-1 所示。这一发展过程体现了人们对拥挤混乱的城市生活的不满，以及对于空间、宁静和自然美的向往。在对传统的无序路网和经典的城市化方格网络倍加批判之后，新传统主义和新城市主义者们又重新开始提倡原生态的渗透性路网和方格网，而这一回归，反映了城市居民对于一种过量的“空旷和宁静”所带来的实则冷漠的社会氛围的厌恶，是人们对于“温暖、热闹、熙熙攘攘"的公共邻里生活的回归。方格网和断头路这两种完全极端的路网形式在路网规划历史上的更迭，一方面说明了二者各有功用和特点，才能在一定的时期解决当时的问题；另一方面，也说明了规划者们对于不同道路网络形式的功用和特点还存在理解的盲区，因此导致争论重生。

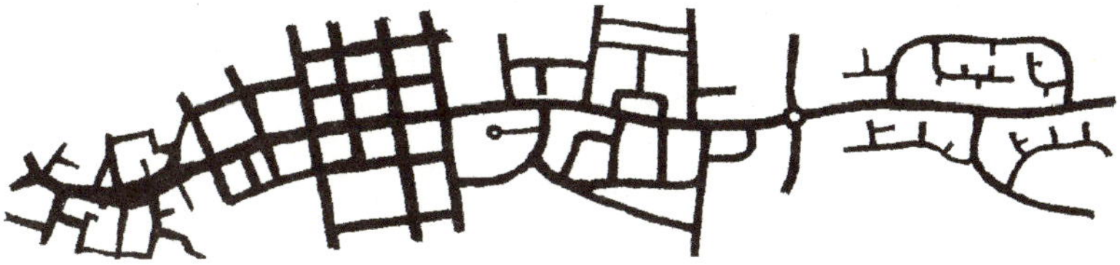

图 1-1 道路网络结构的演变(从左至右为原生路网、方格网、曲线网、断头路网。图片来源："Streets and Patterns")

1.2 问题的提出——路网形态的交通安全性

认识到路网对于城市生活的反塑造作用，以及此作用总是利与弊并存，人们逐渐开始重视路网结构的设计和规划。然而，在规划历史"传统方格网—曲线网—方格网"的反传统和回归传统过程中，人们也开始正视对于路网结构本身及其属性了解的不足。因而，关于路网结构的特征及其影响的研究广泛展开，在这些研究的结论中，对于不同路网结构的某些特性如连通性、可达性、开发效益等方面得到了较为充分的论证并达成共识。但是，仍旧存在诸如步行性、可持续性、宜居性等更加深刻的特性还有待进一步的分析。而且即便是在得到一定研究的安全性方面，甚至连共识都未达到，不同路网结构安全性的争论此起彼伏。

最早的比较路网构型安全性的研究是在 20 世纪 50 年代进行的，这项研究比较了方格型路网和曲线型路网所发生交通事故的数量。研究结果显示，方格网比曲线型这种限制接入模式的交通事故明显要多。尽管这项研究由于受到当时数据统计技术和分析手段的局限性影响，例如对于模型中变量的控制等，可能会造成这一研究分析结果的可信度受到质疑。但是，确实目前也有一些研究利用统计学模型仍旧得出类似的结论：连通性不好的路网构型例如"环路和棒棒糖"式的路网，在交通安全方面表现得比方格网要好[2]。

另一方面的研究却得到不同的结论，针对不同类型的城市区域对于交通安全的影响的研究表明，提高街道网络连通性与更少的交通事故相关。街道的布局越是紧缩聚拢，这个区域的交通安全情况就越好[3]。一种称为“道路减肥”的政策被证明是与交通事故发生的频率和总量的减少有密切关系[4]。当街道密度降低的时候，发生死亡事故和严重受伤事故的概率会大大增加[5]。更进一步的关于街道构型如何影响非机动车事故的研究表明，“环路和棒棒糖”形式的路网构型会增加行人和自行车交通事故的风险，但是会降低事故的死亡率和财产损失的概率[6]。更有学者提出，没有一个连通性指标能够在统计学意义上显著地影响机动车事故或者行人事故[7]。

无论影响是正面的还是负面的，存在的争论至少证明道路网络结构的类型确实与交通安全水平有关，并且此种关系并没有得到完整的解读。正是意识到此问题的存在，本书意图为道路网络结构的交通安全研究提供切实可行的科学方法。

1.3 研究难点

为了解答“不同路网结构的安全性如何”这一问题，需要首先描述一个路网结构，形成定量的结构描述指标。对于不同类型的交通安全问题分析，应当考虑选择不同的路网指标参与计算。进一步而言，传统交通安全研究多集中在路网上的某个节点或者某个片段，即交叉口或者路段。如果要观察到整个网络，则需要将研究层次从节点设施扩展到区域。同时在另一方面，交通事故在某一点的发生并非仅仅局限于该点的属性，更与该点所在的更大空间范围，例如社区、交通小区等层次的整个区域特征，例如小区人口、经济、活动等有关。因此，需要以区域为研究对象来进行路网指标和交通安全数据的对应结合，为定量分析做准备。最后，需要使用合理的统计模型来反映、分析路网指标和交通事故数据之间的关系。在模型的选取上，需要认识到道路网络结构本身和交通事故数据的空间性，以及二者之间关系的空间性。

上述初步的分析，为本书的研究指出了难点所在，但同时也是研究的切入点。

1.3.1 针对交通安全分析要求描述路网结构

1. 定量

道路网络结构的研究虽然开展已久，但是对于路网结构的描述，还是停留在文字性和图形配合的水平。例如“线性的”“单条的”“分支的”“闭环的”“断头路的”“星形的”“放射状的”“棋盘式的”“松散的栅格”“曲线的”“网状的”等，每种描述再配以对应的示例图做进一步说明[8]。对于这种描述方式的应用，通常需要研究者首先对各种词汇所对应的示例图有一定了解，之后根据自身对研究对象的图形认知和结构理解，主观地对所研究网络进行分类，并以该类别的特征对路网进行描述。这种描述方法确实较为直观，在较浅层面上对研究区域进行考察是具有一定作用的。但是当分析需要涉及定量计算时，文字性的描述往往不能反映各种路网结构之间的差别，更无法用来参与计算分析。对于路网结构交通安全性的研究，需要使用先进的统计模型，因此对于数据的定量化有很高的要求，定性描述路网结构已经不能完成更深入的研究任务。

2. 全面

认识到定性描述的缺陷，已经有研究试图对路网结构进行定量化。例如使用路网设施的数量、长度，或者简化后路网的节点与连接之间的比例关系来描述路网的特征[9]。更有使用复杂网络学科的指标，计算路网结构的度和势等特征[10-11]。但是，此类研究通常并不系统，只是在能够取得的数据条件下，结合所分析的具体问题，面片地对路网进行定量计算。这种反映路网个别方面特征的局部指标，对于不同路网的区分度不高。例如，相同节点连接比例的两个路网，很可能分别是方格网和鱼骨型的网络，虽然节点数和连接数的比例相同，但是路网形态和连接方式却可能大不相同，因而仅仅片面地使用一两个指标，不能很好地区分路网。因此，对于路网的结构描述需要依赖尽可能全面的指标，从各个方面表达路网的结构特征。

3. 区域层面

更进一步的，由于路网作为一种区域性的特征，其指标均要在区域层面进行计算。即，指标计算需要从对于网络节点和路段的描述，上升到对于一个指定的、连续面域的、空间区域的描述。

4. 以事故类型为导向

最重要的一点在于，由于需要与具体的交通事故数据进行对应的分析，因此必须更深层次地考虑哪类路网结构指标对于所要分析的交通事故类型潜在影响最大。虽然在分析自动化水平较高的情况下，可以使用尽可能全面的指标对交通事故数据做回归分析。但在研究成本一定的情况下，最好根据所分析的具体事故对象，选择影响最主要的路网指标进行计算。例如，对于慢行交通事故，选择反映路网连通性的指标进行分析[9]（其中原因在本书第 3 章和第 6 章中详述）。因此，需要根据所分析的交通事故对象来选择路网结构指标进行计算。

1.3.2 区域层面数据匹配和再生

从交叉口节点和道路路段的研究扩展到对路网的研究，需要将研究尺度从点和线的层次提升到区域的层次。这就要求以一个个不同的、连续的小区作为观察数据的单元，在接下来的数据分析中使用每个小区对应的路网特征和交通事故数据作为数据输入。

道路设施拥有多种信息，例如路段名称、里程、交通流划分情况、流量、等级等。这些信息在数据库中都是以每一条线元素为单元进行采集和记录的。然而，交通事故数据和公共服务设施的数据，例如公交站点、停车场、商铺等，均是以空间上所处位置的点的形式予以记录的。若需要在区域层面分析此类数据，必须将路网数据和交通事故数据，即各种线数据和点数据，均在区域层面上进行再次分配和集计，最终形成每一个分析区域的路网特征与事故数据的匹配。尤其是位于分析单元边界上的数据，其分配方法是以面域为分析单元的研究当中不可避免而又影响深远的关键问题。

另外，某些数据例如交叉口、断头路端点等信息，往往需要使用道路设施数据再次生成才能获得。而处理的思路和方法会随着原始数据的质量和特征而不同，需要针对性地考虑和调整。

1.3.3 数据的空间相关性和数据关系的空间差异性

路网结构的交通安全分析中，重要的两项数据即为路网结构指标数据和交通事故数据。其中，路网结构在空间上是连续的，所以相邻分析小区之间的路网指标会有一定的关联，而这种关联会随着小区之间距离的增大而越来越弱。交通事故的发生总是与发生地点以及地点周边的环境有关系，某一点发生的交通事故与其上下游的交通事故之间、某一小区内的交通事故与相邻小区发生的事故之间，会通过影响因素的空间相关性造成事故本身之间的空间相关性。在分析模型中，除了路网结构指标之外还需要加入区域经济、人口、社会活动、交通出行等其他影响事故发生的区域性因素，这些因素自身和其集计过程均造成数据本身的空间相关性。因此，分析路网结构的交通安全问题所使用的模型，需要考虑数据本身的空间相关性。

更进一步，交通事故与其影响因素的关系除了存在空间相关性，还存在空间差异性。例如，在某些小区成立的关系，在其他位置的小区可能并不存在，甚至有可能得到相反的关系[12](具体例子见本书第 6 章)。因此,在分析这种关系的时候,不能使用传统的统计模型将自变量和因变量的关系进行空间上的平均化,而需要体现关系在空间上的差异性,允许数据关系随着分析单元位置的不同而变化。

1.4 研究思路

认识到道路网络之于交通运行乃至社会生活的重要性,正视对于路网特性掌握的不足以及不同网络结构交通安全性争论的存在,本书拟为道路网络结构的交通安全分析提供系统的方法。并针对此项研究需要攻破的难点,形成对研究方法的设计和研究内容的设定。

1.4.1 研究对象

本书研究主体为道路网络结构,研究对象是由若干空间上连续的分析小区组成的、较大区域层面的道路网络与发生在其上的交通事故。

1. 关于区域层面

所谓区域层面是与交叉口单点层面和路段层面有所区别,其分析的整个对象是一个连续面域的大区域,可以是城市、县、都市区等;关键点在于分析单元是连续的小区,这些分析小区是对于大区域的细分,例如交通小区、人口统计小区等。因此,区域层面的交通安全研究,是以分析小区为分析单元来匹配和分配研究所需数据的研究。

2. 关于道路

研究所涉及的道路不仅包括高等级的快速路、高速公路等交通骨架系统,还包括地方道路、城市干道等集散道路,是各等级道路的全体集合,是真实所见的、从建筑物到交通走廊再到建筑物所经历的所有道路的完整网络。

3. 关于路网结构

路网结构实则包含了规模、形态和结构三方面的内容,鉴于词汇的使用习惯,本书均使用“结构”来概括其丰富的内容。

1.4.2 研究目的

本书的研究目的是为分析道路网络的交通安全水平提供一套基于区域层面

的分析方法。路网指标除了描述不同路网之外，更是为分析路网的属性提供定量数据；交通安全水平也需要针对不同研究地区和项目进行个案的分析。而正是路网结构与交通安全之间关系的空间差异性，更需要因地制宜地分析二者之间的关系，而不是提出一种万全的路网结构强制各地照搬。路网的设计和规划，需要结合当地地势、经济发展、文化氛围等各种复杂因素综合形成。真正重要的、切合实际需求的，恰恰是提供一套分析路网结构和交通安全关系的方法。在此方法的指导下，研究者可以使用当地数据，结合项目自身需求，得到反映当地真实情况的分析结果。

1. 不在于得到一个万全的网络，而在于理解网络要素的属性

关于路网特征及其各种属性的研究，最初都是建立在对于某一个“理想”路网的期望上。如果沿着这个期盼的方向进行研究，会走向试图得到一个“放之四海而皆好”的路网，而这一目标与其说是不切实际，不如说是与实际无用。暂且不论每个网络都有其自身的优缺点，规划者仍需要平衡其间。即便假设幸运者当真能够得到一个特定的“理想路网”，但是这个路网真的能够介绍给规划师们，在世界各个区域都实践吗？答案自然是否定的。路网是一个非常地方化的概念，是需要因地制宜地根据当地地理条件、土地利用情况和居民活动进行专题化的规划和设计。也正是由于各地情况的不同，才衍生出不同类型的路网。其次，路网形式在历史上的变化，也反映出当时当地的路网使用者对于“好的路网”的不同定义，需要达到既定的城市发展目的，解决当时所存在的城市问题，才能成为“好的路网”。今天，不同的城市和地区都有自身的发展目标和规划愿景，除了考虑交通安全以外，还需要考虑交通效率、空气质量、经济效益等其他因素。因此，不应该抱着得到一个理想的路网的目的来研究路网特征和属性，而应当转而研究到底是由于不同类型路网的哪些要素带来独特的性质，而这一性质又对交通安全或者其他社会方面有何影响。如我们认清了不同路网形式中的各种要素，这些要素能够描述路网的特征，并且对诸如交通安全等研究者感兴趣的方面有怎样的影响，也就能够在新的规划中，根据当地的情况和规划的目标灵活的选择和运用这些路网要素。需要强调的是，路网规划的目的不是形成某种形式的网络，而是通过各种道路的组合达到期待的城市发展目标和解决面临的问题。同样的，路网安全性研究的目的也不在于得到一个绝对的路网，而是在于认清路网的哪些特征和要素能够有利于交通安全的良性发展。

2. 不止于定论，更在于新方法的提出

正是认识到道路网络形态在交通行为及其他各个社会生活方面的广泛影

响，意识到已有研究结论之间的争论和异议，本书的研究在于充分利用新的数据条件和技术方法，为道路网络形态的交通安全性研究甚至其他属性研究提供一种新的科学方法。在本书第 6 章实例分析中针对路网连通性的安全性得到若干结论，但其目的主要是作为本书所述方法使用的范例。

无论是进行路网形态的交通安全研究，还是关于路网对于可达性、步行性等其他方面影响的研究，都首先需要清晰描述路网特征。只有具备对路网特征的全面的、定量化的描述，才能使用这些描述指标参与到模型分析当中，建立这些指标与其他研究者所关心的数据关系。例如本书介绍的关于路网形态与交通安全的研究方法，首要任务是知道从哪些方面描述一个路网，得到哪些定量的指标来代表该路网的特征，进而将这些特征与交通安全数据建立模型，得到其间的关系。

随着地理信息技术的发展和相关软件的应用，大量的交通数据呈现空间性的集计趋势，道路网络和交通事故数据在地理信息数据库中的保存和展示，为研究路网特征提供了更丰富的数据资源和更直观的数据表达，为交通安全的研究提供了更多样化的数据集计方法。基于对地理信息技术和空间数据的发展，本书针对路网安全研究所需要的各种空间数据及其处理进行描述和总结。

使用统计模型进行交通事故的分析历时已久，从简单的线性回归到符合计数数据的泊松分布和负二项分布回归，再从简单的非空间模型到半空间统计模型的发展，体现了新的分析手段在交通安全方面的更新和应用。伴随着地理信息技术的发展和空间数据库的建立，空间统计模型也得到了发展。正是认识到路网特征通常都是在连续的空间单元上、以一定区域为研究范围进行计算和分析，不同空间单元的路网对应的交通事故也是在分析单元上得到集计，因此这些数据都受到空间位置的影响，需要使用新的空间统计模型进行数据分析。本书利用地理加权回归的分析方法，在路网形态的安全性研究中考虑空间因素的影响，试图提供更准确的统计方法。

1.4.3 研究框架

本书研究逻辑出发点是对于“道路网络结构交通安全分析方法”的解读：作为分析方法的建立，需要提供从指标提取、数据匹配、模型使用和计算的过程。“道路网络结构”应当提供对应的结构指标作为模型分析的自变量，“交通安全”则应当提供交通事故数据作为模型分析的因变量。为了保证模型精度，还应当尽量采用更多的区域层次特征，例如人口、经济、土地利用、交通出行等数据作为自变量的重要组成。再深入一个层次，需要考虑路网指标所包括的内容、如何将各种数据类型集计到区域层面等问题。上述逻辑过程如图 1－2 所示。

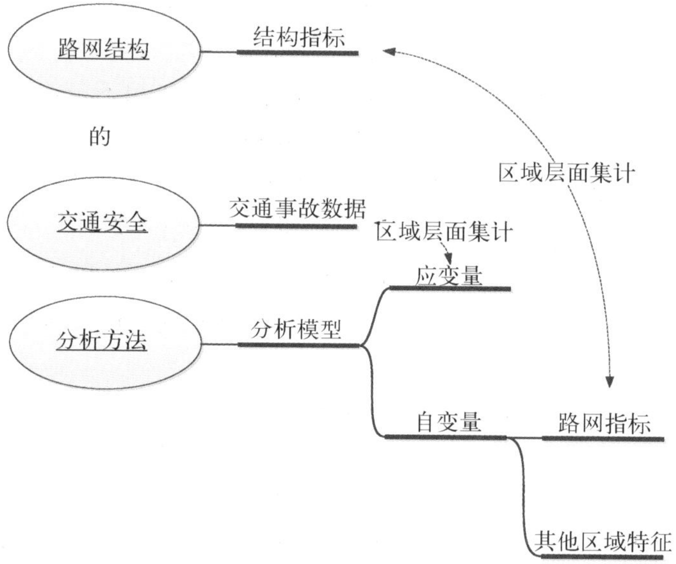

图 1－2　研究逻辑示意图

根据上述逻辑过程的整理，可以明确提出本书研究框架，如图 1－3 所示。首先，为了进行路网结构与交通安全的关系分析，需要准备好计算所需的数据。必不可少的便是描述路网结构的数据，为了达到交通安全研究分析所提出的数据要求，从规模、形态、结构三个方面来构建路网指标体系，提供计算方法，为路网数据提供支持。接下来，除了路网指标以外，其他分析所需的数据还包括交通事故数据和区域特征数据。这两类数据和路网指标数据一起构成交通安全分析的输入，并且分别集计在点、线和面上。正是考虑到区域层面交通安全研究的需求，需要将不同集计单位的数据统一地整合到以分析小区为单元的单位上来。本书从数据生成、分配和集计三个环节阐述了数据处理的全过程，结合常见的问题，从数据内容、特点和区域结合等方面阐述了区域层面匹配数据的关键技术。以上均属于数据准备的阶段，在此之后，将上述数据输入统计模型进行计算，这一过程中需要考虑如何选择变量放入同一个子模型、如何构建模型以及模型分析结果的解释等问题。最后，使用真实的数据，根据本书提供的指标计算、数据匹配和模型分析的整个流程方法，分析了路网连通性与慢行交通安全的关系，作为本书提供方法的示例。具体章节划分和内容在下一节中会详述。

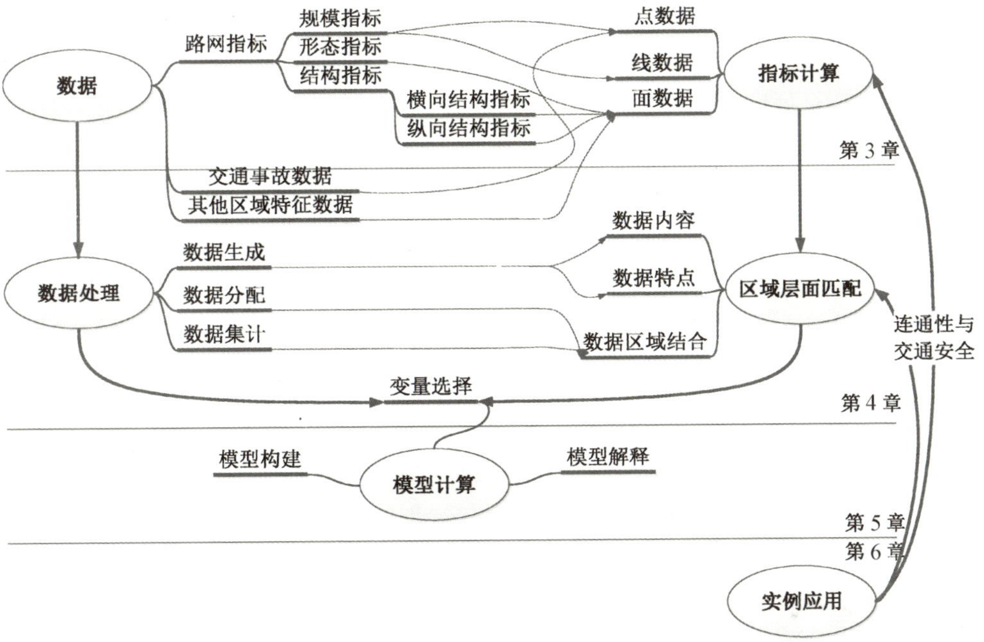

图 1－3　研究框架示意图

1.4.4　研究内容

1. 章节内容

在本书第 1 章阐述路网交通安全性分析现存的争论提出问题之后，第 2 章对道路网络的演变、路网属性的认识和重新思考进行总结，并对现有关于道路网络的相关研究加以综述。其次，对于本书所研究的区域层次的交通安全分析概念、研究历程进行总结，并针对区域层面交通安全研究所使用的影响因素、分析模型及其应用进行综述。

本书第 3 章首先介绍了了解路网结构的重要性所在，并对描述路网结构的定量化指标提取总结了所要面临的挑战。在总结了已有描述指标研究的基础上，本书提出了一种基于宏观、中观、微观不同观察尺度下，对于道路网络结构的认知层次的划分，并在此基础上总结出每种层次下所观察到的路网的规模、形态和结构三个方面的指标。其中，对于结构指标还进一步细分为横向结构指标和纵向结构指标进行阐述。本章最后提供了对于几个典型路网的中心度指标计算实例。

本书第 4 章首先介绍了在区域层面考虑数据生成、分配和集计的必要性，之后结合前面第 3 章的路网指标数据、对应后续第 5 章模型数据需求，分别从数据内容、数据特点以及数据匹配三个方面描述了以区域为分析单元的空间数据处理过程，并且详细描述了常用软件中的对应工具。本章对于分析单元的选取、路网数据的选择、边界问题等区域层面分析的关键问题进行了详细的讨论。

本书第 5 章是前文第 3 章和第 4 章所准备的数据的输入模块，即分析路网结构数据与交通安全之间关系的模型方法。该章首先总结了以往研究中所使用的针对区域交通安全分析模型，阐述其存在的不足，在此基础上提出地理加权回归模型及其对于前文第 3 章和第 4 章数据的空间相关性的考虑，以及对整个路网结构与交通安全关系的空间差异性的体现。之后分别从模型介绍、针对事故数据的模型改进、模型使用等方面详细地介绍了此模型的操作过程。为了模型专用于交通安全分析，对于暴露变量的选择、模型的构建方法和边界数据的处理等的关键问题均进行了深入的探讨。

本书第 6 章为了体现了本书所建立方法的有效性和实用性，选择了针对交通安全中的慢行交通事故进行分析作为方法使用范例。正是由于分析对象是行人和自行车事故，因此在选择路网结构指标时并未考虑全部指标，而是选取对慢行交通出行影响最大的路网特性——连通性作为分析内容。使用本书第 3 章中能够反映路网连通性的若干指标、结合美国加利福尼亚州 Alameda 县的真实数据，通过第 4 章介绍的空间数据处理方法将路网连通性指标、慢行交通事故数据、区域其他特征数据匹配在人口统计小区的分析单元上，输入第 5 章介绍的统计模型，并使用第 5 章介绍的模型解读方法得到了路网连通性结构指标与慢行交通事故发生之间的关系。

2. 章节联系

本书各个章节之间的关系如图 1－3 所示，总结如下：第 2 章中关于道路网络的研究综述，系第 3 章路网结构指标系统的分析背景。第 2 章中关于区域层面交通安全研究的综述，系第 4 章区域层面的数据匹配以及第 5 章区域交通安全分析模型的研究背景。第 3 章对道路网络结构指标的提取，系为第 5 章区域交通安全分析模型中的描述路网的自变量提供数据输入，同时也是第 4 章需要在区域层面上进行各类数据匹配结合的处理对象之一。第 4 章区域层面空间数据的处理实则为第 5 章统计模型准备数据输入，正是出于研究路网结构对于区域层面分析的需求，也是出于模型计算对于各类数据均需要在区域的分析单元下匹配，才导致第 4 章内容的重要性。第 5 章为整个研究提供统计模型，该模型考虑和反映数据以及数据之间关系的空间信息和空间特征，能够更准确地描述区域层面路网结构与交通安全之间的关系，也是之前章节的应用点。第 6 章为研究方法的实例应用，由于研究的是慢行交通安全性，因此考虑选取影响慢行出行最显著的路网连通性。从第 3 章中选取能够反映路网连通性的具体指标，使用第 4 章的方法处理路网指标、慢行交通事故数据和其他区域特征数据，使用第 5 章提供的模型分析数据，得出路网连通性与慢行交通安全之间的关系。

第2章 研究综述

2.1 道路网络发展

2.1.1 路网的演变

路网的演变经历了从无序到有序，从有序到富于变化的过程。从方格网转向曲线网、从功能清晰的隔离道路体系到混合使用的全街道概念，从人类城市的出现到如今城市规划已经较为成熟的过程中，路网的设计、规划和选择一直都是城市管理者、规划者、设计者和居住者的关注点。下文关于城市路网的演变历程，系出于对 Michael Southworth 的著述“Streets and the Shaping of Towns and Cities”的总结和整理[2]。

1. 罗马时期——从无序到方格网

200BC 之前，庞贝古城的街道建设没有任何标准和依据可循，完全是随意的宽度不一的道路，沿街的房子又矮又小；200BC—100BC，列柱廊风格和庭院的流行，使得房屋面积增大，沿街的房屋开始侵占街道的空间，形成狭窄的街面。15BC，由于房屋建筑过高过密造成街道阴暗狭窄，有轮车辆的通行十分困难，开始有限制建筑的高度不得超过 20 m，层数不超过 6 层。对方格网中主要交叉道路的支路宽度都有规定。例如东西走向的道路宽度为 12.2 m，南北走向的为 6 m，周边道路为 4.5 m。

300AD，罗马的军用道路系统是当今道路建设的典范和溯源。铺面有四层，宽度大概为 10.6 m，中间双向两条车道各 4.7 m，两边有路沿石，外侧有单向的 2.3 m 的车道。这一基本的设计和建造技术被欧洲作为标准沿用至 18 世纪末期。476AD，随着罗马帝国的灭亡，其干净有序的方格路网也开始衰退，最后留下的仅是狭窄的市内通道，被沿街的建筑立面和头顶贯穿的石头天桥所包裹。

2. 宽阔笔直街道

第 9 和第 10 世纪，拥挤的城市人口和交通开始成为严重的问题，沿街建筑高耸不加控制、公共卫生没有管制、路面不加养护、健康状况极差，整个街道变得非常阴暗且不卫生。直到 1372 年，巴黎市民都可以从家里窗口往街上直接扔垃圾，只要在窗口大喊三次警告路人即可。

11 世纪，商人阶层逐渐壮大，并且通商的要求促使他们向政府施压要求改善街道网络。13 世纪，出于对历史古迹的保护，很多建筑师开始强调街道设计的重要性。认为需要借鉴古代经典的建筑思路来改善当时的城市居住状况，对于大城市道路应当笔直宽阔，而对于小城市和镇子，不应该有笔直的街道直通家门，而是应当弯弯曲曲的时左拐时右拐；并且认为弯曲的街道具有防御敌人入侵的作用，同时具有美化的功能。

1500AD 开始，笔直的街道由于其纯粹的形式被文艺复兴时期的建筑师追捧，并且这种街道可以提供直通市民广场或者宗教地标建筑的良好的视野，同时对军队的行进提供良好的支持。中世纪的城市处处出现了笔直街道的踪影。在古老的城市中心，已有的路网蜿蜿蜒蜒无法改造，人们就在城市边缘衔接上新建的笔直方格网道路，人车要分离，并且行人道上建有棚顶用来遮阳避雨。

1700AD，街道的规划和建设开始受到官方的重视，并且为今后的街道标准制提供了基础。1716 年法国由路易十四设立了道路桥梁专家委员会，是欧洲政府设立的第一个市政工程专家团体，促使新的轻型路面铺装技术的诞生。在英国，诞生了第一段现代城市街道，路面铺装技术又有改进。美国早期的道路和街道建设跟随欧洲殖民者的步伐，1625 年建成第一条有铺装的城市道路，1795 年建成第一条工程系统施工建造的道路，1816 年在弗吉尼亚道路改善运动促成了第一个美国州立公共工程协会，1817 年在南卡罗来纳和 1835 年在肯塔基都展开了类似的运动，来自英国的新型路面铺装技术也首次在美国使用。随着 1840—1900 年美国铁路兴建运动的展开，道路建设和规划也停滞了 60 年。

3. 郊区化和田园风格

18 世纪末 19 世纪初，随着工业化城市带来的人口拥挤、卫生条件差、城市混乱等问题的加深，大量市民开始希望在城市边缘的郊区地带寻找新的开发，富有的银行家和商人开始尝试在郊区建立不同的房屋类型，完全隔离的不同阶层的居住区域，并且职住开始出现分离，开始出现纯粹的住宅区域，而且这些城市核心区边缘的住宅区通常与市中心之间的通勤距离于现在的郊区相比是非常理想的。这种诉求为田园郊区和画意风格的区域规划的发展提供了基础。John

Nash 是这一风格的代表者，采用狭窄弯曲的道路，步步有景致，房屋均采用不同的设计风格，追求景观元素的使用，采用水、树木和地貌的变化。

19 世纪末期，城市环境混乱不堪、人口拥挤、卫生条件恶化，很多设计师认为改造已有的市中心很困难，开始提倡分散的多中心增长模式。认为分散城市拥挤的人口是解决当时城市问题的良方。郊区化运动不仅仅是乡村城市化的重要动力，同时也成为老城重获新生的动力。这一运动被认为是将重点从资源转向人。

19 世纪末，对于光线、新鲜空气、清洁和改善交通堵塞的要求，促使公共组织开始干涉街道规划和设计。1875 年，英国颁布公共健康法案，提倡宽阔、笔直、铺面良好的街道，称为“by-law street”。但是这种对欧洲新古典主义城市设计的选择是错误的，并未解决工业城市的状况。但是保留了社会对改善城市条件的重视态度，并且建立住宅用地 12.2～15.25 m 行驶宽度的标准，沿用至今。在同时期，伦敦西缘 Bedford Park，利用原有树木，反对“by-law street”的空旷、清洁、统一街道的概念。采用多变的建筑、不规则的街道模式、反对笔直景观。是第一次对“by-law street”的挑战，引发了后来郊区街道设计者们对标准的质疑。

1904 年，Unwin 和 Parker 设计位于 Golder’s Green 附近的 Hampstead 的 Hampstead Garden Suburb。重新采用被“by-law street”遗弃的装饰性图案，回归亲密的、精确设计空间格局的庭院和花园，回归传统社区风格，挑战冷冰冰没有人情味、单调乏味的“by-law street”标准规定的街道模式。并且提出被禁用的“cul-de-sac(断头路)”道路类型的重要性，在没有汽车的年代，也备受追求安静居住的人们的需要。1906 年，议会重新投票通过了“Hampstead Garden Suburban Act”，允许采用“cul-de-sac(断头路)”，短于 152 m、行驶宽度从 10.6 m 缩至 3.6～4.9 m。Hampstead Garden Suburb 的设计希望实现花园城市的理想，着重整合不同阶层的居民在同一个社区，提供其不同尺寸、类型的房屋。采用多样化的街道类型和结构，避免方格网，从中心的绿地向外围散射出放射性道路，避免一切规律性的模式，提倡道路走向贴近自然原本，宽度也不尽相同，住宅区的街道非常狭窄，为了避免过境交通并极力让其保持在过境道路上。第一次系统性地规划了“cul-de-sac(断头路)”道路，不同于美国现在所使用的，那时候的这种道路很短很窄，尽头没有环路掉头。在尽头有联系其他街道或者下一个“cul-de-sac(断头路)”路段的行人道，形成连通性很好并且景致有趣的步行环境。道路类型是有等级区分的，不鼓励过境交通，根据功能不同道路的布局和连通结构都不一样。

与欧洲学者和设计师认为解决城市问题的办法是转移到城市外围，建设花园郊区这种想法不同，美国的建筑师们倾向于改善城市现状。19 世纪末，快速和无控制的城市增长导致混乱发展模式。城市人口增长需要更好的城市环境，地方政府压力增大需要直至破坏城市的开发以及提供新的服务，开始希望控制城市的物理形态。促进了政府每年组织会议讨论城市发展问题，并且有利于形成专业城市规划组织。并且促进城市规划和设计作为一门专业，需要有专职人员以及公共教育普及相关专业知识。1894 年形成了“the American Society of Municipal Improvement”，1897 年随之建立了“the American Park and Outdoor Art Association（APOAA）”。城市美化运动的一个催化剂是 1893 年芝加哥世博会上展出的美丽的城市景观设计。激起之后的设计师、艺术家、建筑师开始认为城市改善应当建立市民骄傲，并且美丽的环境可以促进生产和经济。城市美化运动的主旨在于艺术化的公共建筑、市民中心、公园和景观大道系统，同时也包括有序的街道改善、良好的铺面、街道装饰和绿化。

城市美化运动的推动者中，最有影响力的是 Charles Mulford Robinson，通过著书和刊物文章讨论城市设计问题，1913 年成为美国第一位市政设计专业学科主席。建筑师们总是认为设计重要的建筑和市政广场才是贡献，而 Robinson 却涉及了城市规划的方方面面。包括改善交通、场景规划、水系统、游乐场地、街道构型和宽度、铺面、照明和卫生。重视绿化、自然美和公园的作用，既强调城市中心，也重视地方邻里。他认为城市应当是一系列的邻里，以学校、公共建筑或者公园为中心围绕起来。这种思想后来在美国全国范围内被采用和实施，得到了 the Regional Planning Association 和联邦政府的支持。尽管城市美化运动被批评为不切实际、昂贵和单纯美化，但是 Robinson 的很多建议都是考虑实际操作性问题的，关注街道尤其是细小的邻里街道的规划和设计，强调街道建设的经济性以及多余的和规划不当的街道对于市民带来的负担。并且建议在交通需求不大的道路减少行人道的尺寸或者让行人和车辆共享路面。提出因地制宜的设计和规划街道，认为规划师和设计师不应当持有对某种几何构型的路网的偏好，而应当保持开放的思想，根据地形地势为区域资源进行最优化的划分、给主要道路以最后的连接和空间。这些思想都被之后的规划师及设计师在 1920 年代和 1930 年代广为采纳。

4. 美国路网的发展——方格网的颠覆

19 世纪中期开始的美国铁路系统的扩张，成为美国城市化进程的推动力，并且带来了处处可见的直角方格网道路规划。模式化的这种规划总是重复使用，在伊利诺伊，同样的规划模式用了 33 次。从 19 世纪中叶开始，欧洲和美国的道路发展被铁路系统的扩建而制约了。蒸汽车在 1769 年于英国出现，到 1866 年议会通过了“红旗法”才得以迅速发展。“红旗法”规定在公共道路上行驶的蒸汽车最大行驶速度为 4 mile/小时(6.4 km/h)，至少载客两人，并且需要一名步行随员手举红旗来控制相邻受惊的马车。停滞不前并且开始恶化的道路系统最初是由于自行车的发展开始得到公众重视的。自行车作为安全、便宜、方便又机动的出行模式，受到公众的追捧，1890 年至 1895 年是自行车最疯狂的年代，欧洲和美国都纷纷建立起自行车俱乐部，并且发展成为美国的自行车联盟，这些组织每年都会组织活动来促进道路的改善。这些活动和建议促使地方道路改善法的产生，建立委员会每年查看自己管辖市的道路情况，系统的规划和改善公路，有权利雇佣工程师来建议、规划和评估道路，注重道路排水功能的改善。1893 年在农业部下成立了道路调查办公室，从此开始了地方政府和联邦政府对道路系统有规律的监管。最初的 20 年，这个部门的功能只是纯粹的教育。直到 1913 年机动车需求增长之后，伴随着邮政法案的通过，这个部门才开始实验性地参与道路的建设。

1900—1929 年是美国汽车工业大发展的时期，汽车技术、妇女进入社会、可支付的价格、良好的路况、安全设备的发明都促进了汽车作为日常出行工具的进程。1916 年国会通过联邦辅助道路法案 Federal Aid Road Act，第一个综合的政府举措来整合全国道路系统并且建立全国性的州级道路系统。1930 年，汽车已经完全占据了交通工具的市场，为中产阶级的家庭带来了探险的机会，形成新的休闲和旅游机会，使得离城市中心和火车站更远的地方开发新的郊区社区成为可能。同时要求更好的道路。

随着工业化的展开，美国开始出现反城市化的主张，人们开始追求在郊区生活。英国的画意风格规划开始影响这一时期的设计师和规划师们，他们抛弃方格网开始采用弯曲的道路设计。Olmsted(纽约中央公园设计者)作为这一时期的代表者，认为郊区生活的需求出现，并非是城市生活的倒退而是进步，缺少了好的郊区，没有一个城市中心能够很好地存活。他批判方格网形成的直角社区和拥挤的房屋。提倡独幢住宅，道路两边排列树木，精心设计的蜿蜒道路，宽敞的公共空间，避免尖锐的转角，开始流行在行人道和车行道之间排列树木作为分割的风格。

在世纪交接点，美国城市总是与混乱的生活环境和社会问题所笼罩，与其对立的是规矩的、技术性的城市拥有完美的空间秩序，这一新型的城市类型与城市美化运动背道而驰，要求使用专业知识、州级的立法机制以及公共福利资源。注重科学和技术的力量，提高效率。科学管理的理念渗透到建筑和城市规划领域，认为美国的城市规划停滞不前是因为重视城市美化而非城市务实。提倡所有城市规划应当始于经济的可行的和利于经济发展的基础上，要得到商人和生产者的青睐，要合理有据。有效利用政府力量有效的经济的实施规划。堵塞、拥挤和恶劣的卫生条件开始引起社会对公共健康的关注，租房和贫民窟首当其冲作为治理重点。由于提倡科学和技术的应用，开始了科学调查和数据统计，合理规划和可利用的社会道德机制用于指导政策。这引发了对德国式分区规划概念的采用、交通系统和英国的综合规划。

专业解决方案的压力促使第一次国家城市规划和拥堵问题解决会议于 1909 年在华盛顿召开。这是第一次正式地表态要系统性地解决美国城市环境的问题。解决方案之一是允许私人在城市边缘开发来缓解城市内部的拥堵，通过将中产阶级分散在城市外围区域，人们相信有利于缓解住房压力和改善低收入人群的居住环境。为了支持人口在外围的分散，政府提供快捷和便宜的交通，吸引工业也选址在外围，这被认为有利于降低城市密度。此次会议得到了参议员和代表们的注意，Taft 总统也表示愿意放开思路听取意见。此次会议和之后的会议为城市规划结构和实施技术打下了基础，颁布的“The Best Methods of Land Subdivision”和“Street Widths and Their Subdivision”提供了框架为联邦、州和地方政府建立分区和地方规范。

一战给了规划师和建筑师机会来测试他们的想法并且有政府的支持。从 1917 年开始，国会拨款 110 百万美元给产业住房局来规划和建设住房和交通为造船业和军工业中心。在 Olmsted 的带领下，一批建筑师、规划师、景观设计师和工程师、结构师、医师和社会工作者集合了一系列的建议为战争和战后重建住房，目的在于提供自给自足的邻里单元与当地自然地貌匹配。并且提供指南和指标来指导建设安排。

一战末期，美国城市的去中心化进程达到了顶峰。战争的力量带来经济的发展和持续良好，需要寻找新的投资形成了“Better Homes in America”，由开发商和利益集团组成，鼓励购买房屋、投资房屋、改善住房。新的建设循环——获得土地、开辟新的路径为机动车到达郊区、公路开发项目——基于投机开发的新的大都市边缘开始成形。

随着城市边缘不加控制的扩大，规划者开始寻找方法来连接城市、郊区和开阔区域。1923 年，20 个规划师和建筑师包括 Lewis Mumford、Henry Wright 等，成立了“the Regional Planning Association of America（RPAA）”希望提供指导准则为设计更加让人满意的居住环境。他们采纳 Howard 花园城市模型，支持一种经济有效连接但是自治的城市单元被开阔空间环绕着的一种区域模式。在美国实践花园城市的机会是 1924 年由 Clarence Stein 和 Henry Wright 设计的纽约市郊 16 mile 处，新泽西州 Fairlawn 的 Radburn。设计虽然是秉承了英国花园城市的思想，但是仍旧针对美国式的生活条件和要求，最主要是美国城市对于汽车的使用。在大量汽车流的作用下，传统的方格网和棋盘式结构的道路已经无法承受，各种道路平均地分配了所有过境交通，宁静和安全不再有，门前永远是拥堵的车流、鸣响的喇叭、令人作呕的尾气。停放的车辆、灰色的道路和停车场库代替了公园。Radburn 的设计是对城市交通和车辆对居住环境影响的一种抵抗。Radburn 的设计元素没有什么新的，超大街区和绿色公园核心，街区都依照地貌地势分布，很少有房子面向主要街道。Cul-de-sac 也引进了，方格网被批评，因为引入交通和高成本，行驶宽度降低到 5.5 m，两边绿化带和街边停车。Radburn 设计最具有创新价值的是引入了道路系统等级划分，这也是源于 Olmsted 的纽约中央公园设计思路。第一次建立了不可改变的规定性的道路等级划分，住宅区内的道路只允许地方交通使用，不服务过境交通。在社区外围有主要道路服务过境交通并为区内道路提供衔接。分级建设的道路也降低了区内道路的成本，由于不为过境交通服务，交通量大大减少，道路设施的构造费用下降，剩下来的钱都用于建设中央花园。不幸的是经济危机使得众多投资者倒闭，此项规划在开始之处就被搁置，并且其缓慢的开展也导致其并未达到它应有的影响。尽管规划没有完全实现，但是今天这里仍然是一个宜居的社区。不过它并未成为后来社区规划的典范，可能是因为，在小范围的片段改造或新建可能的情况下，人们不会选择这么大的社区建造。大面积的土地用于公共空间表示开发商要少赚一笔钱，就算道路上面能够节省开支。更重要的是，更大的公共空间就意味着更小的私人空间，面对这种选择时，美国人的生活方式肯定选择更大的私人空间。但是 Radburn 经验提供了居住规划新基础和社区道路等级划分的原型。

1922—1929 年，邻里单元的概念被提出，是纽约区域规划的延伸。目的在于寻找一种片段式的城市单元既可以自给自足又和整体有一定的联系。Clarence Perry 提出了 6 条原则：① 尺寸需要根据人口（需要一所小学所达到的人口）40%土地给街道和开敞空间；② 单元四周全部由主干道包围，消散过境交通；③ 内部街道系统需要分等级，抵制过境交通；④ 开敞空间需要系统的设计小公园和休闲场所；⑤ 学校和其他机构要在中心设置；⑥ 购物区规模根据人口而定，设置在单元的边缘和交通汇合处，尽量邻近其他单元。1922 年 Perry 的思想来源者 Raymond Unwin 在给纽约区域委员会的报告中指出，增加的交通设施不能解决拥堵问题，而且拥堵问题是城市生活不可避免的附加物。提倡尽量少的街道贯穿居住区域；主要街道应当在高架上通过；私人汽车交通应当被集中到一些特定的路径上远离其他交通设施。Perry 支持修正在居住单元的交通概念和标准，并且沿用了很多 Mumford 的思想与 Radburn 的相似。他发明了一系列的指导原则给纽约区域：街道需要满足交通负荷和功能；街道布局要遵循地貌，美观又节约成本；主要内部街道宽度在 18.3～24.4 m；次要街道宽度为 9.2～18.3 m；支路宽度为 5.5～6 m，并且要把路权平衡给人行道和绿化带；不允许街道贯穿社区；如果不能避免贯穿的街道，则需要在交叉口设置景观环岛来提高驾驶者的注意力；交错的街道、断头路和 cul-de-sac 有利于安全、美观和多样性；“cul-de-sac(断头路)”适用于对整个系统的完成，需要整合行人和机动车的循环；如果长的街区存在，则需要给行人提供捷径。这种邻里单元概念的提出，使得人们广泛接受作为居住性的邻里是一个需要被保护和精心规划的单元体。虽然，其具有创新性并且广为出版，却没有被私人机构采用。联邦政府虽然早在 1932 年就认可了这种概念，但是仅在 1930 年代中期的大型规划框架中使用过。Perry 自己也承认这一概念的阻力在于占主导地位的小规模建筑业在美国，并且缺乏综合规划政策来实施大规模的规划。Perry 理念的出版又赶上 1929 年经济危机，随着建筑业、借贷结构的崩溃，各种建设的停滞，需要新的规划结构，这种新的规划要直接并且通过政府机构控制综合的政策。

5. 美国路网的发展——功能性道路的出现

当 Wright 和 Unwin 认为解决社会和健康问题的方法是郊区花园城市，其他的规划师则希望从城市本身解决。此时 Perry 的这种半独立式的步行尺度的邻里单元可以安插在任何规划体系中，为此提供了可能性。欧洲现代主义建筑师和规划师们例如柯布西耶等人把汽车和技术视作重塑城市的动力。他们拒绝传统的模式，构想了一个全新尺度的城市形态，重视速度、流通和效率，将人车完全分离。柯布西耶称之为“机器时代革命”。1928 年夏天，在瑞士举行的第一届国际现代建筑代表大会视为“机器时代革命”的开始。标准化、有序和控制是经济成功的箴言。1933 年代表大会第三届会议开始将自己和花园城市以及郊区理念划清界限。柯布西耶声明花园城市导致枯燥乏味的孤立个体，以及集体意愿的灭亡。他们的解决方案是城市自身——一个为速度和商业成功服务的城市。柯布西耶十分赞赏美国式的方格网城市，他认为现代城市应当是被笔直线条的街道和高效率的交通运行所充斥，而不是蜿蜒的道路。在他们的体系里面，熟悉的城市街道上的建筑和充满街道的各种活动都消失了。处处是高耸的塔楼和支撑物，被抬高了的层层道路连接，最底层是行人层，完全不用过街。车辆完全与生活环境分离开。对现代主义者而言，城市是一个复杂的机器，因此只有严格遵守基本的规则才能运转。所以，居民需要忘记诗情画意的风景或者中世纪村落的随意布局，而是要拥抱效率和功能化的纯粹模式。这种理念的结果是灾难：明日之城，没有任何人性的尺度，缺乏对人性和社会行为的基本的理解，街道只是运送交通工具的通道。他们忽视了街道是社区互动、购物和文化活动的场所，车辆只不过是日常城市生活中的一部分，所以需要融入街道设计中来。他们忽视了街道只是城市被街道宽度和建筑高度之间的关系、开敞和封闭的关系以及联系和隔离的关系所定义的形式的基础空间结构。不是所有的现代主义者都同意这种明日之城的概念，有人更接受美国式的郊区低密度生活风格。所幸的是，这种现代主义理念只在建筑业有所驻足，在规划界人们还是很容易就看到了其错误的地方。很多现代主义理念对于功能和效率的追求和美国 20 世纪初的工程方法一致，并通过战后美国城市街道设计标准而实现。例如新泽西州的高速公路系统，另外同样的街道分级体系也和 1970—1980 年代美国交通工程标准所要求的相似。

一战后车辆数从 1915 年的两百万增至 1920 年的一千万，却一起使用完全不足的道路资源。要求美国政府重新综合考虑交通网络政策。尽管州在扩展他们的道路系统，但是内在联系的全国道路网络还没有建成。1921 年“the Federal Highway Act”提供了联邦资助来建设完整和联系的全国公路系统，此项法案是第一个美国交通政策认识到由中央集权的政府来提供功能的专用道路为机动车提供路径。提供了道路分级系统的基础以及第一次官方分类道路和街道，特别是将主干道过境交通网络从地方道路中分离出来。

交通政策的改变以及道路系统改善需求一个新的专业领域。在 20 世纪的第一个 25 年内，交通工程没有被认为是一个专业学科。在 1920—1930 年间甚至不被认为是一项专门的技术。道路设计师都是市政工程师或者电子工程师在交通建设和规划过程中自学成才的。这种需求在 1930 年促成了 The National Institute of Transportation(ITE)的诞生。目的是实现高效、自由和快速的交通流，同时避免交通事故伤亡。程序师基于科学与工程学科，方法是包括法规控制规划几何设计等。1942年英联邦政府和业界的要求，ITE出版了第一部交通工程手册，提供基础的专业实践、工程指导和标准。早期的出版内容都重视高效的高速道路系统，而非地方道路系统。1940年代，建议的车道宽度和横断面设计关注的是驾驶员在高速行驶下的舒适度和安全。交通工程师们期待更宽的车道和横断面能够促进交通安全和效率。今天，道路和交通工程专家们主导着开发，但是现代主义的思想还是没有消除，尽管被公众所排斥，这种效率和运行的追求作为工程模型的基础仍然存活着。

2.1.2　路网的重新思考

今天新的开发继续将城市的边缘不断地延伸到新的领地，但是根深蒂固的标准框架始终施加着其控制对于住区环境的形成。我们如何摆脱这种束缚？有什么方法可以改变新的住区街道建造的方式来更好的服务？已有的模式可以更进一步改进么？

1927年，Clarence Stein提出“规划的变革”。他挑战已有实践中对机动车的支持。新城市主义运动提供了一个郊区扩张的方法，新传统社区，倡导者支持传统模式的步行友好、混合使用的邻里以及建议一定程度上回归到花园城市的一些概念。与传统郊区的区别在于，新传统风格特点是高密度、混合使用、提供公交、自行车和行人友好、更加内部连通性的街道。有两种模式选择，第一是传统邻里开发(the Traditional Neighborhood Development，TND)或者叫做新传统开发(the Neotraditional development，NTD)，灵感来自经典小型镇子，步行友好、市政结构分明、土地使用混合、房屋种类多样、建筑和空间设计和谐。重视对历史风格的重现。另一种是行人口袋(pedestrian pocket)，有时被称作行人导向开发(Pedestrian-Oriented Development，POD)或者公交导向开发(transit-oriented development，TOD)。它与NTD相同点在于考虑步行友好和方便可达，但是对于建筑形式和历史风格的保持不是很重视。要求混合使用、步行友好、强化公交服务。更少地依赖私人小汽车，这种开发模式会降低出行距离和时间，扩大公交使用，更有社区味道。

1. 新传统主义

新传统支持者认为标准的郊区住区街道的不连通模式限制了到达通行能力。通过减少断头路和设计更多的连通性好的街道，提供多路径选择，理论上整个网络的通行能力增加，交通分散，拥堵减少。但是实际往往不好。

与典型的郊区街道设计不同，新传统设计要求狭窄的街道。鼓励路边停车，认为可以增进行人的活动是一个缓冲带。但是交通工程师总是过于看重这个问题，认为这使得行人从街边车辆当中走到马路上会造成更多的交通事故，事实证明不是这么严重，完全可以通过对于车速的限制和交通流控制来解决这个问题。

在 Kentlands（NTD）、Laguna West（POD）和 Elmwood（传统 streetcar suburb）街道都很窄，比起传统的开发，并且都有人行道和沿街树木。街道构型更加内部连通，较少使用“loop（回路）”和“cul-de-sac（断头路）”。两个新传统模式都使用了传统模式少见的放射街道和分割的大道。在 Kentland 街道特别的狭窄，车道 3 m，停车道 2.5 m，很多笔直的平行的街道，直角交叉口。街道构型是调整过的、曲线的方格网，有一些“cul-de-sac（断头路）”的使用。行人和自行车的网络非常错综和连通。Laguna West 有三条放射状的大道，很少有街道是笔直的，“cul-de-sac（断头路）”很多，也是调整过的弯曲的方格网。Elmwood 是调整过的长方形方格网，四路交叉口很多，有一些三路交叉，一些“cul-de-sac（断头路）”和一个“loop（回路）”。

街道构型显著地影响社区的质量和特征。用于街道的土地面积多少关系到设施的成本。街区的数量、交叉口、接入点和环路及断头路的密度影响路径条数和移动的方便程度。Elmwood 是最为长方形方格网的，有最少的街道总量，尽管其连通性很高。Kentland 和 Laguna West 都与周边路网的衔接不好，二者有较多的环路和断头路，这显得更加郊区化。与 1960 年代到 1980 年代的街区构型相比，新传统模式有更多的直线街道长度，更多的交叉口，更多的接入点，更加昂贵的建造和维护。因此，新传统风格有更多的路径选择和便捷度。新型的电脑模拟显示，新传统风格提供了更多的路径选择，因此网络效率提高，提供更多的连接和避免某些街道的交通重负，但是这种便捷的可达性造成机动车可以方便地到达住区街道。

在新传统模式里，行人可达性通过人行道、专用通道、通道网络连接了公园、学校、市政设施和商店服务的网络来促进。两个例子里面都体现了规划试图将零售商业和办公空间插入到行人导向的商业办公中心去，但至今也不是很成功。研究表明，美国人愿意步行来解决日常活动的距离是 120～400 m 不等。70％的美国人愿意走 150 m，40％的人走 320 m，10％的人走 800 m。这个距离比起两个例子中的步行距离小多了，况且他们还保留了一些机动车导向设计。尽管 Elmwood 没有专用的行人或者自行车路径，但是它对于二者的促进却有很好效果。新传统模式对于行人可达性有显著的改进关于公共结构比起传统社区，但是两个例子都没有达到步行和自行车方便地到达购物办公场所的目的。

2. 共享街道

共享街道概念。过去20年最有创意的设计是共享街道或整合概念。认为街道是生活环境物理上和社会的组成部分,用来同时为机动车运行、社交、市政活动同时使用。这些特点虽然在欧洲存在,但是在当代的美国郊区已经消失很久。荷兰、德国、英国、澳大利亚、日本和以色列,这种模式很流行,交通和居住活动的整合在同一个空间上的概念激发了一些新的设计来增加社会交往和安全以及步行交通。共享街道系统的基本概念是整合,行人、玩耍的孩子、自行车、停车和运动的车辆共同分享相同的街道空间。虽然这些活动看似冲突,但是机动车司机被放在次等的位置上,不对其他用户造成威胁。因为这种政策是完全融合了机动车交通进来,所以完全不是一个反机动车的政策。

这一概念的理论根基在1963年英国交通工程师建筑师柯林布坎南的"Traffic in Towns"报告中就有了,他看到了提供轻松交通流和瓦解住区建筑街道良好机理的矛盾,这在当时是不易的。他们的团队设计了一种特殊区域,称作"environmental areas(环境单元)"或者"urban rooms(城市房间)"。这种街道与一般街道不同,交通等级也随着功能不同有差异。这种街道的评价除了看车辆通行能力,还要看环境质量例如噪声、污染、社会活动、步行化水平、视觉美观水平等。这些环境承载力会用于制定标准和限制。在这些特殊街道的交通整合和交通宁静化一开始并未被英国的政府所接受,因为当时他们的政策是鼓励道路建设和铁路建设来促进经济的开发。不过在1970年代,英国把交通部和住房部合并为环境部的时候,开始得到重视,第一次将土地利用和交通规划作为一个整体。尽管如此,这个报告在欧洲大陆的影响更广泛,荷兰和德国的规划者对此很热衷,荷兰戴尔福特大学的城规教授Niek De Boer设计的街道使得司机觉得自己在花园里面开车迫使他们考虑其他的用户。行人可以使用整个街道断面,在路上玩耍是允许的,车辆不能超过步行的速度行驶,完全要遵循其他用户的许可才可以前进。这后来被统称为"unified street system(统一街道系统)"。其设计特征,整合了行人活动和车辆运行在同一个平面上,街道首先是定义为居住玩耍和会面的场所,附属功能才是交通和停车,但不为通过交通服务。这种街道的入口很明显的标识,没有传统的路沿石和分割线,驾驶员会更加小心。住户的机动车可以直接开到家门口,车行线左拐右拐,由绿化约束,但是绿化是矮小的木丛,对于急救车辆完全可以压过去而且不妨碍卡车的开门卸货。居民调查都认为他们的社交活动增多,绝大多数孩子都在街上玩耍、更加安全。居民对整合街道的热爱满意不是出于交通的考虑，而是公共区域对社会活动的辅助。安全问题，尽管看起来机动车和行人会形成冲突，但是调查显示这种街道的交通事故比普通街道少 20%，严重事故少 50%。得益者大多是行人、小孩和自行车。而且，认为此区事故减少会带来邻区事故增加的推断是没有得到证明的。并且机动车出行减少 14%，特殊的砖块类互锁铺面也带来较少的事故，不同的铺面颜色也让驾驶员减速，并且这种铺面比一般的沥青路面刹车距离更短。这是一种明显的步行导向街道，驾驶员进入之后会觉得自己是入侵者来到一个完全没有优先权的环境，这里的最大车速是 21.8 km/h。

共享街道偏离了典型的街道设计标准，不仅是物理路权的妥协也是规划者和工程师之间的妥协。但是在美国却仅仅是一个想法而已，尽管在 1981 年的出版物和 1989 年 ITE 的报告中有讨论过这个模式，但是没有得到立法和规划机构的接受。公共机构觉得不需要发起这种概念，开发商更喜欢确实可保证的规划比起新的概念。个人财产权利和私有感在美国很强大，人们不像欧洲人那样习惯于共同拥有。美国人有更大更多的车子需要更多空间存放和移动。政府和开发商很介意这种与已建立标准不符合并且权利划分不清晰的概念。工程师和公共部门指导开发和管理，他们由于使用交通管理体系害怕被司机、行人和乘客所起诉。新流行的新传统设计挑战已有标准和规定，已经激起了重要的争议对于未来住区开发已经蔓延到交通和市政工程专业。

毋庸置疑的是美国确实有些住区很适合做共享街道设计。例如多家庭住房开发，有很多孩子和地方交通，可以提高机动车可达性和存储空间。另外郊区已有的断头路和环路已经限制了交通量并且也用于玩耍。适合的铺面和绿化可以改进郊区的风景。中等密度的城市住区也可以作为改造的对象。共享街道也对新传统开发有利。新传统主义者认为高度连通的街道网络，通常是方格网，将减少交通出行的距离和时间，将增大可达性因为提供了更多的路径选择。增大的可达性在所有道路上提高了插入交通可能性以及对于居民不利的车速。这是 60 年前最初放弃方格网选择连通性不好的网络的原因。但是共享街道在一个联系的系统里可以减少方格网络的缺点。速度可以被降低而通过交通不被鼓励，同时连通特性例如可达点和路径选择却比传统的分等级道路和非联通街道体系连通的要好。这种设计结合了高水平的宜居性和安全性，同时保持了住区与更大邻里的联系。

保持人的尺度在住区街道对大家都有好处。开发商得到更吸引人的公共环境，提高销售可能性。建造手段的革新带来低成本的道路修建费用，城市和镇得到耐用的街道系统有人气，人们更爱护街道从而减少维修费用。

3. Cul de sacs 断头路

新城市主义者支持内部连通性好的街道模式，这加重了历时已久的争论在方格网系统和曲线形不连通道路系统之间。新传统概念依赖于花园城市，花园城市代表人物中有人强烈反对内部连通的街道系统。Mumford 声称新的方格网规划有令人吃惊的低效和浪费，不区分主干道和支路造成主干道不够宽而支路过宽浪费，没有趣味单调乏味。这种模式消耗更多的空间，不支持独立的行人网络，不够环境敏感因地制宜。

在很多建筑师和规划师，尤其是新城市主义者眼中，断头路街道代表了郊区模式的典型，不连通的不规则的模式，代表着 20 世纪晚期的郊区开发。形成孤立的住宅与外界不联系，而且在风水上来说，也不好。在断头路尽头的房子是不堪一击的，汇集恶灵。虽然被规划师和建筑师诟病，但是居民还是很喜欢断头路。

什么是 cul-de-sac? 来自法语，字面意思是袋子的底。他通常是很短的 300 m 一段街道，两边服务 20 幢房屋，尽头是一个半径 10～15 m 圆形的空地供车辆停放或者掉头，尤其是急救车辆能够掉头的空间要足够。另一端连接到集散道路上。理想的设计是房屋只连接在 cul-de-sac(下文简称 CDS)上面，而不连接在集散道路上。与 CDS 相似的是“loops(回路)”，同样不鼓励通过交通，因为这种路除了连接到沿路的房屋，哪里都不去。但是，它有两个接入点，并且比 CDS 要长。同一个开发里面通常都会看到这两种模式的街道同时存在。这种叫做“loops and lollipops”的路网的缺点在于，缺乏内部连通性，总要从一个 CDS 出来，上集散道路，到其他地方去，路径选择有限，每天只能走相同的道路。大的交通量都集中到集散道路上，造成高峰时期道路负荷过大。对于步行可能会很长并且乏味，相邻很近的地方都需要绕很远的路。并且容易失去归属感，不觉得自己从属于一个大的社区，结构不清晰辨识度不高。虽然方格网也被认为单调乏味，但是辨识度和连通性都是好的。

CDS 的优点是提供了安静和安全的街道，不连通的短的街道可以提高邻居的熟悉度和互动，不像方格网那样。很多年的交通事故研究表明这种路网更少事故。分等级的不连通道路犯罪率较少，歹徒害怕在这种地方无路可逃。最近的调查问卷来自九个邻里加州，显示，居民认为 CDS 更加安全和宜居。CDS 尤其是在尽头的房屋更受欢迎，甚至比 loops 还好，在交通安全、私密性和安全玩要方面更安全更安静，他们更愿意认识邻居。但是，从整个邻里的大空间来看，CDS不是一个理想的模式，这主要从土地利用角度来看，对于学校、购物、休闲和工作点的可达性很差，并且步行不友好。CDS被开发商和市场所喜爱，不仅仅因为大家愿意花更多的钱买CDS上或断头的房子，同时这种模式的开发成本比方格网小，道路就少50%。

这种两难的情况让设计师很难得到一个结构性很强的模式，私密性、安全、安静、连通性、可识别度、结构性这些目标能否同时实现？

CDS完全可以不用那么没有结构性，那么杂乱无章地分布，也可以通过建造一些特征建筑和标志性建筑来提高辨识度和有趣性。这些有各自特征的CDS可以嵌入一个大的结构性较强的系统，从而提高归属感。将车辆集中在集散道路上的同时，可以让行人和自行车使用方格网的路径。行人通道可以和机动车道路平行，但是可以连接到其他的CDS上面去，到达公园、学校、商店，从而建立一个联通的、有效的系统。

另一个方法是对传统方格网模式的改造，方格网的优点是连通性、结构性和步行友好、不同土地利用之间的可达性好。但是会受到机动车入侵到支路上的问题。伯克利是这种传统街道模式，他们通过加了很多伯克利障碍的阻挡物，限制机动车流动，通过控制的方法将机动车流改造成断头路的形式，但是行人和自行车还是可以使用方格网络。被当地居民所喜爱，但是被外来人不喜欢。经常开到不通的路上。

改造已有的CDS开发来提供行人的连通性可能更加困难。因为很多改造需要动用私人土地，而且土地利用的布局也造成很难轻易连通，往往只能将住户联系起来，而学校等公共场所还是无法用步行通道连通。

今天的设计所要达到的是在支持步行和自行车的同时，驯服和限制机动车。新传统主义者提供了新设计的平台，并且已经解决和挑战现有的街道设计标准和法规。交通工程师们应当看到这种趋势，检查现有标准做好调整标准的准备。1994年The National Institute of Transportation，ITE出版的设计手册表示，为了准备新的新传统模式设计，交通工程师需要了解原本的新传统模式的基本概念。应当最最重视交通安全问题，但是不能以交通安全为借口而避免新设计方法的实施。安全和宜居的街道和邻里是可以实现的。同时，虽然步行可以被促进，但是这不会导致机动车的依赖性降低，也不会解决交通和环境问题。为了减少机动车依赖性，主要需要管理土地利用模式和交通的关系。提倡公交设施和鼓励高密度的混合开发。

2.2　路网结构研究

一个道路网络由不同种类的道路组成，这些道路的功能各不相同：地方性道路处于道路等级的最底层，用于提供人和物的移动对于建筑物的接入；集散性道路从地方性道路汇聚交通流导向更高等级的主要道路流向其他区域，或者反之将交通流从主要道路上分散到各个地方性道路上以到达建筑物目的地；交通流将通过更高层级的道路例如城际高速走廊等道路系统流通于不同区域和城市之间。各种类型的路网是通过道路和道路之间的节点通过既定的网络语法组合而成，当一个网络形成时，随之而固定下来的便是公共或者私有的土地地块之间如何联系，从而不同类型的车辆如何和在哪里流动：是否机动车和行人都可以选用最短的或者最直接的路径到达目的地，还是需要通过绕路才能达到。因此，尽管不是作为唯一的影响因素，网络构型仍旧可以很大程度上决定路网的连通性、连续性和效率，从而更深远地影响交通出行模式。一个良好设计的路网构型可以提供安全、安静、健康的环境，从而有利于创造一个宜居和可持续发展的城市空间。

2.2.1　路网结构的重要性

1. 塑造城市意象

当人们谈及纽约市时，头脑中的印象可能就是横平竖直的方格网式街道，以及只有这种从东到西、由南至北都严格平行分割的棋盘式结构才能使用的数字顺序编排的道路名称，如图 2-1 所示。这种清晰的、规律的、密集的街道结构类型，给人以良好的环境认知：如果找到西 42 街，那就可以想象西 43 街就在隔壁；站在第 5 大道的这头，通常就能一眼望到另外一端，通视性极强，如图 2-2 所示。南北向的街道名称都叫做某某“大道”，东西向的则叫做某某“街”。正是街道以这种特定的结构所连接，才造就了一个规则、通透、定位感和方向性较强的城市印象。

2. 街道改造成本高

道路网络的结构，往往是在特定的土地利用规划和城市设计的目标效果影响下随之形成的。尤其在现代道路网络规划过程中，交通量的需求成为其规划的重要影响因素。因此，已经存在的建成网络通常都是与地块之间的联通、城市

图 2－1　纽约市方格网形式道路网络(图片来源：谷歌地图)

图 2－2　纽约市第五大道通视示意图(图片来源：谷歌地图)

立面的形象风格以及交通需求的分布有一定的匹配关系。当网络已经形成之后，再进行网络结构的调整，将会直接影响到其衔接的土地开发之间的通达性，同时对于已经附加在道路两旁的建筑立面也会造成影响，更重要的是原来道路上的交通需求将不得不重新分配到其他道路上。这种直接的影响带来的是对整个系统的间接影响，尽管期望改变的可能只是道路网络中的局部，但需要考虑的影响和减小影响所花费的成本往往要涉及更大范围。

3. 交通的承载空间

道路网络的功能是将空间上分割开来的地点连通起来，并且满足从其中特定起点到特定终点的人的移动需求。道路网络的连接采用十字交叉还是 T 形交叉形式，决定了车辆和行人在交叉口转向时的方向选择和运行方式。街道偏好采用曲线而非直线的路段则导致车辆在运行中频繁进行方向调整，行人和自行车极大可能要绕远道而不能使用最短路线到达目的地。从更整体的角度看，更多的 T 型交叉和曲线路段塑造了一种不直接、多转向的车辆驾驶体验，一种不通达的视野和一种蜿蜒静谧的慢行环境。通常此种类型的路网会屏蔽大部分的通过式交通量进入地方区域，但是造成较长的慢行出行。

正是通过这种由物理属性塑造的交通运行特征，使得道路网络的物理结构往往能够很大程度上决定该系统的交通服务特性，包括连通性、可达性等特征，最终会影响到机动车和行人、自行车出行者的交通行为及道路的服务水平。一个道路网络的连通是否有效——“连通性”——能够影响潜在目的地的可达性，并且很大程度上影响到人们出行交通方式的选择、交通系统运行情况和交通设施的服务水平。特别是对于行人和自行车交通，这种影响更为显著。

连通性特征的定义和计算较为成熟，在与交通科学相关的很多领域都有研究，并且发展出很多可以量化的指标。这些指标来自城市规划[13]、城市设计[14]、交通规划[15]、景观设计[16]等。随着计算机技术的发展和空间数据的可用性提高，网络科学也提供了很多拓扑学发展出来的指标，这些指标通常更加复杂，但是可以揭示网络路段之间的基本连接关系[17]。但是无论这些指标如何变化，其基础都是道路网络的物理结构：街区长度、交叉口密度、路段节点比例等。

有人提出：不能仅考虑道路的物理连接和结构，而上面运行的交通流情况也应该考虑进去。提议本身没有错误，但是在物理结构还没有清晰的情况下，盲目地考虑交通运行网络不切实际。并且物理结构和运行结构之间的影响关系不可逆，物理结构可以决定运行时间和路径选择，而反之运行结构并不能直接影响物理结构。因此，从研究顺序来说，物理结构应当优先分析清楚。

2.2.2 路网结构研究

从一开始，传统的道路网络模式就被剔除在网络设计的原则之外，被认为是一种“无结构的”或者“不定型的”结构形式，通常被批评为是“没有规划的”模式。之后的大量有轮车辆出现，以及对于军事安全的考虑，使得连通性较高的路网类型例如方格网受到欢迎，用来有效地分割土地和提供对于人和物的运输流通的。随着机动车数量的增长，规划师们开始逐渐抛弃这种传统的路网形式转而追求曲线式的路网，这种类型的路网成为现代主义设计的标志，被认为能够避免通过式的交通流从而减少人和车的冲突。同时，传统道路网络模式被与“没有功能的”概念所联系起来，完全没有受到设计师和规划师的重视，更不要提去理解如何构造一个传统的道路网络模式了。但是这种路网类型由于其不能给邻里之间提供良好的步行可达性，逐渐开始被向往可持续、亲密和宜居的规划诉求所诟病，认为这种不能提供便捷步行环境的路网形式减少了街道上的活动和联系，从而使得邻里和城市变得冷漠而没有生气。自此，现在又有规划师们开始极力推崇回归到传统的“有机式”道路网络形式，或者至少回归到方格路网形式来。但是，在急忙转向之前，规划师和决策者应该更多地了解不同形式路网的特点以及其对交通运行和城市生活究竟会造成哪些影响。传统的道路网络构型的特征并没有被当做一直以来道路网络设计的传统被设计师们保留或者采纳。直到今天，新传统主义开始希望重现正在复古流行的传统道路网络模式的优良特点——如果这些优点能够被准确捕捉的话。随着设计界对不同道路网络模式的争议开始出现，一个关键问题就产生了：如果真的存在理想的或者不理想的道路网络构型，那么这些不同的结构是怎样的？——或者，更具体地说，是什么结构属性造就了一个道路网络区别于另一个网络，而形成其特有的对于交通运行的影响。只有解决了这个问题，才能判断已有的道路网络是否具有理想的或者不理想的结构特征，或者才能够更好地指导规划者和设计师们在面对新规划的时候，能够根据不同的规划愿景和设计诉求选择合适的道路网络形式。

1. 基于路网构型图形属性的定性分析

不同的路网构型可以形成不同的交通流动[11,18]、交通安全[18-21]、土地利用[22]和宜居性水平[18]的环境。在这些研究当中，路网依据其图形特征被分成不同的类型：有的分成五类包括“grid iron（方格网）”、“fragmented parallel（片断平行）”、“warped parallel（卷曲平行）”、“loops and lollipops（环路和棒棒糖）”以及“lollipops on a stick（棒子上的棒棒糖）”，这种分类方法被最为广泛地应用于路网特征的研究[18-19]；另一种方法是将路网划分成“linear(线形)”、“treelike(树形)”、“radial(放射形)”、“cellular(细胞形)”和“hybrid(混合形)”[23-24]；一些分类是基于图论中的基本图形[10,25]，例如“grid(栅格)”、“star(星形)”和“ring(环形)[18]”；其他的研究还把路网构型划分成“organic(有机的)”、“speculative grids(投机栅格)”、“streetcar grids(电车栅格)”和“suburban hills(郊区山路)”[26]。

已有研究通常都是把路网按照研究人员对于网络图形属性的理解进行人工分类，因此如果路网构型属于混合型，很容易出现相同的路网构型最后被不同的研究人员理解分类为不同的种类的情况。这种分类方法显得非常模糊不清和不准确，尤其是在面对很多构型并不单纯的路网形式时。认识到路网构型不仅表现出几何属性，同时还存在拓扑特性，更为有效的方法可能是同时从几何形状和拓扑关系两个角度描述同一个路网构型，并且了解两者之间的关系。从而，具有不同形状属性的路网便可以同时通过拓扑特征来进行量化分析。这是本书研究路网构型拓扑属性的出发点之一。

2. 虚拟路网的定量研究

已有的关于城市规划的研究已经建立了连通性的概念来描述路网以何种程度联系着人们出行的起终点。很多表征连通性的指标分别来自交通、城市规划、地理学以及环境经济学，并且已经有研究者以社区为分析单元比较了同一个路网结构使用不同连通性指标量化的结果[9]。这其中的一些指标，例如街区长度和链接-节点比率被作为规划部门衡量路网属性的指标在美国被很多州广泛采用[13]。与连通性不同，中心度可以描述一条路在整个路网当中的重要性，以及整个路网在何种程度上聚集于某一条特定的路。基于拓扑学理论，中心度发起于结构社会学，被用来研究一个社会网络、生物网络、通讯网络[10,27]或者地理系统[28]当中某一个元素的重要性和能量。有限的路网中心度研究显示中心度指标能够很好地表征城市结构的“骨架”结构特征[29]，并且这些指标可以被沿用至可视化和表征城市结构。这些拓扑学的指标被用来分析虚拟的[25]和简单的[10]路网结构，从而分析其对于交通运行和设施使用的影响[30]，或者用来模拟城市道路系统的进化过程[25]。

关于城市道路中心度的有限研究显示中心度可以描述路网机构的拓扑特征。在描述不同类型的路网特征和区分能力上比较，中心度比图形属性的划分要有效，尤其是对于区分混合型的路网而言。但是这些研究都没有考虑同一类型的路网其图形属性和拓扑属性之间有什么联系。同时，所有的拓扑分析都是针对虚拟的和简化路网而不是针对真实路网。因此本书将对真实的路网计算其中心度指标，并且试图建立其图形属性与中心度属性之间的关系。

3. 路网设计和改善研究

许多路网构型研究试图为土地开发商和城市规划者们提供指南[22]，所以这类研究通常是集中在社区层面或者城市区域层面。社区层面的分析研究路网构型对于整个社区交通出行、交通安全和步行环境的影响[18-19]。城市层面的道路结构也经过研究试图发现哪一种网络形式对于土地利用、城市扩张和环境最为有利[21,31]。为了使得不同的路网能够互相可比，很多研究也采用同样尺寸的标准面积大小的区域作为分析单元，例如将整个分析大区域划分为面积为 1 $mile^2$ 的小单元[20,29]。此外，也有研究使用相同规模的网络进行比较分析，例如控制相比较的路网具有相同的节点数和链接数，从而使得所有参与分析的网络标准化[10]。

交通分析小区是交通研究中最基本的分析单元，交通出行、经济人口和路网设施的数据通常都是集计在这个分析单元。交通分析小区的划分方法决定了这一分析单元能够反映出行行为、交通流运行和交通模式选择在分析单元内部的同质性，因此与交通分析相关的比较在交通分析小区之间进行是较为合理和有效的。路网构型分析的目的不仅仅在于识别不同的网络，更在于比较不同网络下的交通运行情况从而理解一个有利于交通运行的网络形式的特点，以此指导道路网络的新规划、设计或者改善。这也是本书研究交通小区层面路网构型特点的初衷。

2.3 区域层面路网结构的交通安全研究

交通安全日益受到重视的今天，很多城市的交通规划中都将安全作为重要目标。然而在规划制定和选择中量化、实现、评价这一目标的分析理论和工具极为缺乏，因此出现了区别于传统、被动、微观交通安全研究的区域层面交通安全研究，而作为区域单元最主要的交通系统构成——道路网络则成为此类研究的重点。本节以此类问题作为研究对象，通过大量文献综述和总结，通过定义区分各类交通安全研究的概念，明确以区域为分析单元、面向规划阶段的、宏观交通安全研究的内涵；通过阐述这一新安全研究问题的发现、明确和展开，总结其研究发展的历程；通过总结已有关于道路网络与交通安全关系研究做出成果现状的阐述，同时也为本论文研究对象的关系存在性作以论证。整个区域层面交通安全研究的发展历史总结于附录 A 所示，文献的内容总结如附录 B 所示，下文进行详细的阐述。

2.3.1　区域层面交通安全概念定义

传统的、用于提高交通系统安全性的方法都是从工程策略角度出发，通过改善具体交通设施的设计、管理等方法达到减少交通事故的目的。重点都是识别、诊断、补救事故多发点或者“事故黑点”的设计和条件，因此被视为是微观的交通安全研究。而这种交通安全改善方法都是面对已经产生的问题、在一条或者一系列的道路建设完成投入使用之后而进行的，在任何有效地补救措施采取之前，已经并且必须有严重的交通事故发生，因此学界又称之为被动的交通安全研究[32]。

为了将这些改善前的事故也尽量减少，有学者提出应当使用一种主动的方法，使得在交通事故发生之前就预见事故存在的风险，并进行事前的安全改善[33]。主动交通安全研究，不仅仅是对于传统的、被动交通安全研究的补充和完善，更是为了在危险发生之前就避免这种不安全的情况。这种主动交通安全研究的对象通常是一个特定的都市区域或者更大的交通规划区域，其分析单元是组成该规划区域的各个分区，通常是交通规划小区或者职住社区单元等。其研究所需要的数据是在分区范围内集计统计的交通事故数、人口、经济、交通等特征，因此主动交通安全研究使用的模型均为以区域为分析单元的、宏观层面的交通模型。由于这种区域层面的、宏观的交通安全分析、预测模型目标是在规划阶段主动地考虑交通安全问题，因此被认为是一种面向交通规划过程的安全研究，也被学者称为规划层面的交通安全研究。

2.3.2　研究历程

1. 问题的发现

基于目前查阅到的文献资料，早在 20 世纪 90 年代中期，荷兰交通安全学者们在实际规划工作中逐渐发现从宏观或者社区层面来评价交通系统的安全性存在困难。Poppe[34] 在研究报告中探讨如何将一个交通安全模块放入荷兰国家模型（简写为 EVV）中来评价交通系统可能出现的情况。但是，在试图建立这种模块的过程中[35]，研究者们发现常见的交通规划模型工具，例如 EMME/2 不能用来预测规划区域内的道路安全性。正是这一发现提供了很好的预测区域内道路交通安全性的思路：建立一个宏观区域层面的交通安全预测模型，这一模型通过使用规划过程中能够提供、传统上用来预测未来交通需求的区域数据，例如区域人口数量、岗位数、区域面积等作为已知条件，如同预测未来系统的交通量一样，来预测该区域在特定规划方案下、基于其拥有的原来或者预测年人口、经济、交通特征而可能造成的交通事故情况。遵循了这一思路，加拿大学者们[36]开始考虑如何为区域交通规划模型提供一个评价交通安全水平的子模块，使得新的交通预测模型能够在预测交通量的同时能够预测规划后的交通安全水平，并且在此基础上提出一套建立新型预测模型的技术框架。

在实际应用提出对规划阶段交通安全考虑需要的同时，一些美国区域规划学者从理论分析的角度肯定了在规划阶段、从交通规划分区角度考虑交通安全水平和预测交通事故数量的可行性和科学性。Levine et al.[37]通过研究交通事故点的空间分布规律意识到，不同分区各自的区域特征与分区内的交通事故存在一定的相关性，并且最终通过建立一个区域集计模型研究整个夏威夷岛各个子区的面积、人口、就业、道路里程等特征与交通事故数量之间的关系。这一研究说明区域特征与交通事故之间确是存在一定的相关性，也证明了荷兰学者使用规划区域数据预测未来交通事故的可能性。之后，美国学者 Paul de Leur and Tarek Sayed[32]直接而系统地阐述了建立主动交通安全分析模型，用于交通规划工作的想法和框架；Washington, S P 与其同事更加系统和完善地介绍了考虑安全的交通规划工作框架、流程、安全预测模型建立的内容[38]，并且使用亚利桑那州的数据最终建成这一模型，来预测未来年规划情景下的交通事故数[39]。

2. 问题的明确

近年来，道路交通系统规划越来越重视交通安全问题，这种重视导致世界很多国家和城市都将交通安全减少作为其道路交通系统规划目标体系中很重要的一个目标。这些交通安全目标都要求在交通规划的阶段就明确解决交通安全隐患，并且使用交通安全性作为评价交通项目的指标，从而尽可能地减少未来被动交通安全改善的需求和花费。然而，虽然现代交通规划能够在规划方案的制定和选择过程中主动地预见和避免道路拥挤、机动性甚至污染等问题，从而实现这类目标。但是，对于交通安全目标的实现却十分困难，一个主要问题是缺乏必要的方法论和可靠的工具来评价采用某种规划方案之下的道路安全性能[32,40-41]。换言之，可选的交通系统网络情景和规划方案、政策都可以明确地在规划阶段针对期待的拥挤、机动性和污染要求进行评估，但是目前并没有可靠和统一的方法来评价特定规划方案对于道路交通系统安全性的影响。因此，用户使用的建成路网和政策，能够达到某些可评估的指标，避免更加恶化的拥挤和污染的出现；而安全问题则必须在路网和设施建成之后，各种恶性交通事故发生之后，才能得到被动的重视和改善。

已经有相当数量的研究建立了各种模型来预测城市交通网络各别设施要素的事故数量，例如交叉口、主干道路路段等[42-43]。但是，鲜有研究能够建立较为集计的、区域层面的模型用于交通规划过程当中。

3. 研究展开

一方面，交通安全现状的恶化使得安全性目标在交通规划目标体系中的地位越发重要；另一方面，能够在规划阶段用于评价不同规划方案导致的安全性影响的工具和统一理论极为缺乏，甚至将要实施的规划方案对交通安全目标的实现程度或者实现与否都难以量化。这一实际需求和研究不足的矛盾，激发了不少学者对于区域层面、宏观交通安全问题的研究。区域特征与交通事故的关系、宏观分析预测模型的建立与改进、模型的应用可以认为是宏观交通安全研究的三个方向。

早在安全规划问题发现之前，就有学者开始注意到特定的区域社会人口、城市类型、车辆保有等指标与其交通事故数有一定的关系[44-45]。此时的研究虽然以区域为研究单位，但是均是考虑离散的、个别的区域对象。直到 1995 年 Levine 开始研究大都市区内相邻子区之间的交通事故的时空分布关系，才开始了以宏观区域为研究对象、以子区域（一般是交通分析小区或者居住社区）为研究单元的交通安全研究。相邻分区之间的土地利用、区域面积、开发密度、就业、人口、经济活动、交通总量等开始作为区域特征变量，与交通事故建立关系模型，用于解释和预测不同区域特征对交通安全的影响。最近，道路网络的构型和城市形态又作为表征区域交通网络特征的新的变量，受到研究者们的重视和研究[46]。

在区域特征与交通事故关系分析渐渐成熟的基础上，区域事故预测模型的建立也成为多数研究的主题。2000 年，加拿大学者 Lord[43] 将城市道路网络作为整体系统，提出使用负二项回归方法建立一个反映区域路网宏观特征的交通安全模型，用于交通规划过程中分析预测道路网络规划方案的安全性。虽然最终他仍旧将道路系统分解为交叉口和路段，并非真正意义上的连续网络整体研究，但是却提出了从区域角度建立预测模型的想法[47]。之后，以区域安全预测模型的研究迅速展开[33,48-51]，由于传统的统计分析方法在分析空间数据时的缺陷，空间统计方法逐步被用到了宏观安全分析中，基于英国伦敦地区的交通事故数据，Quddus[52] 分别使用负二项回归模型和贝叶斯空间统计模型来分析区域层面的交通事故与影响因素之间的关系，并且比较了不同模型的差异，研究指出贝叶斯空间统计模型更适合于建立区域层面的交通事故与影响因素之间的关系。因此，如何在时间、空间相关性方面使用新的统计学方法(GWR、贝叶斯等方法)改进区域安全预测模型，用于不同区域、不同时间模型之间移植，成为近年研究的热点[53-57]。

在研究事故发生机理和预测模型理论分析的同时，这种基于区域集计数据的交通分析预测模型的应用也成为研究者们的关注点。这方面研究最为深入的是加拿大学者 Lovegrove 及其同事，在首先使用温哥华大都市区数据建立了一系列宏观交通安全预测模型的基础上[33]，他将该系列模型分别应用在区域规划方案制定[58]、事故多发点识别[59]、管理政策评估[60-61]，并且最终形成了一套宏观模型用于规划阶段的使用指南，通过实例应用指导读者重现如何在规划中使用这一系列宏观模型[62]。近年，他们又对模型在时间、空间移植方面进行了改进[56]。

2.3.3 影响区域交通安全要素

国外宏观交通安全研究主要从区域特征的三个方面进行了分析：区域人口经济和土地利用特征、区域道路网络特征、区域交通运行特征。已有研究中反映区域人口特征的常用因素包括人口总量、总户数、人口密度、老年人口和非老年人口，反映区域经济水平的常用因素包括就业人数、失业率、户均小汽车数等，反映区域土地利用常用因素为各类性质的用地面积。已有研究中反映道路网络特征最常用的因素有区域内交叉口规模和道路设施规模，有些研究用到了区域内道路平均弯曲程度。已有研究中反映交通运行特征的因素包括交通流量、路网平均车速、区域平均车公里数和体现拥挤程度的区域平均饱和度。表 2-1 汇总了已有宏观安全研究已经考虑的因素。

表 2-1　现有国外宏观安全模型考虑的安全影响要素

要素分类	具 体 要 素
经济人口 和土地利用特征	人口特征 人口总量、人口密度、户数； 老年人口、非老年人口 经济水平特征 就业人数、失业率、就业密度； 拥有小汽车户数、非拥有小汽车户数 土地利用特征 商业用地、幼儿园、学校、医院、厂房、仓储等用地面积

续　表

要素分类	具体要素
道路网络特征	道路节点和路段设施规模特征 交叉口设施规模(区域内交叉口总数、交叉口密度、环形交叉口总数、信号灯密度、信控与非信控交叉口总数、主干道交叉口总数; 道路设施规模(机动车车道长度、主干道道路车道长度、道路总长度、主干道长度、次干道长度); 区域内道路平均弯曲程度、区域总面积
交通运行特征	区域层面的特征 区域路网总流量; 路网平均车速; 路网平均饱和度; 区域内平均车公里数

2.3.4 道路网络结构特征对交通安全的影响

在区域层面交通安全的研究中,关于道路网络结构的安全影响分析是主要的研究内容。不仅交通行业专家对此问题很重视,规划领域的研究人员也从城市设计和规划的角度进行剖析。而得出的结论也是各有不同,这可能出于问题切入的角度、研究层面和分析方法的原因。但是正是这些研究,一方面证明了道路网络结构确实能够影响交通事故的发生,另一方面也证明了此类问题的研究还未得到一致的结论,需要进一步深入探讨。

1. 交通领域研究路网结构对交通安全的影响

各种与道路设施相关的因素都被认为可以影响交通事故的发生,道路网络结构安全研究考虑到的道路特征包括普通交叉口、环形交叉口、各种道路的长度(高速公路、A 级路、B 级路和次路)[52]。研究结果表明,子区的面积最小的为 0.13 km^2,最大的为 28.9 km^2。一个子区如果其道路长度数值很大,则意味着其路网密度较高,可能导致交通事故高发。交叉口通常被认为是交通事故多发点。因此,如果子区内的交叉口数量大,也就意味着交通事故量会比较大。

另外,Lord 提出环形交叉口有潜在的降低交通事故(包括 angle movement 和事故伤亡程度)的能力,因为车辆的速度都被降低并且能够以相当高的通行能力通过交叉口。所以,一个子区内的环交数量较大会对交通事故有一定影响。

以往的研究表明一个在英国,区域的道路越笔直,就比道路弯曲的区域发生交通事故更多。信号灯总量、信号灯密度、交叉口总量、交叉口密度、三路交叉口、当地主干道交叉口、主干道车道总长、当地车道总长共同作为描述道路网络结构安全性的影响因素，分析结果显示事故与信号灯密度成正比，与交叉口密度成正比，与总主干道车道长度成正比，与三路交叉口数量成反比[33]。

2. 城市规划领域研究路网结构对交通安全的影响

城市规划人员和设计人员最为关心的是何种道路网络构型具有较好的交通安全性能。此类研究早在1950年代的美国就进行了，研究比较了方格型路网和曲线型路网所发生交通事故的数量，结果显示，方格网比曲线型这种限制接入模式的交通事故明显要多。近期，有一些研究利用统计学模型得出类似的结论：连通性不好的路网构型例如“环路和棒棒糖”式的路网拥有更少的四路交叉和通过交通，因此具有较少的交通事故，在安全方面表现得比方格网要好[2]。

但是，相反的结论却表明：道路网络的连通性越好，交叉口密度越高，交通环境安全性反而越好。这与频繁的交叉口车辆减速和大量行人、自行车出行为机动车驾驶员的集中注意力驾驶提供了强有力的约束，反而有利于安全驾驶和更少的事故发生。较低的路网街道密度会造成死亡事故和严重受伤事故的概率会大大增加[5]。而之前所述的关于“环路和棒棒糖”形式的路网构型能够减低交通事故概率的结论，也有更进一步地关于街道构型如何影响非机动车事故的研究表明，此类型的路网构型会增加行人和自行车交通事故的风险，但是会降低事故的死亡率和财产损失的概率[6]。

2.4 区域交通安全模型

2.4.1 安全分析模型发展

国外围绕事故统计分析模型进行的研究，经历了从简单模型到复杂模型的改进历程，如表2-2所列。最初采用的是多元线性回归，考虑到区域事故频率具有非负性、离散性、非正态分布等特点，多元线性回归应用于事故数据分析有如下缺陷：① 分布不合理，② 无法准确描述非负的事故数。根据经验，事故频率服从泊松分布，泊松分布是最基本的计数模型，但是其均值等于方差的假设往往与实际的事故数据不符。负二项分布回归是基于泊松分布但设定均值和方差服从Gamma分布，负二项分布被广泛用在宏观安全分析模型中。但是与多元线性回归的基础假设相似，负二项分布要求被研究的对象是独立分布的。考虑到宏观安全数据的复杂空间分布，Quddus 使用了分层贝叶斯统计分析方法(Bayes Hierarchical Models)，并指出分层贝叶斯模型对复杂数据结构有较好的拟合性。

表 2-2　区域安全预测模型方法使用情况

分析模型	研究者(部分)	特　　点
多元线性回归	Ned Levine	优点：简单、直观、易用 缺点：事故数分布不合理、无法准确描述非负事故数的情况
泊松回归模型	Miaou, S. P	在多元线性回归的优点基础上，事故率分布符合泊松分布
负二项回归模型	Gordon Richard Lovegrove Kwok-suen Ng Alireza Hadayeghi	在泊松分布基础上，能够满足均值与方差不等的现象
贝叶斯	Hauer et al. Quddus	由于以上模型均要求研究对象独立分布，不能体现真实情况，考虑空间分布特性，使用贝叶斯 优点： ① 将来自不同信息源的信息作为先验分布与观测数据进行整合，形成后验分布； ② 能有效地利用小样本数据进行模型校验； ③ 对复杂数据结构有较好的拟合性

贝叶斯方法近年来在交通安全分析中多有应用，Hauer et al. 介绍了如何利用经验贝叶斯方法(Empirical Bayes)进行小样本分析并对 regression-to-mean 的现象进行校正。Carriquiry & Pawlovich 分析了经验贝叶斯和全贝叶斯方法(为区别经验贝叶斯，翻译为全贝叶斯，意同贝叶斯)的区别，推荐使用全贝叶斯。Aguero-Valverde & Jovanis，MacNab，Miaou et al.[53-54]利用分层贝叶斯模型对基于交通分析小区的空间相关或/时间相关问题进行了分析。基于贝叶斯空间模型，Guo et al. 对于考虑路网空间影响的主干道信控交叉口安全进行了分析，通过设定 Conditional Autoregressive (CAR)的先验分布对位于同一主干道上交叉口相互影响随距离的增加而减弱空间相关特性进行了考虑。对比基于似然函数的传统估计方法，贝叶斯方法具有很多不可替代的优点：① 将来自不同信息源的信息作为先验分布与观测数据进行整合，形成后验分布；② 能有效地利用小样本数据进行模型校验；③ 对复杂数据结构有较好的拟合性。国内对事故

安全分析模型的研究和应用还很少，统计分析主要是应用多元线性回归和传统的广义非线性回归（如泊松分布、负二项分布回归），考虑复杂情况如区域空间复杂数据结构的安全分析仍未展开。

2.4.2 区域安全分析模型应用

区域层面的交通安全研究较之交叉口或者路段层面的研究更为宏观，因此其应用也以结合交通规划、区域规划等预测、规划、管理的角度实施，总结如表2-3所示。从揭示区域层面交通安全的特征出发，研究人员将宏观安全模型用于区域交通安全评价，并进一步运用到交通规划方案制定和安全性比选中，前者实质是传统安全研究思路在宏观层面的运用，后者是“主动”地在交通规划阶段考虑安全。交通安全模型用于安全评价的研究有：Levine et al.[37]于1995年利用夏威夷火奴鲁鲁的交通事故数据建立了早期的宏观交通安全模型，目的在于利用该模型发现道路上事故多发的点或者段，针对性地制定改善措施。Lovegrove[58]利用加拿大温哥华地区的交通安全分析模型对交通安全进行预测以确定事故多发点、诊断事故成因以及制定补救措施。交通安全模型用于主动安全规划的研究有：Lovegrove et al.[59]使用负二项回归方法建立了交通安全模型以评价加拿大温哥华地区实施交通需求管理政策对于交通安全情况的改善效果；应用该模型对比分析加拿大温哥华地区新的交通规划方案实行与否交通安全水平的差异；使用以上的交通安全模型为加拿大温哥华地区某邻里区域进行区域规划方案的制定提供安全评价的支持。

表2-3 区域交通安全研究应用

方　向	研　究
关系、机理分析	[37][55][63][64][65][44][45][46]
模型建立、校验、改进	[43][47][49][51][54][53][55][56][66][67]
规划、预测	[58][62][68][69]
管理政策评估	[60][61]
黑点识别、诊断、补救	[59]

第3章 面向交通安全分析的道路网络结构指标

为了进行道路网络结构的交通安全性分析，首先需要为分析模型提供描述道路网络结构的指标，以此作为模型自变量的组成部分。本章首先总结已有路网研究中对网络结构特征的描述方法和指标计算，并总结其局限性。之后，从交通安全分析的角度出发，提出对于路网结构指标的特殊要求，引出本书所构建的结构指标体系。文章从设施规模、网络形态以及网络结构三个方面，同时也是从认知路网的宏观、中观和微观三个层面，整理符合交通安全研究需求的路网结构指标。最后，结合实际数据对典型的路网类型进行示例计算。本章内容是后续第 4 章中所需要处理的数据内容之一，也是本书第 5 章分析模型中关于路网结构的影响因素内容。

3.1 交通安全分析对路网结构指标的要求

3.1.1 已有描述方法

1. 定性描述

由于道路网络通常以平面图的形式展现和被研究，因此最常见的描述方法便是基于对平面图上网络形状的认知。例如，网络的平面图上呈现大量平行的横纵交错直线、地块被划分成一块块均等大小的正方形或者长方形，该路网就被描述为“棋盘状”、“栅格网”，如图 3 - 1 所示。又如平面图上能够看出明显的地块中心，街道以此中心为核心向四周发散，并且街道之间呈现出明显的等级区分，从若干条街道上一级一级细分到最小的路段，则该路网通常被描述为“射线网”、“树状”，如图 3 - 2 所示。

图 3-1　旧金山市方格网形式道路网络(图片来源：谷歌地图)

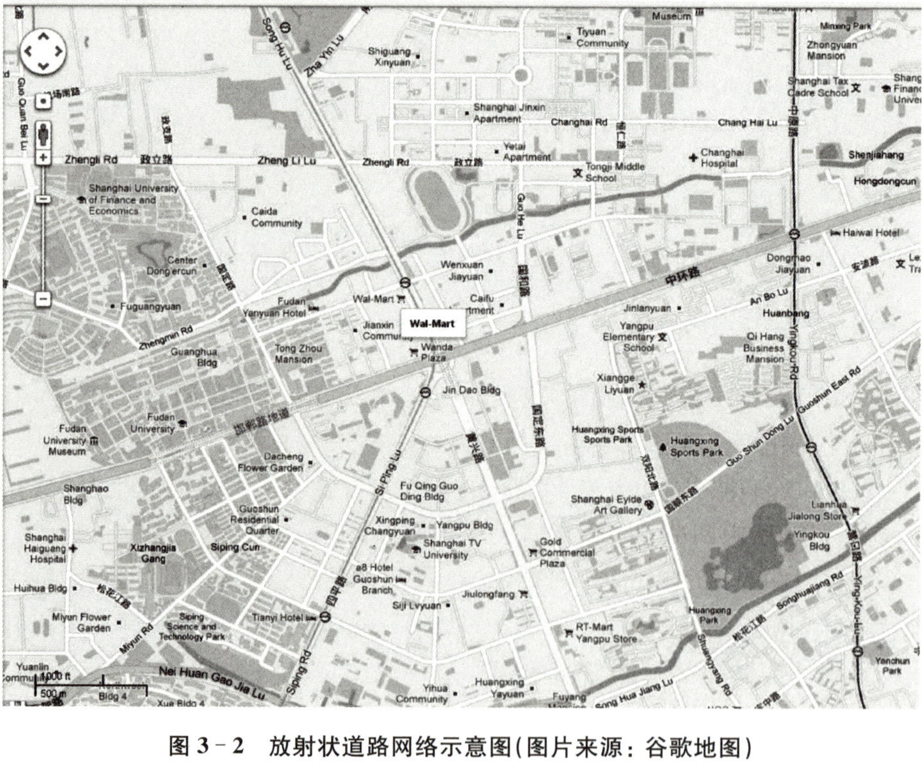

图 3-2　放射状道路网络示意图(图片来源：谷歌地图)

从更加细节的尺度来观察道路网络，还可以根据街道线形是否笔直将路网描述成“弯曲平行式”，根据街道路段形式是否是断头路可以将路网形象地描述成“棒棒糖式”[23]。对于道路网络形式图形描述的总结如表 3 - 1 所列[17]。

表 3 - 1　道路网络图形描述总结

定性描述	例　图	元　素	特　点
栅格网	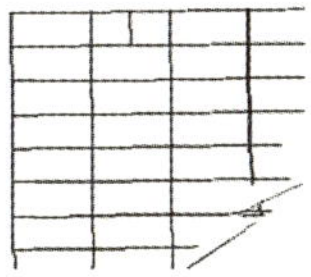 No.　730　TAZ	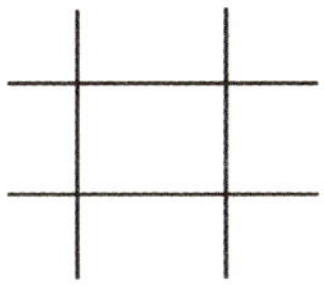	清晰规律的模式； 垂直、四路交叉； 直线； 良好的内部连通； 一组互相平行的直线被另一组平行直线垂直相交而成
片段平行	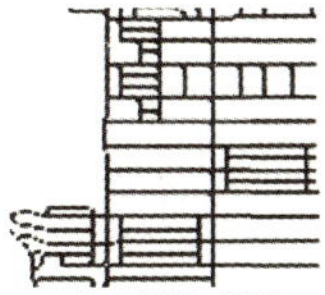 No. 379　TAZ	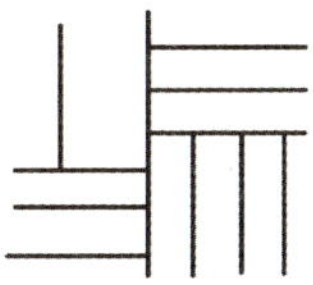	局部呈现平行直线； 内部连通性一般； 更多的三路交叉
弯曲平行	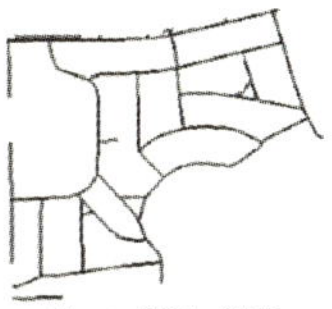 No.　824　TAZ		较长的曲线在局部互相平行； 更多的三路交叉
环路与 棒棒糖	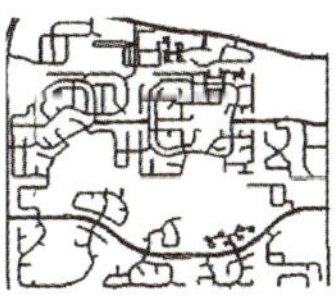 No.　432　TAZ		弯曲的道路形成许多小的环路； 环路上伸出有断头路； 街道连续性较低； 更多的三路交叉
棒棒糖簇群	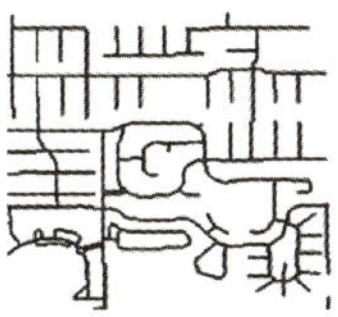 No.　313　TAZ	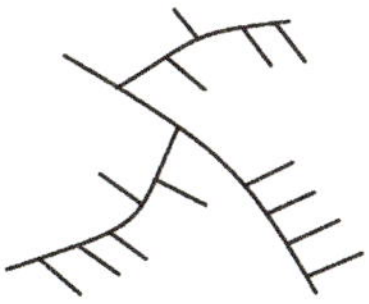	树状分支由主要道路和伸出的断头支路组成； 更多的三路交叉

2. 定量描述

纵观已有关于路网特征分析的定量研究结果，定量描述可以分为三大类，分别是几何尺寸类、拓扑类和路径功能类，具体指标如表 3－2 所列。

表 3－2 道路网络定量描述总结

分　类	指　标	定　义
尺寸相关（与大小和长度有关）	街区长度	沿着路沿石或者道路中心线量取的相邻交叉口之间的距离
	街区尺寸	街区区块的长度、宽度、面积或者半径
	街区密度	每平方英里之内的街区块数平均值
	交叉口密度	每平方英里之内交叉口总数
	街道密度	研究范围内每平方英里所对应的街道总长度
拓扑相关（与节点和路段有关）	被连接节点比例	分析单元内交叉口总数除以交叉口总数与断头路端点总数之和
	路段节点比例	分析单元内的路段条数除以节点总数
	是否方格网	区分路网是否属于方格网
	伽马指标	分析单元网络中实际路段数目除以所有节点连通能够达到的最大路段数目
	阿尔法指标	分析单元网络中实际环路数目除以最大可能环路数目
	树形或者环形	分析单元网络环路元素的比例
功能相关（与路径功能有关）	路径连续性	路径由多少连续的路段组成
	路径连通性	路径与多少其他路径直接相连接
	路径深度	路径处于等级体系的第几个级别

最简单和本能地描述一个网络，就是从其几何尺寸的度量出发。考虑道路网络的路段长度、交叉角度、路段宽度等是从最微观的要素层面几何尺寸的描述，如图 3－3 所示[8]；关于路段密度、交叉口密度、街区密度等计算，则是从稍微宏观一些的尺度来描述由几何特点而塑造的区域内街道设施的分布情况。此类定量描述的指标经常被用作描述道路网络的连通性，显示路段之间连接水平，同时考虑道路系统的规模和分析单元的面积。平均街区长度在道路设计和社区规划标准中被广泛采用，这些指标都直接地与真实路网在二维尺度上的长度、宽度和面积概念相关，因此非常便于理解。

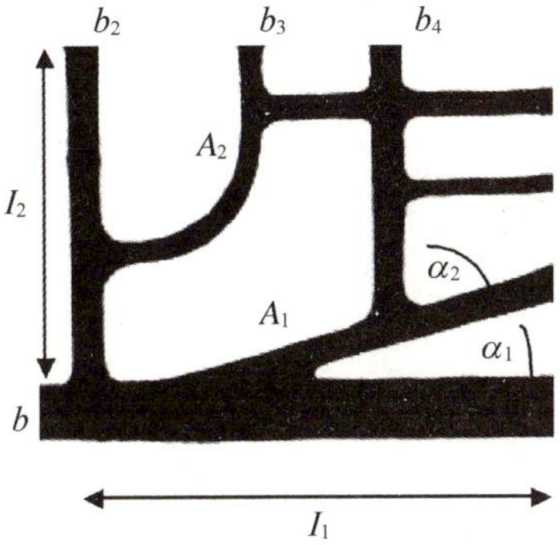

图 3-3　道路网络几何尺寸描述示意图

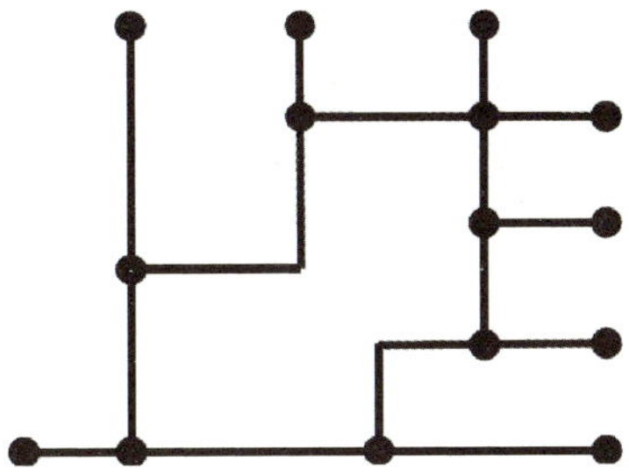

图 3-4　道路网络拓扑描述示意图

几何尺寸的描述，往往不能反映网络连接的结构特性，会出现路网密度相同但结构特性完全不同的情况。因此，有学者从图论学理论中引用了拓扑类的计算，从道路网络的连接结构属性方面描述路网特征。拓扑描述将道路网络简化成由节点和链接组成的二维网络图，现实路网中的交叉口是拓扑图中的节点，真实路段是拓扑图中的链接，如图 3-4[8] 所示即为图 3-3 中真实路网的拓扑描述。通过计算有节点数和联系方式所确定的拓扑类指标来反映道路网络在连接性方面的特性。这一层面的描述比较于几何尺寸的描述更加抽象，却更加体现道路网络在连接和组成方面的特征。

道路网络除了在空间上为土地创造有效的连接，还需要在时间范围内提供某种特定的交通运输服务。这种空间和时间双重作用的结果，要求道路网络在提供交通服务方面体现一定的服务能力和等级差别，由此形成不同的街道类别，提供特定的交通功能。例如主干道、次干道、支路划分体系下不同层次道路对交通量的承载能力之区别，又如公交走廊、行人专用道、自行车专用道等对不同出行模式提供的专有通行服务。正是考虑到网络中不同路段或者路径的功能有所差别，使用路径描述的方法用来描述路径层面、网络整体层面的道路网络特征[8]。例如街道路径的深度，通过定义网络中提供最高级别交通运输服务的路径为基准层，深度定义为 1，如图 3-5 左图中标号为 1 的路径；与其直接相连的路径定义为深度 2，用两位数字表示，如图 3-5 左图中 1.1、1.2 等所示，第一

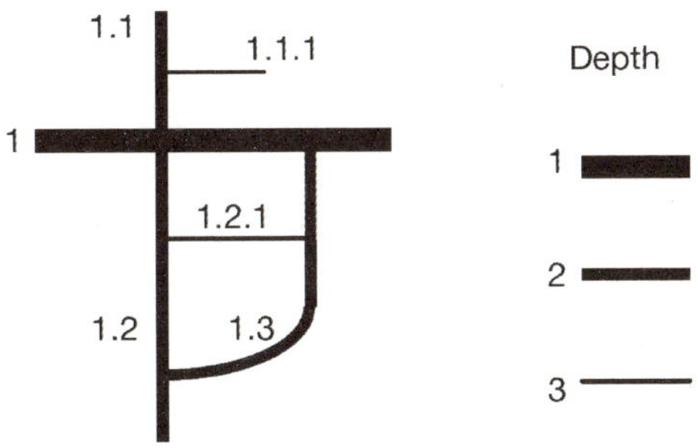

图 3-5　道路网络路径深度描述示意图

位数字表示上一级相连道路的标号，第二位数字表示此等级路径的顺序；与深度为 2 的路径直接相连的，同时又不是深度 1 的路径，定义为深度 3，用三位数字表示，前两位表示上一级相连的 2 级路径标号，第三位数字表示该级内路径的顺序；以此类推，最后获得整个网络中所有路径的深度，见图 3－5 所示右图[8]。

3.1.2 交通安全分析的要求

已有的路网结构研究虽然对于网络特征提出一定的描述方法和具体指标，但是都存在自身的局限性。除了这种局限性，为交通安全研究所服务本身的目的也造成对于路网结构的描述指标有更多的要求。

1. 定量化

定性描述道路网络的方法，提供了一种本能的、直接的、对于道路网络形态的文字化分类。无论是“棋盘式”还是“方格网”，都能够带给读者一种总体的关于平行路段和直角交叉的路网形态的归纳作用。定性描述通常由于描述者认知的区别，甚至由于语言的差异，会产生很多不同的词。例如，对于图 3－2 中所示的路网形态，可以被描述成“放射网”“环加放射”“星形”“射线”等种类，而英文中又有“radial”“spinal”“circumferential”等词汇。因此，很容易出现不同的研究者拥有自己的分类描述体系，各个体系自成完整的系统。但是，仔细分析可以看出，每个体系中的词汇，虽然用词不同，但是描述的道路网络形态基本一致。正是定性描述的主观性，导致此种描述方法造成繁冗的重复描述。

同时，定性描述倾向于将各种各样或简单或复杂的网络绝对的分类，这对于虚拟和基本型的路网也许实用，但是真实世界中的街道通常不可能清楚地、明确地归类为某种类型，混合、复杂的网络形态更为多见。面对这种情况，定性描述方法则显示出很弱的描述能力和区分能力。路网大多数情况下都不是由单纯类型组成的，更多的时候是由多种类型混合而成。例如，分析来自美国佛罗里达州 Orange 县 662 个交通分析小区的道路网络形态，按照定性描述的方法分类。在分类过程中，有 16％的交通分析小区路网仅仅是一些离散的不相连接的线条组成。这种路网不能被拿来分类为任何一种类型。而剩下的 556 个交通分析小区路网则被进行分类，但是其中仍旧有 87 个小区的路网不能被清楚地识别和分类。在 556 个能够被分类的交通分析小区，31％的小区路网是纯粹的路网模式，可以明确地划分为 5 种类型中的某一种。超过三分之二的路网是由两种或者三种类型混合而成的网络模式，其中超过一般的小区混合路网是由两种类型混合而成。这也说明了如果仅仅用 5 种分类来划分所有小区的路网是不足够的，因为有大部分的路网属于混合类型，很难划分到任何一个单纯性的路网类型下。

传统的描述性或者形态分类方法对于网络模式单纯的方格网或者树形网络效果不错，但是绝大多数的道路网络并非理想中的那么单纯类型，而是由很多种类的模式混合而成，往往并没有描述性的规律可以使用来分类。通常面对这些混合性的或者难以分类的网络，其结果就是将其丢弃在一边形成一种“其他”的类型，而在这种类型中，往往很多网络之间完全没有共同性，却要被硬生生地合并成一个类型进行研究。更进一步，在对道路网络初步认识的阶段，定性描述方法利于快速给人一种感官的类比性的印象，但是当分析深入不同路网的比较层面，例如方格网与曲线平行路网的比较，或者正方形栅格网与长方形栅格网比较，定性描述法就难以提供更有用的指标。

正如本书研究综述中所述，交通安全的研究已经得到了广泛的研究，其研究方法也已经从定性分析向定量计算进化，并且目前已经成熟、全面地使用统计学模型进行数据论证。因此，欲研究路网结构与交通安全的关系，已经不能停留在定性比较的阶段，原始的比较几类路网结构下的交通事故多少，不足以完成对于两者之间关系的解读，迫切需要使用定量化的指标描述不同的路网结构特征。

另外，由于本书的研究对象是由连续小分析区域组成的较大区域，这种区域层面的研究需要描述指标能够在数值上区分相似的或者复杂难以定性划分的路网。例如上文中讨论的来自美国佛罗里达州 Orange 县 662 个交通分析小区的道路网络形态，如果仅使用典型路网结构类型进行划分，再进行类型数据的定量化，确实可以得到关于各个小区路网的类型定量指标，而且在已有的研究中也是如此进行的[19]。但是，实际情况中会面对很大比例的路网，并不能简单地判断为某种典型的结构类型。其结构往往是混合了两种或者更多典型类型的特征。对于这种混合路网，必须用定量化的指标进行描述。而更有一定比例的路网初看相似，如果用分类的方法进行处理，并不能体现其存在的局部差别。

因此，研究路网结构的交通安全水平，需要定量的网络结构指标，全面地、可区分地描述复杂、混合、连续的道路网络。

2. 多角度

基于图论的拓扑学描述方法，通过将道路网络的几何属性信息全部消除，仅仅留下路段连接的信息。在此前提下进行关于节点数和路段数的各种计算，从而获得对于网络连接属性的描述。该类指标通常可以提供关于路网是否连接紧密、频繁的特征，例如节点连接比例，如果该指标较高，说明相同数目的路段之间的连接点更加多,则网络连接性趋向于更好,路段之间有更多的可能性相互连通。但是,试想一个栅格状网络和一个鱼骨状网络,虽然它们属于两个不同类型的路网,可能具有同样数目的节点和路段,则得到的节点连接比例数值相同,如图 3-6 所示。但是其两者的连通性是否相同呢?对于方格网来说,其节点的分布是均匀的,每条路段之间的连通性也是均衡的。而对于棒棒糖式路网,所有的断头路连接在同一条更为高等级的主干道上,即所有的节点也都集中在某条路段上,路段之间的连接并不均衡。集中了所有节点的主要路段可以轻易地连接到任何一个路段上,反之,断头路段之间的连接性则较差,需要通过骨干路段才能获得与其他或者相邻路段之间的连通。因此,仅仅通过拓扑描述很难描述网络的连接形式,对于网络的认知来说太过抽象和简化。

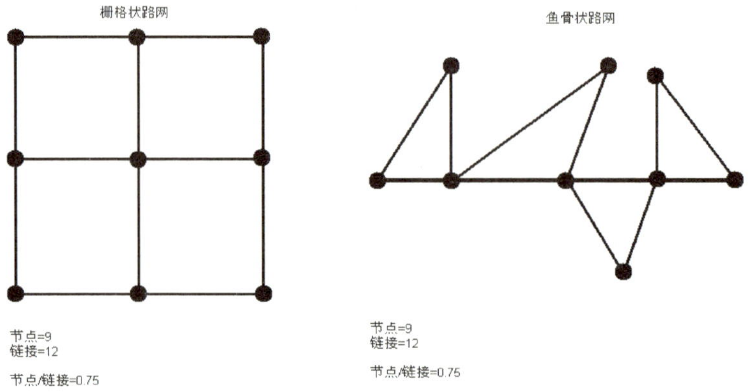

图 3-6　不同形状网络具有相同节点-连接比例指标示意图

3. 区域性

本书研究对象为由若干空间上连续的分析小区组成的、较大区域层面的、道路网络与其对应的交通安全水平。因此,路网结构指标应当是能够描述整个分析单元内的、区域性的指标,区别于针对个体路网的、关注与节点和具体路段的局部性指标。例如已有路网结构指标中的从路径功能角度出发的描述方法,决定了其分析深度和个性化过程。由于此方法对于网络系统的描述取决于对于基准路径的指定,因此对于每一个分析单元的路网,都需要以此特别的审视和决策。这造成该方法对于道路网络个案的分析力度较大,可以针对网络中每一条路径进行深入分析和比较。通过对于路径指标的平均化,也可以得到一定程度上网络整体的描述。但是,此方法不适用于大量样本规律的研究,并且其方法的使用目的并非描述和区别各种路网类型,而是在于识别和区分“理想”和“不推崇”的网络形式。

4. 面向交通事故类型

交通事故根据发生事故的主体，可以分为机动车事故、自行车事故和行人事故。路网结构的诸多要素中，某些要素会分别对不同出行方式有不同程度的影响。例如，对于机动车运行而言，道路线形是影响车辆行驶轨迹的主要因素，而交叉口形式和规模，是影响机动车行为的主要因素。由于限行、限达的管理不同，不同等级的道路里程也是影响机动车交通的重要因素。与此相比较而言，行人和自行车交通与道路尺寸、街区大小等结构指标更加相关，因为路径的长度是慢行交通最为敏感的出行因素之一。路线的直线比例，即是否直接到达目的地还是需要绕路，也是决定慢行出行的重要因素，所以断头路存在过多，导致路径直达性不强。因此，断头路比例、曲线化等指标也是影响慢行出行的因素之一。在针对不同的交通事故类型的分析中，应当首先考虑选用众多分析指标中，与该类事故主体出行关系最为密切的指标进行计算。当然，在条件允许的情况下，也可以进行全部指标的计算。但是仍旧需要明确，不同网络结构特征对于交通出行的不同影响。

综合上述对现有道路网络描述方法的总结和分析，明确了本书所要确立的网络描述体系需要达到的要求：可量化、全面的、区域性、面向交通事故类型。

3.2　路网结构指标体系

认识了已有道路网络描述方法的局限性之后，不难总结出一个好的网络描述方法应当具备怎样的特点。首先，这种方法应当能够在感性描述的基础上，有进一步量化各种网络属性的能力。只有充分量化道路网络的物理属性，才能进行客观地识别、对比和分析，更有助于使用统计学的、数学的分析方法来理解网络构型，建立网络特征与交通运行、事故和环境之间的关系。从而清晰地了解是哪些网络特征造成不同的交通特征，某一特征达到什么程度的变化时会对交通特征的影响最大。其次，这种方法需要能够全方位，或者说从多种角度来描述道路网络。已有的方法往往固定在某个视角观察路网，因此，会造成顾此失彼的结果。不同类型的路网极可能在某个角度出发的指标来看是相同的，而换个观察方向却会得到完全不同的结论。这种问题在上文分析的例子中已经可以看到，面对更加复杂的真实网络，可能出现的情况更加无法估计和控制。但是，如果力图从尽可能多的方面来刻画一样事物，给其限定足够多的条框和属性，那么对于事物的描述则会更加具象。最后，对于网络的描述，不仅仅在于方便从数量的角度展现事物，更重要的还在于可以通过系列的描述指标来区分不同类型的道路网络。这有助于理解不同类型的道路网络之间区别究竟在哪里，是什么特征属性造成一类网络不同于另外一类的。如果确实存在某种理想的道路网络，通过具有区分力的系列描述指标，可以获知什么类型是理想的网络类型。更现实一点来说，可以抓取住不同网络类型中理想的特征属性，指导规划者和设计师们舍去不同路网方案或者改造现有网络的缺点。

3.2.1 路网结构的认知逻辑

试想当我们需要了解一个地区道路网络时，整个操作过程是怎样进行的？首先打开电子地图，开始观察一个区域的道路网络，选择缩小视图，希望对全部区域有个大体的了解。最先进入眼帘的是整个区域的缩略图，这时候的查看比例可能是使用较小的比例尺，才能纵观整个区域的全部路网。如图 3-7 所示，是在比例尺为 1∶80 000 下美国加利福尼亚州某区域的道路网络。之后，逐渐放大这个区域的视图，比例尺变得较大，可以看到街道是怎样连接在一起的。如图 3-8 所示，是在比例尺为 1∶30 000 下对图 3-7 的放大观察。最后，为了仔

图 3-7　美国加利福尼亚州中部道路网络平面图(比例尺 1∶80 000)

细区分不同类型的网络形式，进一步放大视图到更大的比例尺下，可以观察到不同的街道街区长度、连接的角度、街道的不同连接等级。如图 3－9 所示，是在比例尺 1：12 500 下对图 3－8 的细节视图。

图3－8　美国加利福尼亚州中部道路网络平面图(比例尺 1：30 000)

图3－9　美国加利福尼亚州中部道路网络平面图(比例尺 1：12 500)

1. 三个层次

通过分解认知道路网络的过程，可以将整个认知过程分成三个层次，在不同的尺度下所观察到的网络内容也不同。

第一个层次，观察者会意识到路网整体的设施分布情况，如图 3-7 所示。部分区域的路网十分紧凑，密度很高，而另外一些区域则显得非常松散和稀疏。因此，在认识路网的第一个阶段，接收到的全部都是关于网络质地的总体信息，各种设施的分布如何，整个区域均匀分布还是在某些区块设施较密集。

第二个层次，观察者可以看出道路网络形态的内容，如图 3-8 所示。有的网络具有长度较长的街区，街区面积也较大；有的街区则全部是近乎正方形的地块，由较短的长度街道分割而成。此外，还可以看出街道的走向，是笔直的还是弯曲的，如果是混合的类型，那么直线和曲线的比例是怎样。有的网络较为简单，类型单纯；有的则形态复杂，难以用某一种单独的形态归类。有的区域街道相互连接得十分规则，甚至可以初步判断出连接的规律。而有的区域街道则连接的没有章法，甚至像是随意安排的。

第三个层次，观察者开始注意到街道之间是如何连接的，如图 3-9 所示。有的网络的内部连通性很好，相邻路段之间可以直接到达，甚至相隔路段之间的联通也可以几乎以最短路径的形式实现。但是有的路网却连通性很差，甚至空间上隔壁平行的两个路段之间的联通，都需要经过曲折的绕路才能够实现，见图 3-10 所示。另外，有的路网具有很好的延伸性，路网的进一步扩展可以轻易地与老的路网找到衔接点，例如方格网。相反的，很多曲线类的网络，面对路网的延伸往往无从扩展，除了将主要道路延续开来，继续围绕主要道路进行支路的开发以外，只好重新开辟新的网络组团，因此组团性较强。但是这种新开辟的组团往往与老的路网之间呈现明显的分割，不能良好地连续起来。有的网络以均衡的方式连接，没有明显的等级差异，例如方格网；有的网络则以极为主次差别的方式连接，有的路网有明显的等级性，可以看出某些街道起主要作用，某些街道起渗透作用，如棒棒糖式。有的街道处于比较重要的位置，提供其他所有街道的联通，因此处于较高的层次。有的街道则处于较弱的地位，需要通过主要街道才能与其他道路联通，因此处于较低的层次。有的网络处处分布了大大小小的回路，交通的循环在这种路网中变得很容易。但是其他的路网却有着更多的断头路，交通很难形成回路，开错路线之后需要掉头才能返回。有的网络具有很长的连续在某个方向上不断延伸的长路径，而有的网络却是由很多细碎的小段路段组合而成。

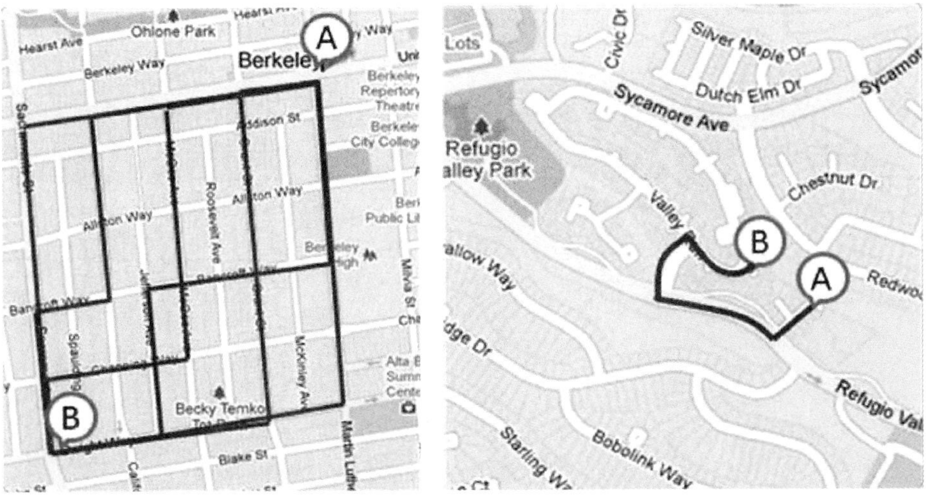

图 3－10　不同路网类型的内部连通性示意图

根据以上三个层次的认知递进，总结每一层次下所观察到的路网内容，可以将路网结构指标体系架构为对应的三个层面，分别为设施规模、网络形态和网络结构，如图 3－11 所示。

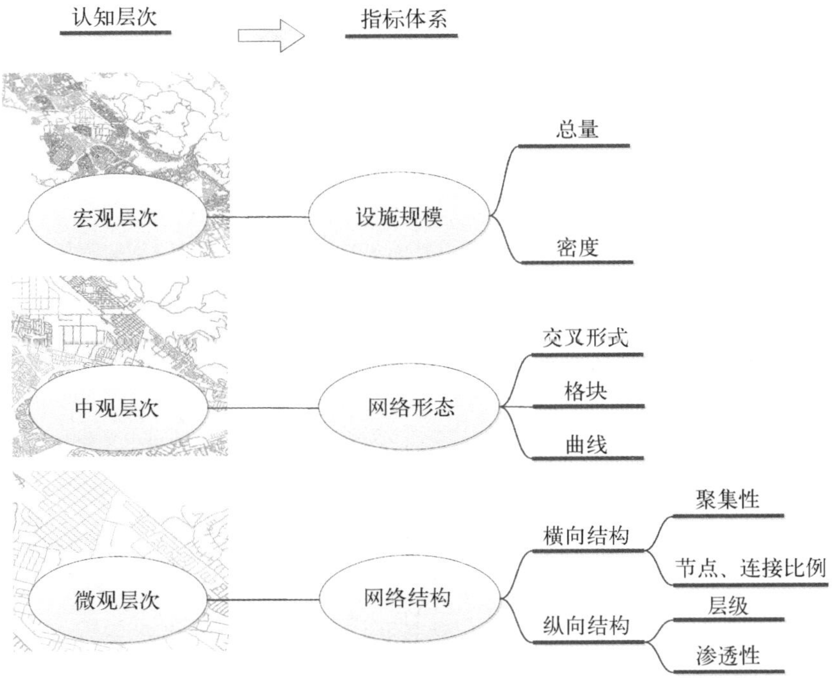

图 3－11　路网认知层次与指标体系对应关系

2. 路网简化

真实的道路网络存在很多信息，包括宽度、长度、高差、道路之间的交叉形式、交叉口的几何设计等各种要素。这些数据在进行特定的交通设计或者微观设施分析的过程中是必要的，但是在对整个网络进行描述的较为宏观的层面，过多的信息反而会造成主要信息的不明显，甚至会为数据处理带来不必要的存储和处理过程。因此，有必要在进行网络研究和计算之前，首先将路网进行简化，即删除分析所不需要的信息，使得计算需要了解的数据更鲜明、易懂的表现出来。由此出现了两种主要的简化方法：原始法和对偶法。

1）原始法

传统的网络简化方法即把实际路网中的交叉口简化为节点，连接交叉口的路段简化为节点间的连接线。这种简化过程直接易懂，符合正常的思维逻辑，因此叫做原始法。由于并不需要包含宽度和交叉口形式的信息，网络仅由同样大小的点和同样粗细的线条组成。如图 3－12 所示，左侧是真实路网，右侧是经过原始法简化后的网络。

图 3－12　原始法简化路网示意图

2）对偶法

对偶法是在原始法的基础上延伸出来的路网简化方法，顾名思义有一种“对调”的过程在其中。其过程是在已经理解原始法的基础上，转而用节点表示路段，用连接线表示交叉口。如图 3－13 所

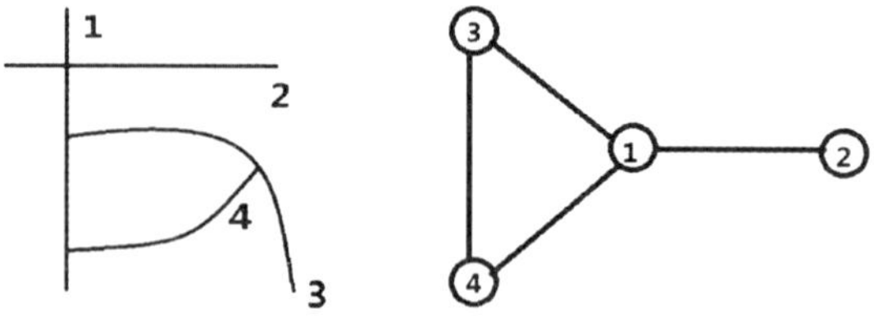

图 3－13　对偶法简化路网示意图

示，左侧是真实路网，右侧是经过对偶法简化后的网络，右图中圆圈内的数字表示一个个网路节点，而这些节点的编号正是左图中各条路段的编号。

3）方法由来

对于简化的道路网络，已有的研究使用各个学科引入的方法进行计算分析，图论方法被使用的较为广泛。基于图论学的拓扑类网络分析的计算，是以简化网络中的节点作为计算基础的。即关于网络的描述概念及其计算，都需要围绕网络中的节点的特征进行扩展或者变形，得到新的描述指标。因此，对于使用原始法得到的简化网络，使用图论指标分析得到的结果其分析重点均是网络中的节点，也即实际路网中的交叉口。一切其他指标都是在对交叉口的特征描述和计算的基础上扩展和变形得到的，故分析关注点在于交叉口。重要的是，可能存在结构完全不同的路网，其最后得到的节点和连线数目相同，因此各种指标计算结果也相同，没有办法区别不同的路网结构。同时，对于道路网络的研究，其重点往往是街道和路段、路径等的特点以及其之间的结构组成，而不局限于交叉口的特征。为了将关注点转移到路段上，有学者提出在原始法的基础上对调节点和链接所代表的道路网络元素，将简化后的网络中节点表示实际网络中的路段，在这种简化逻辑之下的简化网络的节点即表示路段，那么随之使用的图论指标的计算和分析也就基于该网络下的节点特征，即实际网络下的路段特征。

4）如何选择简化方法

网络的简化，目的在于将研究关注的信息用直接易懂的方式展现出来，方便观察者认识和解读网络的特征。使用何种方法，很大程度上取决于研究者的关注点。如果关注交叉口如何连接路段和交叉口的分布等信息，则适合使用原始法。如果关注的是路段之间的结构和层次关系，则适合使用对偶法。甚至，如果关注的是地块之间的联系和分布，则可以将地块简化成点，地块之间的连接（道路或者公交路线）简化成线，生成一种简化的网络。

另外，还需要根据研究所用指标具体的概念来选择简化方法。对于不同的指标计算，反映路网不同方面的特征。例如，交叉口密度指标反映单位面积内交叉口个数的特征，使用原始法的简化网络便于计算。又如，道路里程指标，反映某区域内指定道路的长度，需要保留路线长度的原始法简化网络。拓扑类指标中的集中度指标，反映网络中某个点被其他点共同依赖，集中网络中大部分关系的程度。这种计算是基于点的，因此如果要了解真实路网中是否存在集中其他道路通行的重要中心道路，则需要使用对偶法简化路网，简化后的网络再使用集中度指标计算，此时计算所基于的点的特征其实已经是实际网络中的路段的特征了。可见，根据指标计算的概念不同，需要了解计算过程中要素的来源和基础，从而选择正确的简化网络来对应计算过程。

3. 路径

1）为何有路径概念

基本的图论分析对于路网的定义仅有节点和链接，没有路径的概念。不能表达不同等级的分层概念，例如对于一个树木的主干和枝干，在于图论分析来说均被简化为分段的连接，没有主、次之分。而如果按照路径的概念来描述，可以看出存在一条连续的由多条连接连续形成的通路，其他的通路都需要连接在这条通路上，就此可以显示出其主要性，从而不同的路段有了主次之分。尤其在对偶法表示路网的过程中，用路径的概念更能显示出网络的层次结构特点。为说明这一点，取树状网络，如图 3－14 所示[71]，分别用对偶法进行简化和表达，第一种简化过程中不考虑路径的概念，第二种简化中合并出各个路径，从而得到两种简化形式。通过比较可以看出，第一种方法只是对于真实路网的一种对偶的展示，而有路径概念在其中的第二种方法则可以明显看出网络构型的层次性和主次差别。有某个或者某几个主要的路径起到重要的联通作用，其他的路径或者路段则需要通过联系在主要路径上。

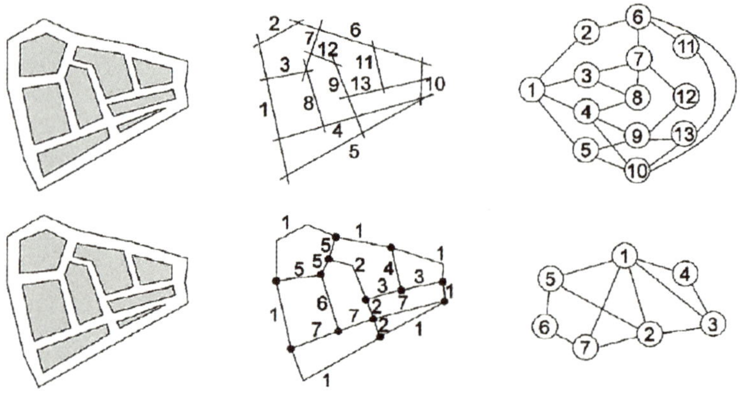

图 3－14　路径使用与否区别示意图(上图为不适用路径概念，下图为使用路径概念)

路径概念的明确，对于基于对偶法的研究更加重要。因为对偶法中的关注重点是实际路网中的路线，用对偶法简化的路网进行拓扑类计算的过程也是对实际路网中的道路的描述。因此，如何定义路径，关系到对偶法简化后的网络中节点和链接的规模，从而决定了指标计算所反映的信息量。

2）路径的定义

路径是由一个或者多个链接路段线性集合而成的路段结合体。线性的集合是指链接之间是首尾顺序相连。这种定义引出两种特殊情况：T 形的路径不存在，不能被作为单一的路径。每条路径都有明确的起点和终点，对于环路，认为其相接于其他路径的接入点为其起讫点重合处。路径是几条路段在交叉口处连续连接而形成的一条长的、连续的通路[8]。路径应当区别于：

(1) 路径可以是路段，但往往是多条路段组合而成的更长的路；

(2) 这里的路径等同于英文的 route，而不是 path。前者仅仅是指能够提供连续流通的几条路段的总和，而后者还具有一定起讫点的概念。本书所提出的路径并不包含其所连接到达的端点信息。

将几条路段或者链接合并成一条路径的做法，其本质是要表达人和车在路段之间最大连续性的一种运动轨迹。基于这个基本的考虑，可以合并为一个路径的路段链接应当符合以下的要求：

(1) 如果已经存在一种对于路段或者链接的定义和分类，这种分类就可以直接用来定义不同的路径。当遇到一个交叉口的时候，具有相同定义和分类的路段应当合并为同一条路径。使用道路等级来定义路径即是属于此种方法，其背后的假设是，已经形成的道路网络其道路等级的设计，符合交通流量的分布。因此，对于交叉口处同等级的道路的合并，同时也反映出特定方向上大流量的连续性。

(2) 如果第一种方法不能解决问题，那么应当考虑在交叉口处拥有较高通行权或者其流量受保护的通路作为同一条路径。例如交叉口处两条等级较高的路段、不受停车控制的主干道通路，应当合并为一条路径。

(3) 如果以上两种方法均不能解决问题，则应当考虑道路的物理设计特征和属性的连续性。这种方法对于基于规划方案的路网分析更加有用。

(4) 其他的可能的定义路径方法还包括保持交通流模式的统一性、路名的统一性，以此来合并路段形成路径。例如如果分析重点是公共交通网络，则可以考虑选择公共交通通行的路段在交叉口处合并为一个路径。

本书所使用的数据均来自美国，所以选择路径合并方法的时候，需要研究美国道路属性特征，从中找到符合上述原则的规律性内容。根据数据质量和特征发现对于美国的道路用路名得到的“路”符合研究的定义和可行性。美国城市道路的名称通常由两部分组成，第一部分是特定的词汇作为道路的名字，可以使用人名如“Martin Luther King”，也可以使用地名如“California”，还可以是数字序号如“Fifth”。这部分是表示道路的由来和意义，可能为了纪念某个人物、某个名胜古迹或者纯粹是表示道路在路网系统中的安排。例如方格网路网中可以对同一方向的平行道路分别按照顺序命名为“first”、“second”、“third”，另一个方向的平行道路可以按照顺序命名为“A”、“B”、“C”等。道路名称的第二部分，是对于道路等级和功能的一种表示，例如“Avenue”、“Street”、“Boulevard”、“Lane”等。可以通过该部分的用词来传递道路分级的信息。因此，根据这种命名逻辑，使用“道路全名”相同的方法来合并路段形成路径，可以满足上述路径要求的第一条规定，表达交通量在空间和流量上的最大连续性。如图 3－15 所示，表示加州 Alameda 县某一个人口统计子区的路网。该路网的道路一共有三个不同的等级，如图 3－16 所示，按照道路全名相同的方法来展示该区域的路网，如图 3－17 所示，相同的颜色表示同样全名的道路。对比图 3－15 至图 3－17，按照道路全名相同表示的路网可以同时传递道路在空间上和功能上的连续性。

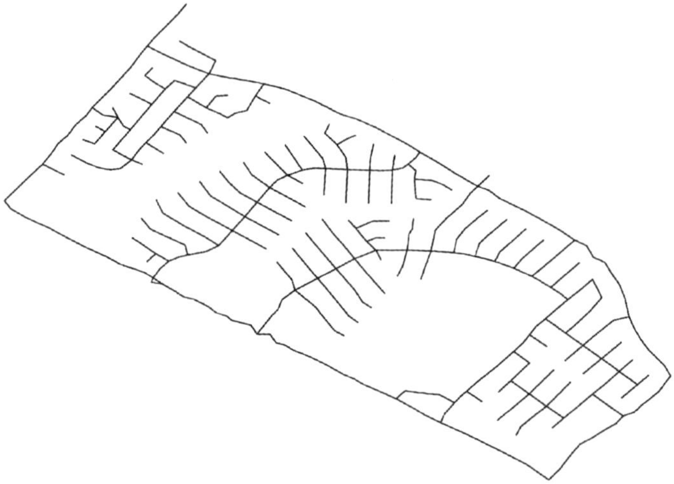

图 3－15　美国加州 Alameda 县某人口统计子区路网示意图

上述美国路径合并的方法不适用于我国道路名称的命名方式，因为我国城市道路名称并不包含道路等级的信息，多是以某某路命名。偶尔有“大道”或者“巷”，但是并未形成系统地、统一地反映真实路网等级的命名规则。对于这种情况，路径合并的方法应当根据具体的研究内容，结合以上的合并规则确定。例

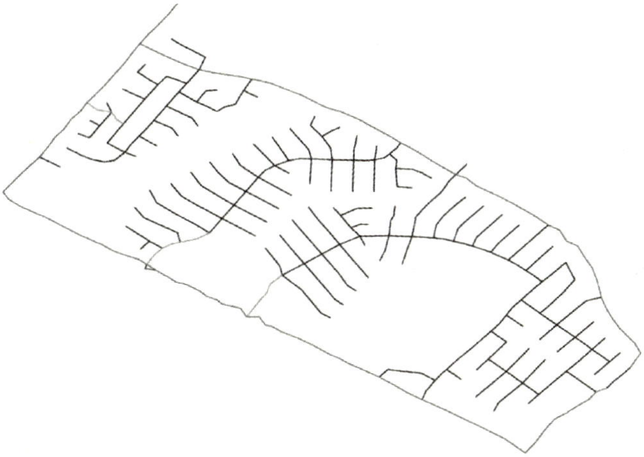

图 3－16　按照道路等级展示路网示意图

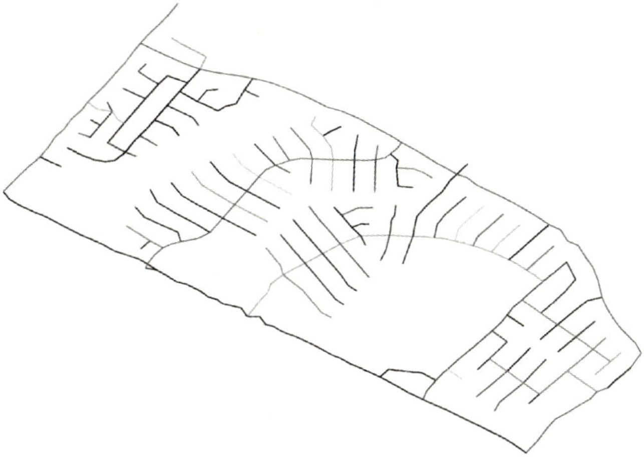

图 3－17　按照道路全名展示路网示意图

如，可以选择在交叉口处将夹角最大的两条路段合并为一条路径的方法确定路径[17,27,71]。可以选择人为地通过对于路网的了解，综合上述条件所要求传递的路径的各类信息，手工合并路径[8]。

3.2.2　设施规模指标

这个阶段的路网简化还是传统的原始法，即交叉口为节点，道路为连线。这种模式的关注对象是节点，也就是交叉口。

1. 总量

总量是对指定空间内关注对象总和的度量，表达对象绝对数量上的规模。

对于道路网络而言，可以计算交叉口的总量、道路总里程、区域总面积等指标。由于总量指标属于绝对性的概念，因此在不同分析区域之间，往往由于区域面积本身的变化而造成其他设施总量的正比变化，所以可比性不大。对于单体自身比较分析而言应用较多，而不同对象之间横向比较的使用较为有限，需要同其他指标共同使用来衡量不同区域之间的关系。

2. 交叉口密度

密度是最为常用的描述指标，表达关注对象在一定空间范围内的多少。对于道路网络而言，关注的对象可以是交叉口、街道、街区等设施。因此，也衍生出不同的密度指标。

交叉口密度，指定类型的交叉口在空间上的分布情况。可以是T型交叉口密度，或者X型交叉口密度。而对于整个网络而言，最为常用的是包括了所有交叉口类型的交叉口密度，计算见式(3-1)。

$$D_{\mathrm{int}} = \frac{No_{\mathrm{int}}}{A} \tag{3-1}$$

式中，D_{int}为交叉口(包括所有类型)的密度；No_{int}为指定区域内的交叉口数量；A为指定区域的面积。根据面积的单位不同，密度的单位也有所区别。涉及具体计算时，再详细说明具体单位选择，此处不做特别规定，下面各种指标的单位也同样处理。

3. 街道密度

街道密度，指定类型街道在给定空间内的分布疏密情况。可以是所有道路的密度，或者特定等级如主干道密度等。对于整个网络而言，最为常用的是包括所有道路类型的街道密度，计算见式(3-2)。

$$D_{\mathrm{st}} = \frac{L_{\mathrm{st}}}{A} \tag{3-2}$$

式中，D_{st}为街道(包括所有等级)密度；L_{st}为指定区域内指定类型道路的总长度；A为指定区域的面积。

4. 街区密度

街区密度，指定空间内街区划分的疏密程度。根据街区的功能类型可以有居住街区密度、商业街区密度、绿地街区密度等不同指标。对于整个网络而言，最为常用的是包括所有种类在内的总的街区密度，计算见式(3-3)。

$$D_{\text{blc}} = \frac{No_{\text{blc}}}{A} \tag{3-3}$$

式中，D_{blc} 为街区（包括所有使用功能）密度；No_{blc} 为指定区域内的街区的个数；A 为指定区域的面积。需要注意的是，街区的个数需要首先确定街区的划分，可以认为街区是由道路中心线划分而成的封闭的区块，也可以根据研究目的有其他自定义的街区划分标准。根据划分的准则不同，可能会产生不同的街区密度结果。

5. 街区长度

街区长度，是指由道路划分成的连续地块的平行于道路方向的长度。通常为相邻交叉口之间的距离，可以使用道路中心线被交叉口点分割的路段长度表示。常用一个区域内所有街区长度的平均值代表该区域的街区长度情况。

3.2.3　设施形态指标

1. T 型交叉口和 X 型交叉口

在这个层面观察和描述道路网络，只能将网络简单地分为“方格化”和“非方格化”即“树化”两个大类。通过交叉口的连接形式，可以反映道路连接的方式信息。四路交叉口表示的是道路之间跨越联通的形式，这种连接方式很大程度上暗示着网络的方格化；三路交叉口则展示道路之间主次按照顺序联通渗透到地方的信息，直接通过的道路很可能是较为主要的干道，而不穿越的道路则可能仅仅是向地块内部深入的下级道路。因此，使用四路交叉口和三路交叉口的比例，可以很大程度上反映道路网络在方格化和树化程度方面的信息，至少可以将方格化的网络从其他类型网络中区分出来，计算见式（3－4）和式（3－5）。

$$X_{\text{ratio}} = \frac{No_{\text{X}}}{No_{\text{X}} + No_{\text{T}}} \tag{3-4}$$

$$X_{\text{ratio}} + T_{\text{ratio}} = 1 \tag{3-5}$$

式中，No_{X} 为路网中 X 型交叉口的数量；No_{T} 为路网中 T 型交叉口的数量；X_{ratio} 为路网中 X 型交叉口的比例；T_{ratio} 为路网中 T 型交叉口的比例。X_{ratio} 在 0 和 1 之间变化，其数值越接近于 1，说明路网的栅格化可能性更大，反之路网树化可能性则更大。

2. 格块和分叉

在栅格化的网络中，地块被四周的道路包围封闭成为一个一个的格块。在树化的网络中，从主干道上渗透到地块当中的断头路提供了地块的单向、唯一的可达。因此，断头路的比例越多，路网的树化程度越高，反之栅格化的程度则越高。简化的路网中，点元素包括交叉口的交点和断头路的尽端点两类。如果尽端点比例较大，说明断头路较多，如图 3－18 所示；反之，说明断头路较少，如图 3－19 所示。由此可以一定程度上反映网络的栅格化或者树化程度，计算见式(3－6)和式(3－7)。

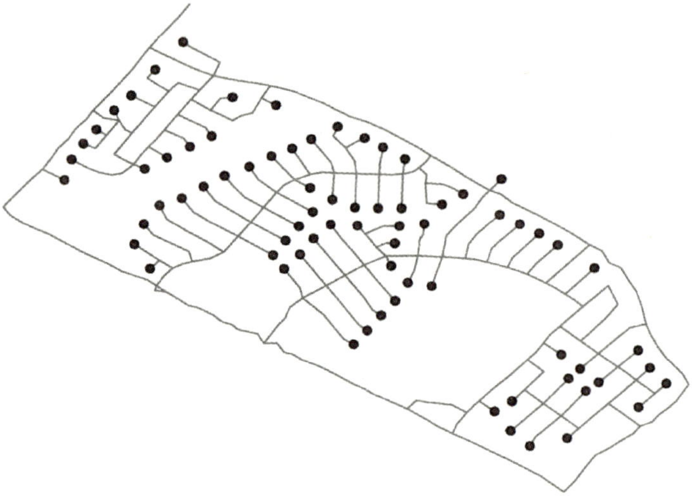

图 3－18　树化程度较高的路网

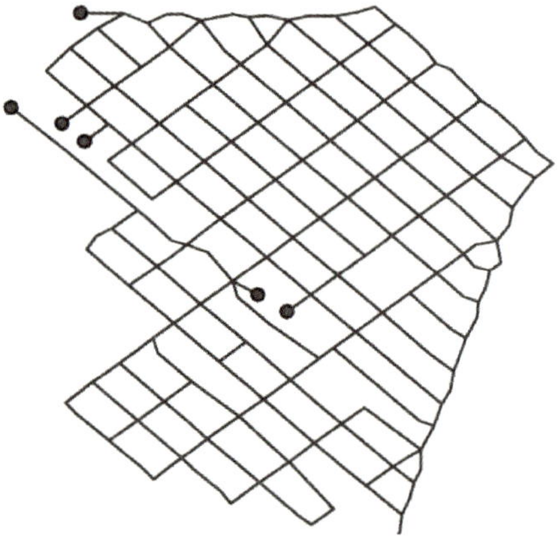

图 3－19　栅格化程度较高的路网

$$Cul_{\text{ratio}} = \frac{No_{\text{dangle}}}{No_{\text{dangle}} + No_{\text{int}}} \tag{3-6}$$

$$Cell_{\text{ratio}} = 1 - Cul_{\text{ratio}} \tag{3-7}$$

式中，Cul_{ratio} 为路网中断头路的比例；No_{dangle} 为路网中尽端点的数量；No_{int} 为路

网中交叉口的数量；$Cell_{ratio}$为路网的格化率。因此，用 $Cell_{ratio}$可以表示网络的格化程度，介于 0 到 1 之间，其数值越大，说明网络中封闭的格块地块比例越多，网络格化程度越高。需要注意的是，格化与栅格化的概念有所区别。栅格化表示一种四路交叉口比例较大的棋盘式网络，如图 3－19 所示；而格化仅仅表示地块的划分是封闭式的，如图3－20所示。

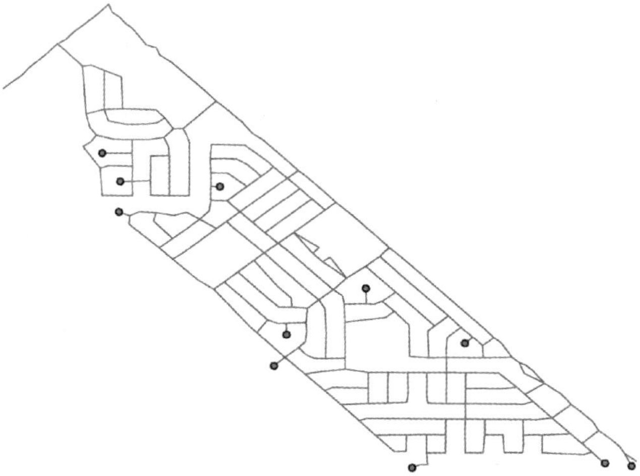

图 3－20　格化率较大的路网示意图

3. 道路曲线化

从形态上来看，路网可以很明显地被划分为曲线类和直线类两种。直线道路在城市发展的初期已经出现，并且能够提供军队和马车运输的良好通行，也是罗马帝国时期所创造和遗留下来的遗风。其线形笔直、通视良好、提供最短路径，因此受到很多大城市如巴黎、伦敦的管理者喜爱，随着“田园城市”运动的兴起，人们开始追求弯曲的道路线形，认为其能够提供一种幽静、洞深的花园风格，无法通视的环境给行人以“一步一景致”的休闲感。同时，由于无法直视道路的尽端，通过交通得到一定程度的抑制，从而营造出安静、私密的生活环境。因此，通过检查路网中曲线使用的程度，可以了解网络曲线化的情况。有助于区分直线路网和曲线路网两种基本形态，计算见式(3－8)。

$$Cir = \frac{P^2}{A} \tag{3-8}$$

式中，Cir 为路网的曲线化程度，其数值越高，意味着路网的曲线越多，曲线程度越高。P 为街区的(或者研究区域的)周长；A 为指定区域的面积。

3.2.4 网络结构指标

总体上说，结构这个词表示局部和局部之间的关系，也表示局部和整体之间的关系。从单个元素的角度来说，结构暗示着元素和外部的关系，既包括和其他元素的关系，也包括和外部更大整体之间的关系；从整体的角度来说，结构表示的是整体内部元素之间的联系和区别。所以，从这种意义上来说，结构是双向解释的概念。

结构类的指标计算，均是在路网得到简化之后的拓扑网络上进行的。因此，下文各种指标计算中提及的节点和链接，均是简化网络中的点和线。由于根据研究对象的不同需要事先确定使用原始法还是对偶法来进行路网的简化，所以并非下文中的点就是真实路网中的交叉口。如果使用的是对偶法简化路网，则下文中计算所使用的节点其实表示的是真实路网中的路径。

另外，对于道路网络的简化网络，链接均不存在方向性，所以无论用原始法还是对偶法得到的简化网络，其都是无方向的网络。下文所介绍的网络指标，其计算也均针对无方向的网络进行解释。由于网络结构类指标可以有是否包含路径等级信息之分，因此，下面将结构指标分为横向结构指标和纵向结构指标两大类阐述。其中，横向结构指标是指，指标的计算不体现路径的结构等级或者重要性等级，所有路径在计算过程中无差别对待。而纵向结构指标是指，指标的计算概念体现了路径的结构层次或者功能差别，使得该类指标能够体现路网等级上的组成。

1. 横向结构指标

1）中心度

各种不同类型路网之间的区别很大程度上取决于路网中是否存在某些小部分道路起到连接其他大部分路网的作用。换言之，是否有一条道路连接了其他所有道路从而使其变成路网中的核心道路。或者不存在某一条特别主要的核心道路，所有的道路与其他道路之间的联系都是平均的。举例来说，在方格网中每条道路之间几乎重要程度相同，因为每条道路与其他道路的联系概率都是差不多的。相反，“lollipops on a stick（棒子上的棒棒糖）”类型的路网中，被称作“stick”的道路上连接着很多被称作“lollipops”或者“cul-de-sac”的道路，因此较为核心和重要。中心度指标包括程度、介入和邻近三种类型，都可以用来量化某一个元素在整个连接网络中的“核心程度”或者重要性，因此这些指标可以用来描述不同路网构型的差异。本书使用程度、介入和邻近三个指标分别计算不同类型的路网,计算方法均由 Linton C. Freeman 在社会学领域研究中建立[10]。这些指标都是不受网络尺寸制约的可比的相对指标,有利于不同节点规模的路网之间进行相互比较。

网络中一个点的程度等于与该点相邻的且有直接连接的点的个数[10]。程度数值越大,该点的影响力也就越大,因为这个点可以直接有效地连接到更多的其他点。因此表示中心度的程度指标,即点度中心度可以被表达为式(3－9)。

$$C_i^D = \sum\nolimits_{i=1}^{n} a_{ij} \tag{3-9}$$

式中,C_i^D是点 i 的点度中心度;a_{ij} 表示点 i 与周边相邻点之间的关系,如果与相邻点之间有直接连接,则是 a_{ij} 等于 1,否则等于 0;n 是整个网络中点的个数。

网络中一个点的介入度是取决于一个点出现在相互连接的其他两个点的路径上的概率[10]。如果这个数值越高,说明一个点有很高的概率出现在其他相连点的路径上,从而很大程度上影响着其他点的连接。用介入度表示的中心度指标可以称为介入中心度,表达为式(3－10)。

$$C_i^B = \sum\nolimits_{j}^{n} \sum\nolimits_{k}^{n} \frac{g_{jk(i)}}{g_{jk}},\ i \neq j \neq k \tag{3-10}$$

式中,C_i^B是点 i 的介入中心度;$g_{jk(i)}$ 是连接点 j 和点 k 的所有路径中,包含点 i 在此路径上的路径个数。g_{jk} 是连接点 j 和点 k 的路径个数;$\frac{g_{jk(i)}}{g_{jk}}$是点 i 连接网络中点随即选择的点 j 和点 k 路径上的概率;$\sum_j^n \sum_k^n \frac{g_{jk(i)}}{g_{jk}}$是点 i 在整个网络中遍历所有点对之后的总体概率。

网路中一个点的邻近度取决于一个点距离(不是几何距离,指 link 的个数)其他点的接近程度[10]。邻近度越大,从该点到其他点的距离总和越小,意味着从这一点到其他各个点总体来说较为容易。邻近程度表示的中心度又被称为邻近中心度,表达为式(3－11)。

$$C_i^C = \left[\sum\nolimits_{i=1}^{n} d_{ij}\right]^{-1} \tag{3-11}$$

式中,C_i^C是点 i 的邻近中心度;d_{ij} 是从点 i 到点 j 之间的 link 链接个数;$\sum_{i=1}^{n} d_{ij}$ 是点 i 到网络中所有点的距离的总和,因此其倒数便表达了点 i 到其他点之间的接近程度。

因为本书研究的是整体路网的中心度，而非某个特殊的节点或者路段的中心度，所以需要将以上指标转化为相对指标，与网络的规模无关。整体网络中心度的计算也是基于点的中心度，所以由于点的中心度有程度、介入和邻近三个指标，整个网络的中心度同样也具有相应的三个指标：网络点度中心度、网络介入中心度和网络邻近中心度，其统一计算方法见式(3－12)。

$$C^X=\frac{\sum_{i=1}^{n}[C_{i*}^X-C_i^X]}{\max\sum_{i=1}^{n}[C_{i*}^X-C_i^X]} \tag{3-12}$$

式中，C^X是网络中心度(包括点度、介入和邻近三种)的统一表达；C_i^X是针对点i的点度中心度、介入中心度或者邻近中心度中的一种，算法即为以上介绍的三种算法；C_{i*}^X是整个网络中点i中心度C_i^X可以达到的最大值；$\sum_{i=1}^{n}[C_{i*}^X-C_i^X]$是计算到的点$i$的实际中心度值与最大值之间的差的总和，$\max\sum_{i=1}^{n}[C_{i*}^X-C_i^X]$则表示这些差距当中的最大值。因此，$C^X$表示网络中最为中心的点的中心度与其他点的中心度之间的平均差异[10]。该值即为一个相对指标，剔除了网络规模节点数或者路径数等绝对性的因素，从而使得不同尺寸的网络间可以互相比较。

2）被连接节点比例

被连接节点比例，表示路网中在多方向得到联系的交叉口的比例。其比例越大，说明网络中节点之间的联系越充分，计算见式(3－13)。

$$CNR=\frac{No_{\text{int}}}{No_{\text{int}}+No_{\text{dangle}}} \tag{3-13}$$

式中，No_{int}为分析单元内交叉口总数；No_{dangle}为断头路端点总数；CNR为被连接节点比例，系英文 Connected Node Ratio 的缩写，其数值在 0 和 1 之间变化。

3）路段节点比例

路段节点比例，从另一个方面展示路网中点和点之间的连接情况。对于一定数目的节点，如果路段节点比例越大，说明路段数目越多，意味着节点之间的连接更频繁，计算见式(3－14)。

$$LN_{\text{ratio}}=\frac{No_{\text{link}}}{No_{\text{int}}+No_{\text{dangle}}} \tag{3-14}$$

式中，No_{link}为分析单元内路段的总数；No_{int}为分析单元内交叉口总数；No_{dangle}为断头路端点总数；LN_{ratio}为路段节点比例，其数值越大，表示节点得到的连接越充分。

4）伽马指数

伽马指数来自地理学研究，表示网络的连接关系。其实际含义是一个网络中实际存在的连接个数与该网络下可能达到的最大连接个数之间的比值，计算见式（3－15）。对于一个给定规模的网络，节点数目固定的条件下，可以达到的最多链接个数也是固定的，可以通过节点数目计算获得。

$$\gamma=\frac{No_{\text{link}}}{\max No_{\text{link}}}=\frac{No_{\text{link}}}{3\times(No_{\text{node}}-2)}=\frac{No_{\text{link}}}{3\times(No_{\text{int}}+No_{\text{dangle}}-2)} \tag{3-15}$$

式中，No_{link}为网络中链接的总数；No_{int}为分析单元内交叉口总数；No_{dangle}为断头路端点总数；No_{node}为网络中所有节点的总数，即 No_{int}和 No_{dangle}的和；γ 为伽马指数，其数值在 0 和 1 之间变化，数值越大，表示网络的连接程度越高。

5）阿尔法指数

阿尔法指数也来自地理学领域，从“回路”的角度描述网络的连接关系，计算见式（3－16）。“回路”为有限的、起点和终点均为同一个节点的封闭的路径。

$$\alpha=\frac{No_{\text{circuit}}}{\max No_{\text{circuit}}}=\frac{No_{\text{link}}-No_{\text{node}}+1}{2\times No_{\text{node}}-5}=\frac{No_{\text{link}}-No_{\text{int}}-No_{\text{dangle}}+1}{2\times(No_{\text{int}}+No_{\text{dangle}})-5} \tag{3-16}$$

式中，No_{link}为网络中链接的总数；No_{int}为分析单元内交叉口总数；No_{dangle}为断头路端点总数；No_{node}为网络中所有节点的总数，即 No_{int}和 No_{dangle}的和；α 为阿尔法指数，其数值也在 0 和 1 之间变化，数值越大，表示网络的连通性越高。

6）聚团系数

观察真实的道路网络，发现例如方格网形式的路网，在空间分布上多数呈均等分布，任何一个地点与网络中其他点之间的连接性都较为均衡。而有些路网则明显由几个团块组成，在团块内部可能地点之间的连接性可以保持均等和较为直接的联系，但是团块之间则往往需要通过有限的路径实现连通，不同团块内部的地点之间的联系并不直接。因此，在较大的网络当中，可能存在局部的组团，其内部的联系程度往往要高于与该网络同规模的随机网络的联系程度。

聚团系数用来量化与某路径相连的其他路径之间的联系程度，如果该程度较高，说明此类路径处在一个地方性的组团当中，相互之间联系紧密。更准确地表示，拓扑网络中一个节点的聚团系数是该点邻接点之间存在的链接数目与这种链接可能存在的最大数值的比值，计算见式(3-17)。

$$CC_n = \frac{No_{\text{link-n}}}{\max No_{\text{link-n}}} = \frac{2 \times No_{\text{link-n}}}{No_n(No_n - 1)} \tag{3-17}$$

式中，No_n为需要计算聚团系数的某点所拥有的邻接点的数目，邻接点为与该点有直接连接的点；$No_{\text{link-n}}$为需要计算的某一个节点所拥有的邻接点之间存在的链接数目；$\max No_{\text{link-n}}$为上述链接数目可能的最大数值，对于固定数目的邻接点，这一最大数值是固定的，其取值即为$\frac{No_n(No_n-1)}{2}$；CC_n为网络中某一节点的聚团系数，其数值在 0 和 1 之间变化，节点聚团系数越高，说明该点处在聚团紧密的地方性网络当中。

在某一点的聚团系数计算的基础上，可以计算整个网络的聚团系数。即为所有点的聚团系数的平均值，计算见式(3-18)。

$$CC_{\text{net}} = \frac{1}{n}\sum_{i=1}^{n} CC_{\text{ni}} \tag{3-18}$$

式中，n 为网络中节点的总数目；CC_{ni}为第 i 个节点的节点聚团系数；CC_{net}为整个网络的聚团系数。

2. 纵向结构指标

1) 网络层数

网络层数的概念，是基于上述节点邻近中心度的概念而衍生出来的。假设网络中，A 点与 B 点和 C 点均有直接的连接。B 点与 D 点和 E 点有直接的连接；C 点与 F 点和 G 点有直接的连接，关系如图 3-21 所示。A 点有很高的节点邻近中心度，因为它联系着两个分支的节点群，并且位于大多数的最短路径上。B 点和 C 点也有一定的节点邻近中心度，因为它们位于 A 点和其他各个周边节点之间的路径上。但是，D、E、F 和 G 点的节点邻近中心度则为 0。

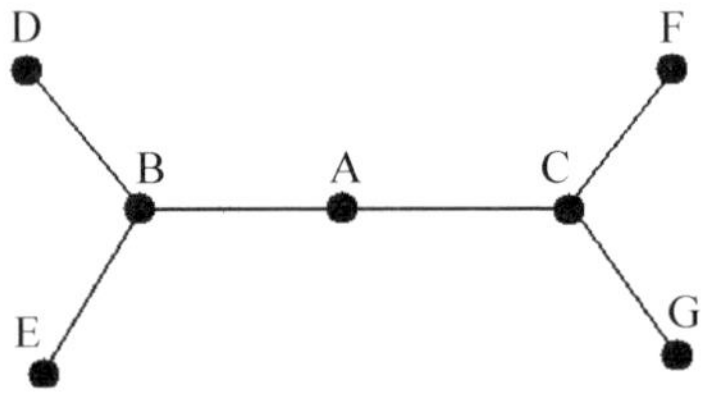

图 3-21 网络层数解释示意图

确定网络层数的方法，即是如何寻找到那些节点邻近中心度为 0 的节点，称为"周边节点"，如上例中的 D、E、F 和 G 点。首先，在网络中找到此类节点，将其删除，新得到的网络中又会出现新的周边节点，它们较之先前的周边节点层级较高。通过以此类推的进行这种层级删减的做法，直到将网络中的所有节点全部删除为止，此时一共进行了多少次删除，即发现了多少批的周边节点，即定义为网络的层次。可见，这种层次的划分是完全基于网络的连接结构特征。按照此种方法得到图 3－21 中网络的层数为 3 层。

2）渗透系数

如果使用对偶法来简化网络，根据网络层数的概念所得到的层数即为基于路网之间联系关系的层次指标。而与上述网络的层数概念不同，渗透系数不仅需要基于路网中不同路径之间的衔接关系，同时还需要参考路径的功能信息。首先根据路径在路网中的功能，确定“基准层”，即深度为 1 的路径，其他的路径均在此基础上计算。基准层应当具备的属性有：

（1）属于路网等级中最高等级，例如属于国家道路系统；

（2）属于地方子网络的外部系统；

（3）公共交通运行所使用的网络；

（4）或者任何由研究目的所决定的选定的路径。

凡是具备以上 4 种当中一种属性的路径，均可以被定义为基准层路径，路径深度定义为 1。其他的路径深度推算过程如下：

第一步：将最高等级的国道级别的道路提取出来，定义为基准层路网。或者根据需要，针对不同分析层面的路网，交通分析小区、人口统计小区、城市区域等不同分析单元下的路网特征，可以首先根据研究需要选择某些路径作为基准层路径。

第二步：与基准层直接相连的路径深度定义为 2，与深度为 2 的路径直接相连的其他路径（不包括已经定义过深度的路径）定义为深度 3，以此类推。

第三步：可以推得，深度最大的路径是路网中的断头路，即 cul-de-sac 类型的路段。

当遍历完整个网络之后，得到的最大深度即为整个网络的渗透系数。可见，如果断头路较多，网络的渗透性会较高，网络形态也会呈现出毛细血管枝杈丛生般的样貌。但是如果是比较方格网状的路网，则没有深度较大的路径，因此其渗透性也较低。如图 3－22 所示，该路网共有 10 条路径，首先根据路径功能，路径 1 和路径 2 是整个系统以及在更大的上层系统中起到主要干道的作用，所以定义为深度为 1；与路径 1 和路径 2 直接相连的路径有 3、4、5，定义其深度为 2；与深度为 2 的路径直接连接的路径定义为深度 3，包括 6、7、10；以此类推，路径 8 为深度 4，路径 9 为深度 5。因此，整个网络的渗透系数为 5。相反，如图 3－23 所示，该路网中同样有 10 条路径，首先确定功能等级最高的路径 1、2、3 为基准层,深度为 1。依据上述的方法,以此类推得到路径 4 至 9 均为深度 2,路径 10 为深度 3。因此,整个网络的渗透系数为 3。

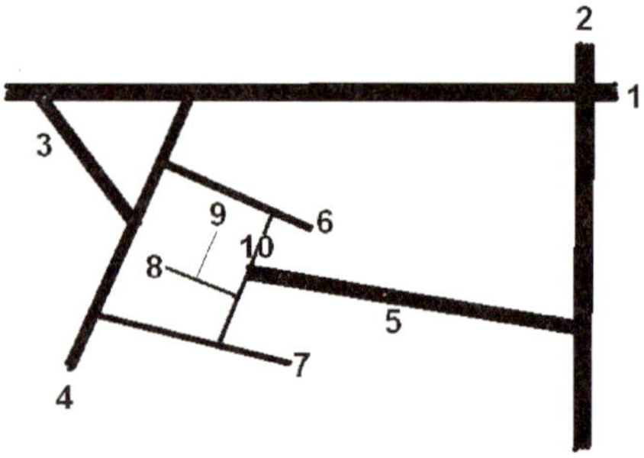

图 3－22　渗透系数较大网络示意图

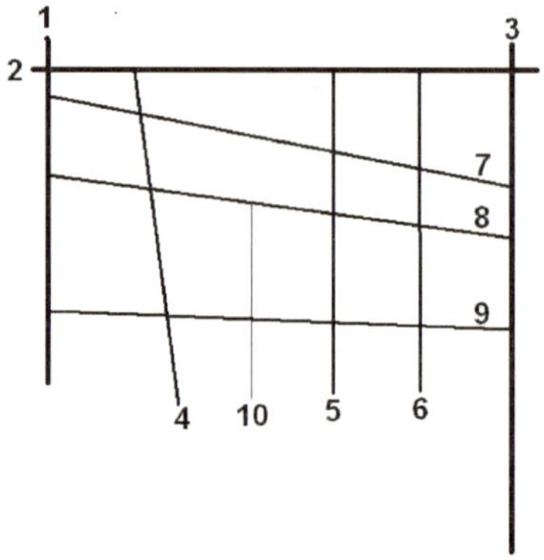

图 3－23　渗透系数较小网络示意图

需要注意的是,在选择基准层的原则适用过程中,参与比较分析的所有分析单元都应当适用同一个基准层定义原则。

3.3　交通安全分析中的路网结构指标选取

本书提供了对于路网结构较为全面的描述指标,分别从网络的规模、形态和结构三个方面量化路网特征,每一个方面又涵盖多个具体指标。面对多样化的指标,在进行交通安全分析的过程中,应当根据分析对象、研究经验、研究目的和模型要求选择适当的指标参与计算。

3.3.1　指标选取原则

1. 根据研究对象选取指标

研究路网结构对于交通安全的影响,需要明确交通事故的主体是机动车、自行车或者是行人。对于机动车交通事故,其出行对于距离的敏感度没有行人和自行车强,并且出行受到路网形态和连通以及信号交叉口类型的影响较大。因此,可以选择几何尺寸概念较弱的规模指标,例如总量类,形态指标以及结构指标。而行人和自行车出行对于路径长度的敏感性很强,因此需要选取尺寸概念较强的指标,例如街区长度等。另外,虽然网络形态和结构本身对于慢行出行的约束性不大，但是其所暗示的整个网络的连通性和路径直达性等却能严重影响慢行出行的总量。所以，网络形态和结构类的指标依然可以用来分析慢行交通安全。

2. 结合研究经验的选取指标

如果研究试图进行较为全面的路网结构安全性分析，可以考虑使用所有的指标都参与分析。但是，鉴于分析工作的成本和事件因素，通常会结合以往研究经验进行指标的选取。对于机动车交通事故和慢行交通事故，都有一定研究积累，可以参考文献中常用的指标进行选取。当然，对于本书提供的其他指标，虽然已有分析并不多用，但是确实表达了路网的重要特征，完全可以作为探索性的分析进行计算。

3. 依据研究目的

对于研究目的明确的研究，例如分析路网连通性对于慢行交通事故的影响，此类分析具有清晰的路网特征范畴，即针对路网某一个方面的属性研究其安全性。因此，需要选择能够描述路网连通性的指标，例如街道密度、街区长度、街区密度、交叉口密度等常用的表示路网连通性的指标。

4. 符合模型计算需求

首先，为了在模型分析中能够全面地反映路网的特征，应当尽量在每一个指标类型下都选取若干指标。其次，对于选取出的指标需要考虑指标之间的相关性，以免影响模型计算的准确性。尽量选择相互独立的指标参与同一个模型，将相关性强的指标分别用于构建不同的模型。

3.3.2　指标选取建议

按照以上的原则，本书对提供的所有路网结构指标进行分类和整理，提出了用于机动车和慢行交通事故分析的指标选取建议，具体见表 3－3 和表 3－4。

表 3－3　机动车交通事故分析中路网结构指标选取建议

指标分类	指标	使用性质
规模指标	总量	常用
	交叉口密度	常用
形态指标	交叉口类型(T 型/X 型)	常用
	格化与分叉	探索
	道路曲线化	探索

续 表

指标分类	指　　标	使用性质
结构指标	中心度	探索
	被连接节点比例	常用
	路段节点比例	常用
	阿尔法指数	探索
	伽马指数	探索
	聚团系数	探索
	网络层数	探索
	渗透系数	探索

表 3-4　慢行交通事故分析中路网结构指标选取建议

指标分类	指　　标	使用性质
规模指标	交叉口密度	常用
	街区密度	常用
	街区长度	常用
	街道密度	常用
形态指标	交叉口类型(T 型/X 型)	常用
	格化与分叉	常用
	道路曲线化	常用
结构指标	中心度	探索
	被连接节点比例	常用
	路段节点比例	常用
	阿尔法指数	常用
	伽马指数	常用
	聚团系数	探索
	网络层数	探索
	渗透系数	探索

3.4　典型路网指标计算示例——中心度指标

3.4.1　算例数据

1. 数据选择

本书选择佛罗里达州 Orange 县的数据进行分析，考虑以下原因：第一，Orange 县拥有典型的各种不同类型的路网构型，能够保证研究对象的多样性和全面性。第二，从数据的可获得性考虑，此数据已经存在于作者所在研究组其他项目当中，可以便捷地获取。科研项目中的数据共享是一种健康的互动协作过程，可以为项目之间开阔思路。

2. 数据来源

本研究的数据来自两个数据源。其中，佛罗里达州的区域规划模型 The Central Florida Regional Planning Model, Version 4 (CFRPM Ⅳ)为研究提供了交通分析小区划分，将 Orange 县划分为 662 个交通分析小区作为本书分析单元。路网数据则从美国人口统计局的地理数据库中提取，包括细化到地方道路的各种等级道路路线数据，此数据库在 2008 年更新。

3. 数据处理

为了实现能够在每个交通分析小区都进行路网构型的分析，整个路网线路数据按照已有的 622 个交通分析小区划分数据分割成 622 个小区子路网。由于原始的路网数据并不包括交通分析小区的识别信息，即没有某条道路属于某个编号的交通分析小区的信息，所以需要对原始数据进行处理，将路线数据分配到各个交通小区里面去。这项处理工作通过地理信息系统软件 ArcGIS 9.3 中的"Identity"工具完成，最后生成的数据中可以得到每条道路线条所对应的交通分析小区编号代码，从而获得从属于同一个小区的所有路线，实现路线数据按照小区编号的划分。

3.4.2　典型路网类型

根据路网的图形属性，最为广泛采用的分类是将路网分成 5 个类型："grid iron(方格网)"、"fragmented parallel(片断平行)"、"warped parallel(卷曲平行)"、"loops and lollipops(环路和棒棒糖)"以及"lollipops on a stick(棒子上的棒棒糖)"[2]。这些类别的样本路网和描述内容见图 3-24，这些路网模式经过几

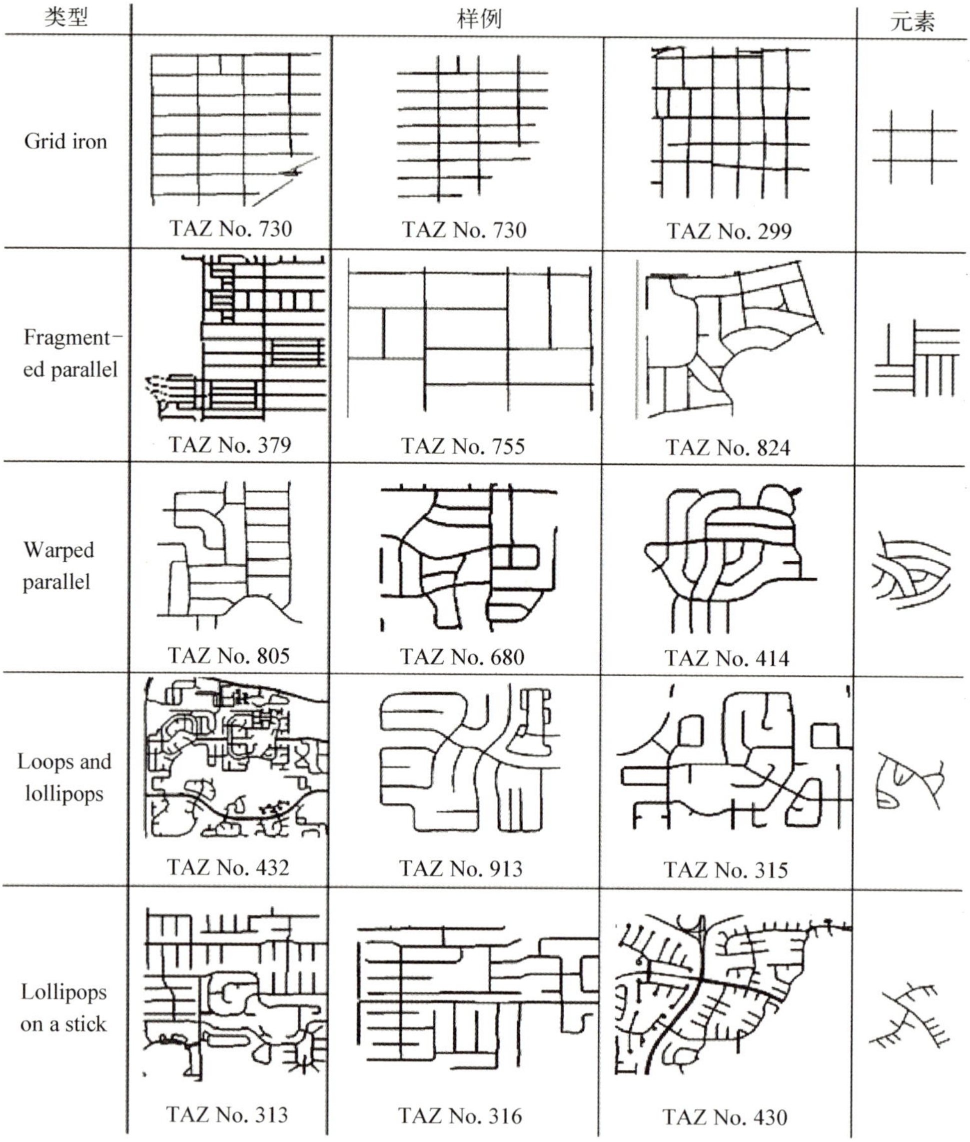

图 3-24　路网结构类型及样例

个世纪的设计和建造，以特定的方式组合在一起形成了今天美国各个地区的道路系统。基于元素拆分，662 个交通分析小区被分成不同的类型。为了这种划分更加客观，研究使用多人共同分类。

在分类过程中，有 16%的交通分析小区路网仅仅是一些离散的不相连接的线条组成。这种路网不能被拿来分类为任何一种类型。而剩下的 556 个交通分析小区路网则被进行分类，但是其中仍旧有 87 个小区的路网不能被清楚地识别和分类。

在 556 个能够被分类的交通分析小区，31%的小区路网是纯粹的路网模式，可以明确地划分为五种类型中的某一种。超过三分之二的路网是由两种或者三种类型混合而成的网络模式，其中超过一般的小区混合路网是由两种类型混合而成。

3.4.3　指标计算及其描述性比较

中心度指标由于有三种不同的表达方式，因此需要根据分析选择最能反映路网差别的指标。在计算路网的整体网络中心度之前，需要将网络转化为计算需要的拓扑网络。该网络仅有节点和链接表示，有两种转化方法：原始法和对偶法[29,71]。前者是最为简单和直接的转化方法，其思路就是将路网中的交叉口用节点表示，路段用点和点之间的直线表示，没有几何尺寸的概念，仅仅显示连接特性。因为其直接原始的思路因此被称作原始法。与之相反，对偶法则是将真实路网中的路段用点表示，如果两个路段之间有交叉口连接，则用直线将表示路段的点连接起来。由于与原始法的思路成倒转的逻辑，因此称作对偶法。再来分析上文所述的中心度的计算，可以发现中心度的计算中，各种指标都是基于拓扑网络中点的重要程度，因此这些指标都是专注于研究拓扑网络中的节点的特性。如果分析采用原始法来转化路网变成拓扑网络，那么得到的拓扑网络中的节点即为真实路网中的交叉口，而从此算的各种中心度指标也就反映的是交叉口的重要程度。但是本书的研究重点在于路网中的路段和路径，而非交叉口。因此使用对偶法将真实路网转化成拓扑路网更为合适，由于对偶法处理的结果是拓扑网络中的节点表示实际路网中的路段，因此用中心度计算得到的节点的各种中心度指标其实反映的是真实路网中路段的重要程度，从而达到了本书以路段和路径作为研究对象的目的。对偶法转化路网的过程如下步骤所示：

第一步：在真实路网中为每一个路段编号。如果两个路段在交点处形成的角度是钝角，则合并这两个路段称为更长的一条路段，或者称为路径，详见图 3-25。

第二步：写出拓扑路网的邻接矩阵。首先将拓扑网络中的节点，即表示真实路网中的不同路段或者路径的编号列成矩阵的行和列标，矩阵中的各个元素表示两个路段是否有交叉口相连接，如果直接连接则元素为 1，否则为 0，详见图 3-25。

第三步：将邻接矩阵用网络图可视化。在网络图示意图中将每一个路段的编号，即拓扑网络中的节点编号用点表示，如果两个路段或者路径拥有共同的交叉口相连，即邻接矩阵中对应的元素为1，则在网络可视化图中用线条将编号相连，见图3-25。

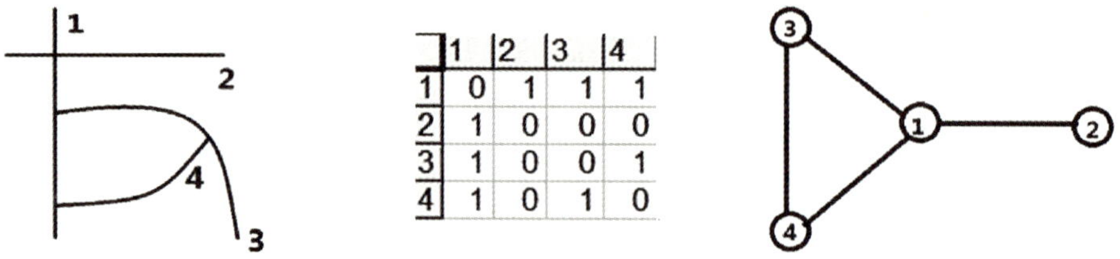

Illustration for step 1　　Illustration for step 2　　Illustration for step 3

图3-25　对偶法简化路网示意图

所有三个中心度的网络整体指标都针对交通分析小区的路网进行计算。基于不同的网络构型分类结果，五种类型的交通分析小区路网被选择出来进行中心度的计算，以便发现图形属性与中心度指标之间的对应关系，被选择出来进行计算的路网以及计算得到的中心度指标见表3-5。

表3-5　不同典型类型TAZ路网的中心度计算结果

中心度指标	Grid iron pattern TAZ No. 730	Grid iron pattern TAZ No. 299	Fragmented parallel TAZ No. 755	Fragmented parallel TAZ No. 824	Warped parallel TAZ No. 680
网络点度中心度	2.64%	19.23%	25.00%	25.74%	26.37%
网络介入中心度	14.24%	13.52%	28.34%	27.92%	44.23%
网络临近中心度	16.01%	21.67%	37.89%	30.41%	44.15%
中心度指标	Warped parallel TAZ No. 414	Loops and lollipops TAZ No. 913	Loops and lollipops TAZ No. 315	Lollipops on a stick TAZ No. 316	Lollipops on a stick TAZ No. 430
网络点度中心度	36.36%	34.55%	41.43%	34.29%	19.83%
网络介入中心度	41.65%	47.02%	52.74%	63.36%	65.26%
网络临近中心度	43.48%	47.12%	44.38%	34.06%	34.52%

观察表 3－5 以及图 3－26 中的计算结果不难发现：

（1）方格网计算出的所有三种中心度的指标均为最小值；

（2）五种路网类型按照从“grid iron”类型到“lollipops on a stick”类型的顺序，三种中心度指标的数值均显示从小到大的上升趋势，此趋势对于三种中心度而言基本一致；

（3）网络介入中心度指标从“grid iron”类型路网得到最小值，按照路网排序逐级上升，在“lollipops on a stick”类型路网得到最大值；

（4）在描述和区分不同类型的路网方面，网络介入中心度指标表现出最好的区分度，能够将 5 个类型的路网清晰地分段地区分开来，其数值呈现出明显的阶梯变化[10]；

（5）相比较而言，网络点度中心度对于不同类型的区分能力则最弱，不同类型路网之间算得的指标值差异并不明显[10]；

（6）可以认为，交通流的分布随着网络的介入中心度指标越来越大而分布越来越不均匀。对于介入中心度较高的路网，其路网和交通也较多地集中于核心的重要的道路，而不像方格网中车辆均匀地分布在整个网络上，不存在关键的或者重要的道路。

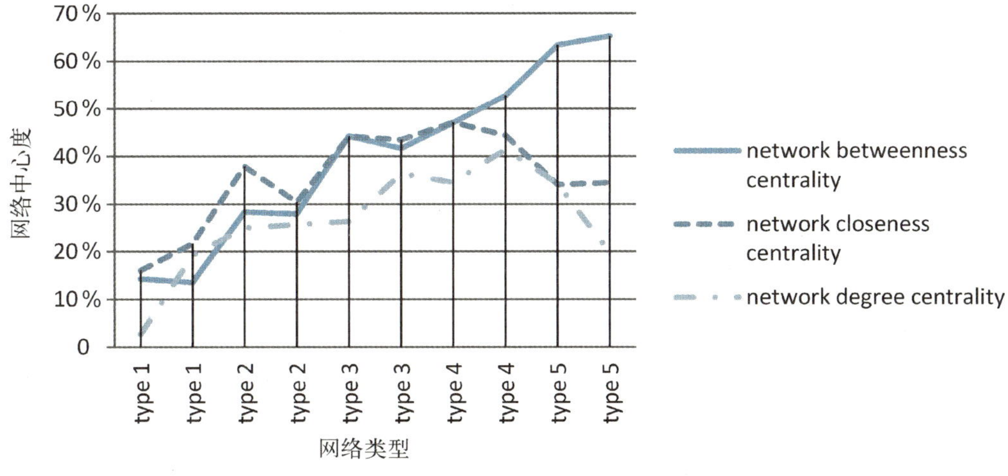

图 3－26　不同类型典型路网的中心度指标计算结果

根据上述分析，网络介入中心度指标能够最佳地区分不同类型的交通分析小区级别的路网构型特征。而这个指标的最大优势即为可以避免不同规模尺寸网络之间的不可比性，提供了一种相对指标。一个网络的介入中心度越高，表示该网络道路之间的重要度差别越大，存在核心程度很高的关键道路，其他道路的联通很大程度上依赖于这类核心道路。根据计算的结果，方格网的介入中心度最低，意味着网络中的每条道路就核心度和重要程度而言差别不大，道路的功能基本一致和均匀；“fragmented parallel”和“warped parallel”类型的路网则有较多的可能拥有核心道路；“lollipops on a stick”类型的路网中核心路网的核心程度最大，与其他非核心道路的重要程度差距最大，因此体现出一种中心度很强的路网模式，其他道路的联通往往很强地依赖于某些中心道路，例如被称作“stick”的骨干道路，起着连接各个地方道路和断头路的作用，地方交通均需要首先汇入到这类骨干道路上之后方可流向其他支路到达目的地。

3.5 本章小结

本章根据交通安全分析对于道路网络特征数据的要求，构建了定量、全面、区域性和面向交通事故分析的路网结构指标体系。以路网结构的认知逻辑为基础，分别从设施规模、设施形态和网络结构三个方面构建道路网络结构指标体系及具体指标的计算方法。具有突破性的成果是，本章特别针对交通安全分析中涉及的不同事故对象，提供了选取对应路网结构指标的原则，并且根据具体交通事故主体的不同，提出了选取何种路网结构指标进行模型分析的建议。

第4章 路网结构交通安全研究的空间数据处理

路网交通安全研究由于涉及网络整体，需要从微观的尺度上升到较为宏观的尺度，在一定小区范围内以形成“网”的概念，而非“点”或者“线段”的概念。因此，路网交通安全研究是区域层面的分析，需要在区域层面上结合所有数据，使用分析小区所对应的各种数据信息进行分析。然而，由于交通事故、道路设施等必要数据的采集和记录方式造成数据并非以区域单元采集和记录，不能直接满足区域层面分析的需求，因此需要对此类数据进行再次处理。另外，这种处理过程由于区域分区的连续性和空间关系，需要数据本身具有一定程度的空间信息，并结合地理信息系统进行处理。更进一步的，如何选择数据集计和分析的单元、选择不同等级的路网以及如何处理分区边界上的数据，都是以区域为分析层面的路网交通安全研究数据准备的关键问题。

4.1 路网交通安全研究的数据要求

4.1.1 数据内容丰富

路网交通安全研究需要的数据内容包括网络结构特征数据、交通事故数据和其他区域特征数据。区域特征数据又可以细分为出行、经济、人口等，内容如表4-1所列。

以往的交叉口交通安全或者路段交通安全研究，专注于具体的交叉口点或者路段线段，其研究对象是不连续的点或者线。传统的交通信息已经很大程度上集计在路线或者交叉口上，以点或者线为单元采集和记录。例如，在数据库中每条道路路段设施，都有固定的编号、设施属性信息、交通控制方法等数据，在交

表 4-1　路网交通安全研究所需数据内容

<table>
<tr><th colspan="3">内　　容</th><th>具 体 要 素</th><th>数据类型/记录单元</th></tr>
<tr><td colspan="3">路网结构</td><td>设施规模、网络形态、网络结构(本书第 3 章提供的指标)</td><td>面</td></tr>
<tr><td colspan="3">交通事故</td><td>机动车事故、自行车事故、行人事故;
死亡事故、严重受伤事故、物损事故;
多主体事故、单主体事故等</td><td>点</td></tr>
<tr><td rowspan="6">其他区域特征</td><td rowspan="4">交通特征</td><td>运行</td><td>流量、路网平均车速、路网平均饱和度等</td><td>线</td></tr>
<tr><td>出行</td><td>出行方式、通勤时间、出行次数等</td><td>面</td></tr>
<tr><td rowspan="2">设施</td><td>交叉口信控方式、渠化方式等</td><td>点</td></tr>
<tr><td>道路功能、车道划分、隔离类型等</td><td>线</td></tr>
<tr><td colspan="2">土地利用</td><td>商业用地、幼儿园、学校、医院、厂房、仓储等用地面积、规模等</td><td>面</td></tr>
<tr><td colspan="2">经济人口</td><td>人口总量、人口密度、户数;老年人口、非老年人口;就业人数、失业率、就业密度;拥有小汽车户数、非拥有小汽车户数</td><td>面</td></tr>
</table>

叉口数据库中,每一个单独的交叉口也有固定编号、控制方案、渠划方案、流量等数据。

4.1.2　区域层面交通安全分析

由于路网结构交通安全性研究的特殊要求,分析单元不再是节点或者路段,而是一个个空间上连续的、具有一定面积的小区,可以是交通分析小区、人口统计小区等,由一个个小区来组合成研究所关注的整个大区域。

例如,美国 NCHRP 研究项目中开发的 PLANSAFE 区域交通安全评价软件,其数据分析单元为交通分析小区;对于交通安全管理政策的制定和效果评价,往往在政策实施的社区和邻里层面进行分析;街区的街道模式和路网风格对于交通安全的影响,在建筑开发地块的层面上得到研究;交通事故的预测模型也在人口统计街区的分析单元下进行了一系列的构建。可见,区域层面的交通安全研究可以在各种不同的分析单元尺度下进行,但是均需要将已有的、集计在道路和交叉口的、线形和点形的数据重新集计在分析单元的区域上。

以区域为分析层面、小区为分析单元，使得记录在点和线上的数据无法直接参与分析。例如，交通事故数据通常都是将事故按照发生的地点地理编码在电子地图上，形成事故点数据，每一个点表示一起事故，关于事故发生的信息均记录在该点的信息条目内；交通需求数据，例如车公里或者年平均日交通量数据，通常集计在相应的路段上，以线的形式展示和记录。因此为了将研究单元从线路和交叉口转化成区域单元，需要将这些数据从线和点的形式转化为区域的形式。另一方面，即便是以区域为记录单元的面数据，如表 4－1 中的路网指标、人口经济等，也会由于记录单元与实际分析单元划分不一致而造成问题，如图 4－1所示。

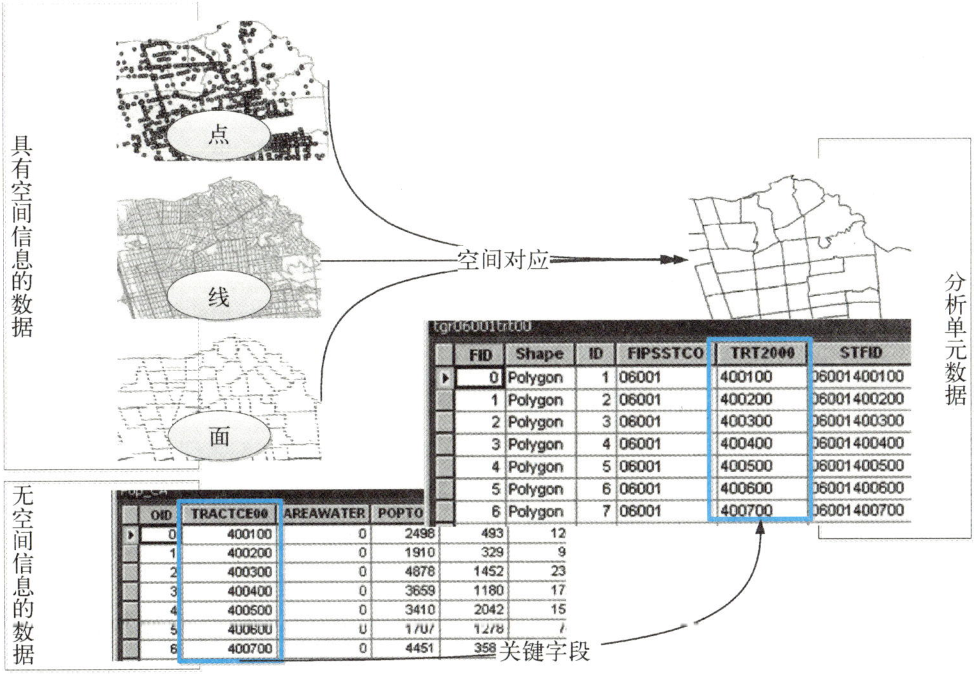

图 4－1　路网结构交通安全分析的数据匹配问题

因此，路网结构交通安全分析要求所有数据均以区域为集计层面、以分析小区为记录单元，要求路网结构特征数据、交通事故数据和其他区域特征数据在区域层面上完全对应匹配。

4.1.3　体现数据空间信息

由于路网结构交通安全分析自身对于区域层面匹配数据的需求，分别以点、线、面记录的原始数据需要以分析单元小区为对应指向，重新进行处理。另一方面，由于路网结构本身所具有的记录方式，即以具有空间坐标位置的线条记录在电子地图上，因此数据本身具有空间信息，其数据处理、计算、分析均需要使用地理信息系统软件和工具。

基于以上两方面的原因，路网结构交通安全的研究需要各种数据具备一定的空间信息。这种空间信息可以是以自身地理坐标数据体现，例如商铺点的位置、路段起点终点位置等。该类数据可以通过其空间信息与研究所采用的分析单元空间信息之间的空间位置对应关系进行处理，完成数据区域层面的匹配。而对于不具备地理坐标信息的数据，例如区域的人口、经济指标，其记录方式通常以表格形式出现，并不直接具备地理信息。该类数据需要通过建立关键字段，使得该字段与分析所使用的空间单元拥有对应性，以对应单元的地理位置补充该类数据的空间信息，如图 4－1 所示。

综上所述，面对路网结构交通安全分析对于数据的各种要求，迫切需要提供具体的数据处理方法。而这一过程并没有形成固定的程序，也没有系统探讨的研究。但是，随着区域层面安全分析的研究越来越广泛，数据在区域单元上的集计逐渐成为频繁面对的问题，并且这其中确实存在更为细节化的难题，例如区域边界与道路网络的重合如何处理，或者区域边界上的交通事故点如何分配到相邻的区域上等。这些问题的处理方法直接影响到以区域为单元的分析中数据的数值，从而可能造成不同的分析结论。但是面对路网结构交通安全研究的特殊需求，现实数据往往不能直接满足要求。因此，有必要对于区域层面的交通安全研究，所需要的空间数据进行整理总结，对其数据特点和处理进行归纳，并对处理当中存在的问题和可能的解决方案进行讨论。本书所讨论的空间数据以及数据处理等内容，均在 ESRI 公司[72]的 ArcGIS 软件[73]的版本 10 环境下进行分析和计算。数据展示和处理工具，在不特别说明的情况下，均默认为 ArcGIS10 环境。

4.2 数据类型

随着计算机技术的进步和地理信息技术的应用，目前进行区域层面交通安全研究的数据较常整合在空间数据库或者软件当中，例如 ESRI 公司开发的 ArcGIS 系列软件。不同的数据内容，可以按照其对应的描述对象的物理存在形式，划分为点、线、面三个形态。区域层面的路网结构交通安全研究所涉及的数据包括路网结构和区域特征两类影响因素以及交通事故数据。如表 4－1 所示，所有数据均可以划分为点、线、面三种数据类型，同时也是该数据原始记录的单位。由于分析过程中的数据计算和处理均是基于点、线、面三种要素，因此本书空间数据的讨论也按照此三种类型阐述，方便与数据的进一步分析直接衔接。

4.2.1　面数据

微观层面的交通安全研究针对路线廊道或者交叉口设施，其分析单元即为路线或者交叉口点。而区域层面的交通安全分析，其研究对象是空间上连续的或者不连续的地块，因此其研究较之微观层面交通安全研究，除了点和线的数据外，还有面的空间数据。首先需要确定分析的空间地域。可以是针对不同城市间的事故分析，或者研究同一个州下属的连续的城市区域交通安全，又或者是一个城市内部相邻居住区的安全分析。根据已有区域层面交通安全研究内容总结，面数据的内容通常有人口统计街区（census block），人口统计小区（census tract），交通分析小区（traffic analysis zone），土地使用地块（land use district），邻里社区（neighborhood and community），城市、县、州、栅格数据等，如表 4－2 所列。

表 4－2　面数据划分和内容

<table>
<tr><th>划分手段</th><th>分区大小</th><th>分区形状</th><th>分区依据</th><th>数据内容</th></tr>
<tr><td rowspan="8">已定义</td><td rowspan="9">动态</td><td rowspan="8">多样</td><td rowspan="2">综合因素</td><td>人口统计街区</td></tr>
<tr><td>人口统计小区</td></tr>
<tr><td rowspan="2">针对专业</td><td>交通分析小区</td></tr>
<tr><td>土地使用地块</td></tr>
<tr><td rowspan="4">行政辖区</td><td>邻里社区</td></tr>
<tr><td>城市</td></tr>
<tr><td>县</td></tr>
<tr><td>州</td></tr>
<tr><td rowspan="2">自定义</td><td rowspan="2">栅格</td><td rowspan="2">属性同质</td><td>可变栅格</td></tr>
<tr><td>静态</td><td>固定栅格</td></tr>
</table>

区域层面的交通安全研究，一般都有针对性地就某个实际存在的地区和城市进行分析，因此通常会选用已经存在的区划作为研究对象或者分析单元。例如人口统计区、交通分析区、不同城市单元等都是人口管理部门、交通部门或者城市规划部门有所定义的分区。这类数据的获得也较为容易，可以直接在统计局、交通部或者规划部的数据库获得，如图 4－2 和图 4－3 所示。

图 4－2　人口统计街区和人口统计小区关系面数据示意图

获得的数据其分区通常是面积有所变化的，子区尺寸有大有小并不固定，因此可以认为是面积动态变化的分区方式。与之相对的，部分研究按照研究需要固定分区大小，例如，研究步行交通的分区，可以按照步行出行的半径固定分区面积，以此将较大范围的区域划分为连续的分析单元。同时也可以按照一定的空间属性特征，将特征同质的相邻单元区块合并为一个分析单元。例如，按照分析单元内路网密度相同的原则，可以把大的城市区域划分为小的分析单元，路网密集的地区，分析单元就较小，路网稀疏的地区，分析单元可能得到的就比较大。这种划分方式也可以被视为是动态划分的一种，但是这种固定面积和可变面积的自定义划分方法，其划分的区块往往都是栅格形状，如图 4－4 所示，才能便于使用计算机自动划分处理，而不会出现已定义的空间单元划分的多边形形状。

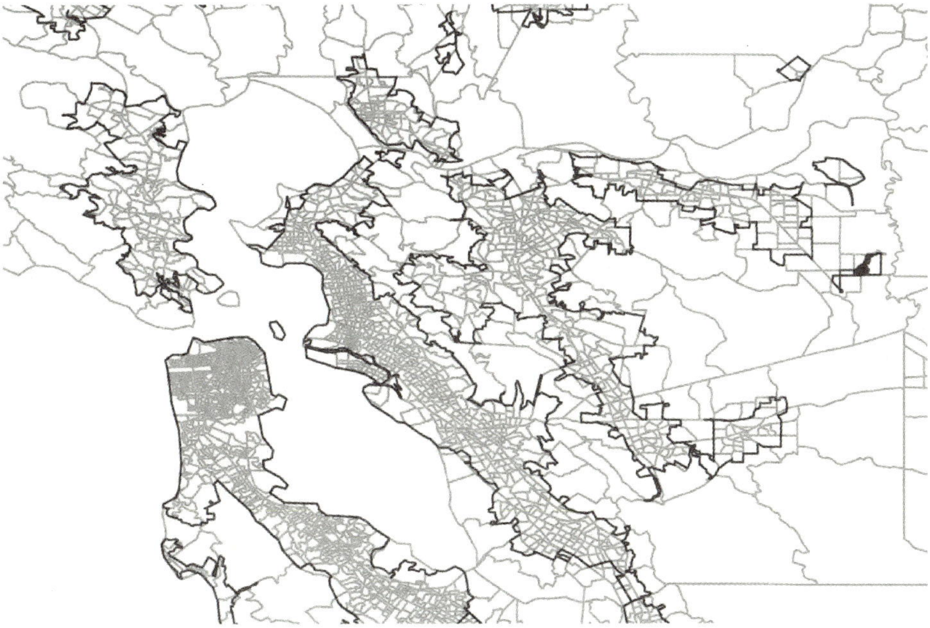

图 4-3　交通分析小区和城市区域关系面数据示意图

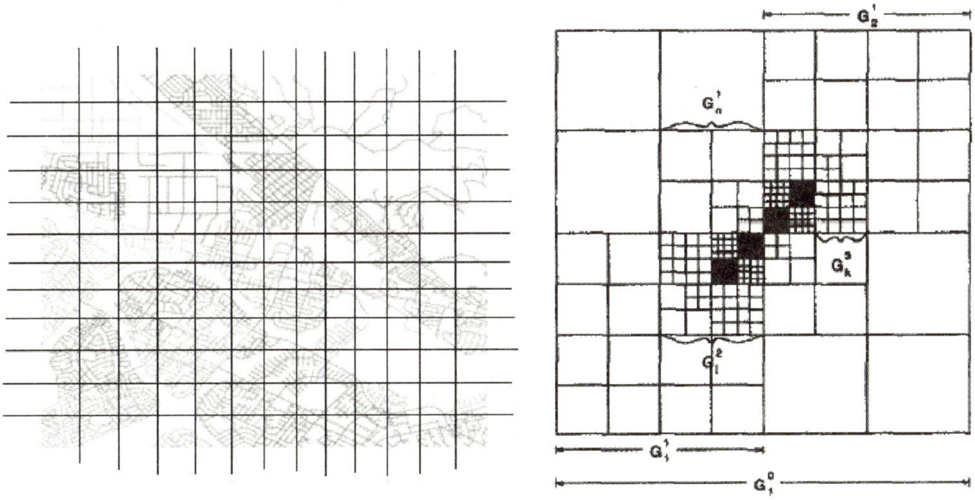

图 4-4　固定栅格和动态栅格面数据示意图

无论是已定义或者自定义的空间单元，或是动态面积划分和静态面积划分，其划分都需要依据一定的因素，这种因素要求被归并到一起的小单元之间具有某种特定的相同属性，如上文所举例中的路网密度属性，此为同质性；同时，还需要展示不同分区之间的其他属性的差异性，例如所研究的交通事故发生量的不同等，此为异质性。往往在区域层面要素与交通事故发生关系研究中，通常需要固定某些因素不变，来考察其他因素的变化对交通事故的影响。正是这些固定不变的同质性，才铸成单元之间可比性的基础。同时需要反映所关心影响因素在空间单元之间的差异性，才能得出该种因素的变化对交通事故的影响。所以，面数据的划分，是同质和异质共同存在的结果。划分依据可以通常有综合了人口、经济、土地开发、管理等各种因素的综合性划分，也有针对某专业的例如交通出行特征，或者土地使用性质的划分，另外还包括直接的行政辖区划分或者根据研究内容人为定义的某种属性作为划分依据。

已定义的面数据划分需要检查定义划分的部门数据更新，人口统计单元的更新间隔较长，通常随着不同批次的人口统计更新时期而有所改变。交通分析小区的划分则需要根据城市交通规划部门的规划周期有所更新，在不同时期的规划方案或者不同规划单位的方案中，交通分析小区的划分都会有所更新和区别。

4.2.2 线数据

区域交通安全研究中，最为常用的线数据包括路线和边界两类。其中，路线又可以分为道路和铁路两种，其中道路通常根据出行方式和方式的专用权限可以分为公路、行人专用道、自行车专用道、公交专用道等不同道路系统。虽然最为主要的数据库都是以机动车行驶道路为主，详细的数据库也有包括自行车专用道或步行道，但是随着慢行交通研究的兴起，越来越多的路线数据库开始以慢行交通专用的路线为主进行数据采集和整合。边界则可根据面数据的分析单元划分细分为城市边界、交通小区边界等。同时，边界还有地理要素的轮廓线，如水系和特殊地形的边界线。线数据的具体分类，如表 4-3 所列。

表 4-3　线数据划分和内容

<table>
<tr><td rowspan="3">边　界</td><td colspan="2">分析单元</td></tr>
<tr><td rowspan="2">地理元素</td><td>水　系</td></tr>
<tr><td>地　形</td></tr>
</table>

续　表

<table>
<tr><td rowspan="6">路　线</td><td rowspan="5">道　路</td><td colspan="2">公　路</td></tr>
<tr><td rowspan="4">专用道</td><td>行人专用</td></tr>
<tr><td>自行车专用</td></tr>
<tr><td>公交专用道</td></tr>
<tr></tr>
<tr><td colspan="3">铁　路</td></tr>
</table>

道路线数据根据数据来源不同，其数据表达形式也有所区别。例如 Tiger 数据库[74]对于双向隔离的道路，用道路中心线表示，即单线表示，如图 4－5 所示。而 ESRI 的 Streetmap 数据库[75]对于双向隔离的车道，则用双线表示，如图 4－6 所示。因此，路网中有的路线是单线，有的则是平行的双线。

Tiger 数据库的路线数据以免费形式公开，其数据的更新程度和质量可以满足一定的研究需要。而如果需要尽可能精确地与实际路网吻合，更新速度又较快的线数据，则需要向 ESRI 公司购买其 Streetmap pro 数据库。对于将路网仅仅作为区域安全研究的一个影响因素的情况，可以使用 Tiger 数据库的线数据，而对于将路网结构作为研究主题考察其交通安全特性的研究而言，则需要尽可能精确的数据质量。

图 4－5　Tiger 路网数据双向隔离车道单线表示道路示意图

图 4 - 6　ESRI StreetPro 双向隔离车道双线表示道路示意图

4.2.3　点数据

无论是单体设施层面还是区域层面，交通安全研究的数据均离不开点数据，因为最重要的交通事故数据均是以事故发生地点的形式记录在电子地图上，例如 ESRI 公司的 ArcGIS 软件中。这种记录方式除了能够完成基本的数据信息记录之外，更有助于直观地看到事故在空间上的位置和分布，也是交通事故空间分析的基础。另外一种重要的点数据，即为设施点，包括交叉口点、公交站点、停车点、商业点等，通常多为公用设施，在交通安全研究当中，以交通设施和不同使用性质点的数据居多。

在交通安全空间研究发展的初期，交通事故多以表格的形式记录，包含事故发生的地点信息，而并不直接记录在地图上。当需要使用空间分析工具时，研究人员需要根据事故发生的地点信息，将事故一起一起地重新编码记录在有空间坐标的地图上，例如使用线性参考的方法进行事故的地理编码[76]。随着地理信息技术的发展和地理信息系统软件的广泛应用，更多的交通事故数据已经可以直接以事故点的形式记录和展示在电子地图上。研究人员可以直接以空间点数据的格式下载交通事故数据，直接进行空间分析[77]，如图 4 - 7 所示。当然，这

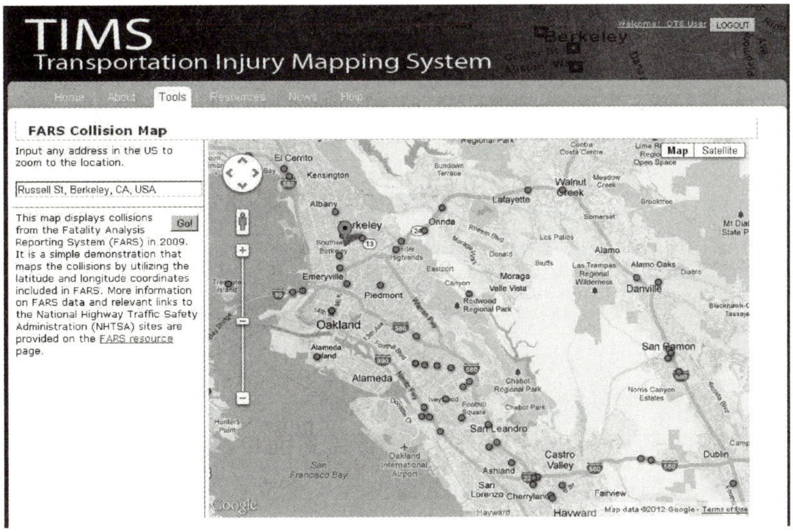

图 4-7　TIMS 事故数据库点数据示意图

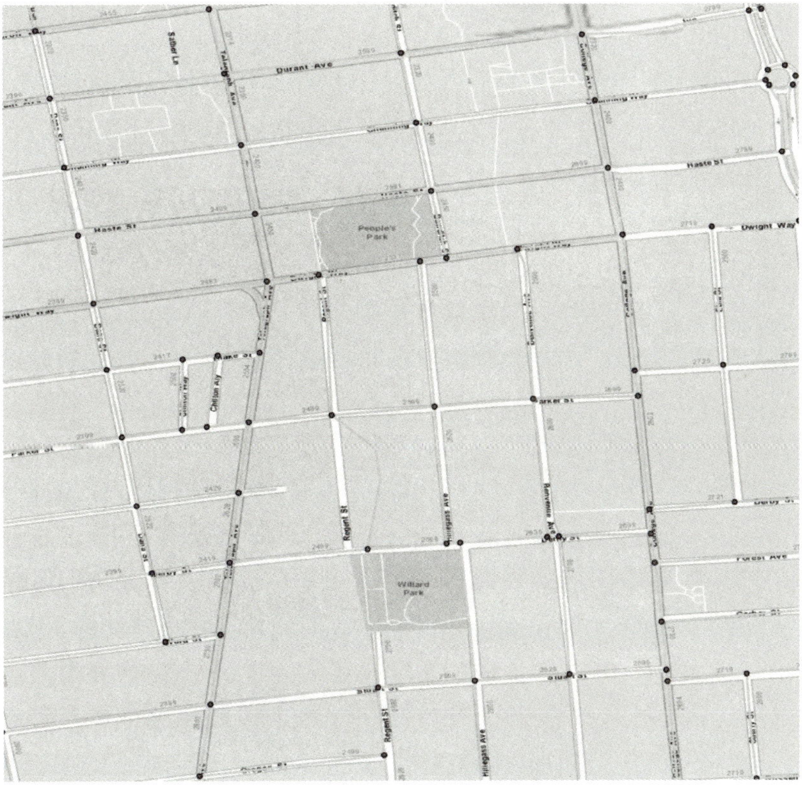

图 4-8　交叉口点数据示意图

种已经用点数据格式记录的数据，同样是数据处理人员使用特定的地理编码方法，将原始的事故记录定位在电子地图上的。

设施类点数据中，最重要的是交叉口点数据。但是，数据收集直接得到的往往只是路线数据，很少有直接可得的交叉口点数据集。通常需要研究人员自行使用路线数据生成交叉口数据，在 ESRI 的 ArcGIS 软件中有相应的工具可以实现，如图 4－8 所示。其他公用设施的数据，在交通部门或者城市规划部门均有相应的空间数据集记录，可以获得直接进行分析。

4.3　区域层面交通安全分析空间数据特殊处理

4.3.1　分析单元的确定和选择

区域层面交通安全研究，通常是把面数据作为空间数据集计的单元，即其他所有与事故相关的信息，包括影响因素和事故报告信息等，都集合在面数据集的每一个要素上。这些面数据要素则是区域安全性分析的最小单元，如果需要使用统计模型计算，则即为统计分析中的一个个样本。因此，对于区域安全分析，最重要的是作为分析单元的各种空间划分，常用的包括人口统计街区、人口统计小区、交通分析小区、社区等。

1. 单元划分

人口统计小区是以县为主体，在县的辖区之内划分的小尺寸、相对固定不变的统计分区。在美国，这种分区由地方政府扶助美国统计局进行划分，在某些地方不与参与或者没有地方政府管辖的情况下，由统计局独立承担划分职责。这种分区的目的，在于作为十年一度的人口统计单元。人口统计小区的人口数目在 1 500～8 000 人不等，最合适的人数在 4 000 人左右。如果县的人口非常少，可以整个县作为一个人口统计小区。划分子区的首要依据是人口特征、经济状况、生活条件的同质性，每个子区内部的属性应当尽可能保持一致和相似。人口统计小区的面积大小变化幅度非常大，取决于居住的密度。分区的边界基本上常年保持一致，以便于不同批次的人口统计数据能够互相进行比较。但是，由于公路修建、新土地开发项目等造成的街道模式的改变，也会随之要求人口统计小区偶尔进行调整。并且，有时候由于某个子区的人口增长或者若干子区的人口下降，也会造成子区的分裂和合并。

人口统计街区，是人口统计局统计人口的最小的地理区域单位，由街道、公路、铁路、水系和其他可见的物理文化属性结构所分割而成，如图 4－9[78] 所示。以这个单位统计的人口数据，是小区域地理空间研究的基础。统计街区的最小面积，如果是纯粹被道路围合的情况为 30 000 ft^2，其他情况可以为40 000 ft^2。在街区边界必须需要保持的情况下，允许有小于最小街区面积要求的划分，但是没有最大面积的限制。街区的形状也需要避免特别狭窄的情况出现，控制方法是比较两个比值的关系，一个是潜在形状的周长和其面积的比值，另一个是该周长和同周长圆形面积的比值。并且，形成的街区宽度不得小于 70 ft。街区边界的确定需要遵循几个属性，其重要程度顺序为：边界的类型、吻合的属性、特殊土地利用性质、行政边界。街区的边界至少一边需要是道路，对于特别大的街区可以使用内部某条断头路及其延伸线作为再次分隔的依据。人口统计街区的更高一级层面的合并，形成的是统计街区组。一个街区组是若干个街区合并而成，能够合并的街区需要同处于一个统计子区或者街区编号区内，并且有相同的起始编号。统计街区组是统计局人口统计公布数据的最小的地理单元，注意与“最小统计单位”的不同。

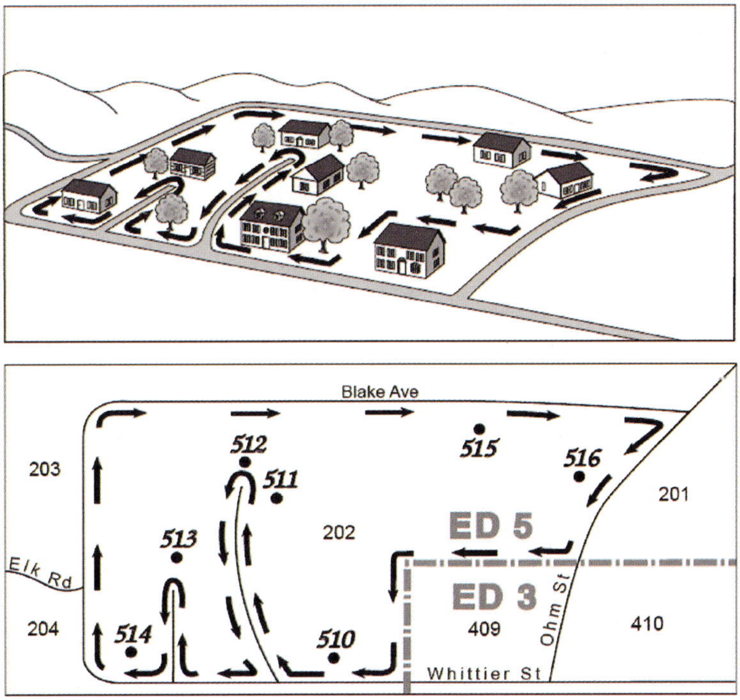

图 4－9　人口统计街区划分示意图

交通分析小区，是由地区的交通规划管理部门定义划分的地理单元，用于集计交通相关的数据，尤其是通勤交通和 OD 数据的统计。在美国，交通分析小区早先可以在进行区域交通规划模型构建的过程中进行指定和划分，但是在 2011 年的交通分析小区和人口统计整合项目中，提出明确的指定统一、固定的交通分析小区面数据的要求，不同的规划口径和规划单位，应当就某个区域内的交通分析小区的划分做统一的规定。新要求规定交通分析小区应当隶属于县，并且基于人口统计街区，是统计街区的集合。交通分析小区最小居民或者工作人口为 600 人。交通分析小区需要代表相似的土地利用性质和通勤交通特征，美国佛罗里达州交通部门推荐的交通分析小区划分依据如下所示[78]：

(1) 交通分析小区的人口应介于 1 200～3 000 人之间，基础年和规划年均应满足此要求；

(2) 每个交通分析小区的基础年或者规划年交通出行量不应超过 15 000 人次；

(3) 面积大小介于 0.25～1 $mile^2$；

(4) 小区内部有合理数量的内部出行，取决于土地使用的混合性和密度；

(5) 小区形状规则；

(6) 小区中心连线上的交通负载基础年小于 10 000 车次，规划年小于 15 000车次；

(7) 研究区域面积足够大，以包括 90%以上的出行起讫点；

(8) 与基础年和规划年的公路及公交网络相匹配；

(9) 期望线代表实际公路网络的可达性；

(10) 公交可达性也能够真实地表达；

(11) 结构域人口统计、物理、政治和规划分区边界匹配；

(12) 基于同质的土地利用；

(13) 特殊的或者货运出行产生点需要划定独立的交通分析小区。

2. 各种分析单元空间关系

根据上文对空间单元划分方法的介绍，可以得知各种单元划分之间有相互借鉴参考以及分裂合并的关系。由于交通类数据通常集计在交通分析小区单元内，而人口、经济数据集计在人口统计单元内，当需要将两者整合到一起时，应当把较小单元的信息合并到较大单元去，或者将较大单元的信息分配到其所包含的较小单元中。所以，不同分析单元的空间关系需要掌握，并且在数据集计过程中利用空间关系方便地合并和分配数据。

人口统计街区组由人口统计街区组成，如图 4－10 所示，灰色线条是人口统计街区组的面数据边界轮廓线，绿色线条是人口统计街区组的区划轮廓线。可见，绿色线条总是与部分灰色的线条重合，并且绿色线条围合的区块也总是包含着更小的灰色线条围合区块。因此，人口统计街区组包含人口统计街区。

图 4－10　人口统计街区和人口统计街区组包含关系示意图

人口统计小区由人口统计街区组组成，如图 4－11 所示，绿色线条为人口统计街区组的区块轮廓线，红色线条为人口统计小区区块。

图 4－11　人口统计街区组和人口统计小区包含关系示意图

人口统计街区组可以细分为交通分析小区，也可以组成交通分析小区。如图 4-12 所示，灰色线条为交通分析小区轮廓线，红色线条为人口统计街区组轮廓线。可以存在人口统计小区被划分为几个交通分析小区，即红色区块被划分成若干灰色区块，如图 4-12 中左图所示。同时，也可以存在交通分析小区被划分为几个人口统计街区组的情况，即灰色区块被划分成若干红色区块，如图 4-12中右图所示。

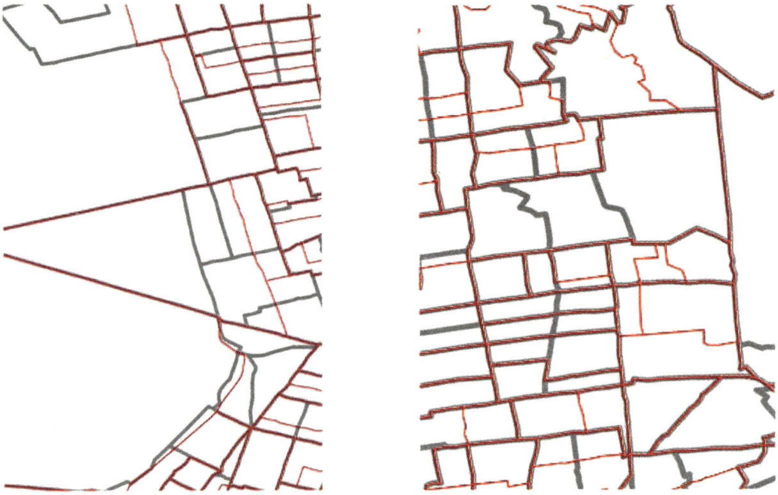

图 4-12　人口统计街区组和交通分析小区关系示意图

交通分析小区由人口统计街区组成，如图 4-13 所示。灰色线条为交通分析小区轮廓线，蓝色线条为人口统计街区轮廓线。所有灰色区块都被细分成若干蓝色区块，即交通分析小区都可以继续细分成人口统计街区。

人口统计小区包含交通分析小区，如图 4-14 所示，绿色线条为人口统计小区轮廓线，灰色线条为交通分析小区轮廓线。绿色线条区块均由若干灰色区块组成，或者仅由一块灰色区块组成。说明人口统计小区或者包含多个交通分析小区，或者与交通分析小区重复。

综上所述，分析单元的包含关系可以总结为：① 人口统计小区包含人口统计街区组，后者又进一步包含人口统计街区；② 人口统计小区包含交通分析小区，后者又进一步包含人口统计街区；③ 交通分析小区与人口统计街区组没有固定的包含与被包含关系，交通分析小区可以包含人口统计街区组，相反的情况也存在。

图 4-13　交通分析小区和人口统计街区关系示意图

图 4-14　交通分析小区和人口统计小区关系示意图

3. 边界关系

人口统计街区是分析单元的最小单位，其他分析单元均是建立在人口统计街区的基础之上。如图 4－15 所示，蓝色线条为人口统计街道轮廓线，人口统计街道组、人口统计小区和交通分析小区等轮廓线分别用红色、绿色、紫色表示。将该四个空间单元重叠显示，发现蓝色线条完全覆盖其他颜色线条，说明四个分析单元的轮廓线完全吻合，并且蓝色线条代表的人口统计街区确实是最小的分析单元。

人口统计街区

人口统计街道组、人口统计小区、交通分析小区

四个单元划分重叠

图 4－15　分析单元边界关系示意图

人口统计街区的边界一般都是街道、公路等物理设施以及行政区划和地理分割物如水系等分割而成。因此，人口统计街区轮廓线与道路网络吻合，如图 4 -16 所示，红色线条为人口统计街区面数据的边界轮廓线，绿色线条为包括所有等级的道路网络。可以看出，红色区块的划分，完全沿着道路网络的围合区块而定。少有部分人口统计街区的边界没有和道路网络线重合，原因是这些线是由于行政区划的分割线而制定，必须遵守。没有用来作为红色区块划分的绿色线条，是没有形成闭合区块的断头路线条，或者是高速公路系统中的匝道线条。

图 4 - 16　路网和人口统计街区匹配示意图

由于人口统计街区组、人口统计小区以及交通分析小区均是在人口统计街区的基础上通过合并和分割得来，因此，道路网络与上述分析单元的轮廓线也吻合。

4. 面数据的分配

区域交通安全分析使用的面数据主要有交通分析小区、人口统计分区和土地利用等内容。其中，人口统计分区数据的每一个面要素内都记录有人口、经济、就业、通勤方式等信息，是交通安全分析中最为主要的信息来源。交通分析小区通常只记录了每一个小区的 ID 以及所属县 ID，但是在交通预测模型中，交通量等信息都会集计在每一个交通分析小区上，因此对于交通类数据的获取，都需要使用交通分析小区。土地利用数据记录了地块的使用性质，是反映土地开发情况的重要信息来源。

基于交通分析小区整合数据，需要将人口统计分区上的信息分配到每一个交通分析小区单元上。这一过程中会面临两种情形。

交通分析小区与人口统计街区。此时需要将人口统计街区的信息分配到交通分析小区上。由于交通分析小区由人口统计街区组成，其空间包含关系如图 4－17 所示。

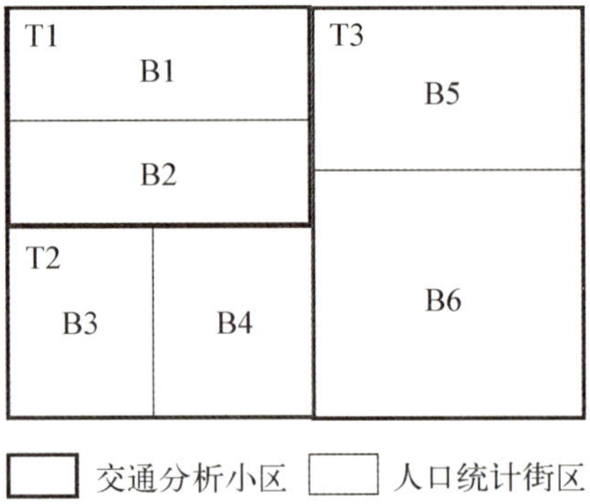

图 4－17　面数据分配之轮廓重合情况示意图

交通分析小区与人口统计街区组，此时需要将人口统计街区组的信息分配到交通分析小区上。由于交通分析小区和人口统计街区组的包含关系并不固定，可能存在交通分析小区包含若干街区组的情况，也有可能是街区组包含若干交通分析小区，体现在空间关系上如图 4－18 所示。

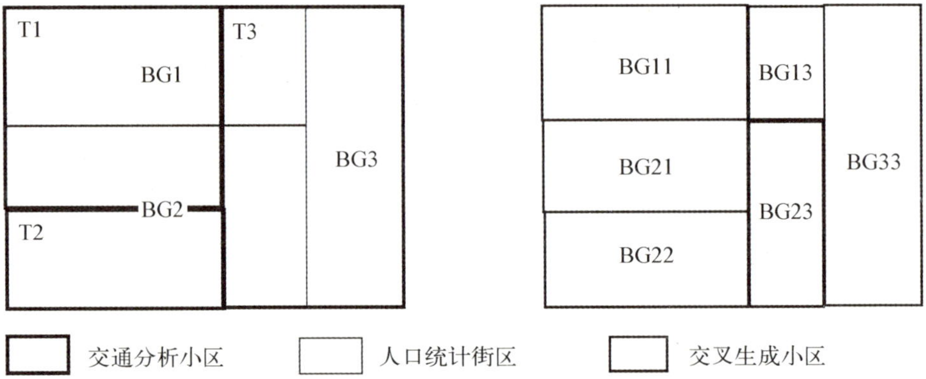

图 4－18　面数据分配之轮廓错位情况示意图

人口统计街区信息包括各类人群的总人数以及平均值两种类型的数据。其中不同年龄段的人口数、不同种族人数、使用各种交通方式通勤人数等均属于第一种类型，总数类型的数据。而平均年收入等数据则属于第二种类型，平均值类型数据。对于以上两种空间关系类型的情况，可以使用如式(4－1)进行数据的整合。

$$Data_j = \sum_{k=1}^{n} (P_{ij} \times Data_i) \tag{4-1}$$

式中，$Data_j$为分配到第 j 个交通分析小区的总的数据值，P_{ij}为从第 i 个人口统计单元（街区或者街区组）分配给第 j 个交通分析小区的数据的比例，$Data_i$是第 i 个人口统计单元某种数据的数值，例如第 i 个人口统计街区的女性人口总数。

根据人口统计信息数据的类型不同，如上文所述，对于总数类型的数据，人口总数等，P_{ij}的计算与平均值类型的数据对应的 P_{ij} 计算有所差别。对于总数类型数据，其比例计算如式(4－2)所示：

$$P_{ij} = \frac{A_{ij}}{A_{i\cdot}} \tag{4-2}$$

对于平均值类型数据，其比例计算如式(4－3)所示：

$$P_{ij} = \frac{A_{ij}}{A_{\cdot j}} \tag{4-3}$$

式中，A_{ij}为由交通分析小区和人口统计单元交叠形成的小区的面积，如图4－18所示，A_{13}为第 1 个人口统计街区组 BG_1和第 3 个交通分析小区 T_3交叠形成的小区 BG_{13}的面积。$A_i.$是第 i 个人口统计单元的面积，$A_{\cdot j}$是第 j 个交通分析小区的面积。

5. 选择分析单元

区域层面交通安全研究，需要首先确定分析单元，才能进而以该单元为其他数据集计的基础。选择分析单元的时候，应当综合考虑研究区域、事故类型和数据可得性等方面的因素。

首先，对于有针对性地对于不同城市或者县之间的安全比较分析，可以直接选择每一个城市作为一个分析单元，或者每一个县作为数据集计的单位。或者，对于县级别的区域做交通安全分析的时候，至少需要从县区域之下等级更小的分区考虑，例如在人口统计小区或者交通分析小区之间进行选择。

第二，考虑交通安全分析的事故类型，主要指发生事故的主体，例如机动车、行人、自行车的事故。由于机动车和行人出行的出行半径有所差别，机动车出行距离较远，行人和自行车相比较就比较近。之前特别指出分析单元的划分，需要保持单元内部的人口、交通等属性同质。在分析某种单元划分下，不同单元之间的行人事故发生与单元的本身某个属性之间是否有所关联之时，应当尽量保证该单元之内记录的交通事故，即为该单元居住、工作人口所造成，此时讨论该单元人口、经济等属性与事故的关系才具有意义，因为正是此单元的人口所代表的各种单元属性，造成这些人口产生的交通事故。否则，当单元划分选择不适的情况下，记录在某个区域内的交通事故，其造成事故的人可能并非生活或者工作在该区域，因此使用该区域的人口、经济特征来估计交通事故的关系，可能并不能得到很好的结果，因为此时相当于是在用该区域的特征来建立于其他区域人口造成的事故的关系。所以，在选择分析单元的时候，应当尽可能考虑到保证发生在该区域的事故确实是此区域的人所导致的，或者至少在数据处理的过程中，对于事故发生主体个人的来源地信息有所了解。

最后，分析单元也要考虑数据的可得性，尽可能从已经存在的划分单元中选择较为合理的分析尺度。

4.3.2 道路网络数据

1. 数据特点

道路网络的电子化过程，造成路网数据存在一定的数据质量特点。在空间分析软件中所呈现的网络，其对应的组成要素往往是分段的短线，即下文所说的碎线；由于真实道路的交通流双向划分，一些等级较高的、具有物理分隔带的公路，通常被表示成两个专用方向的平行线，即下文所说的双线。对于道路网络的这些特点，需要进行特殊的处理过程，才能为后续的路网指标计算提供可用的数据。下文就针对道路网络数据的特点和特殊的处理思路进行详述。

1）碎线

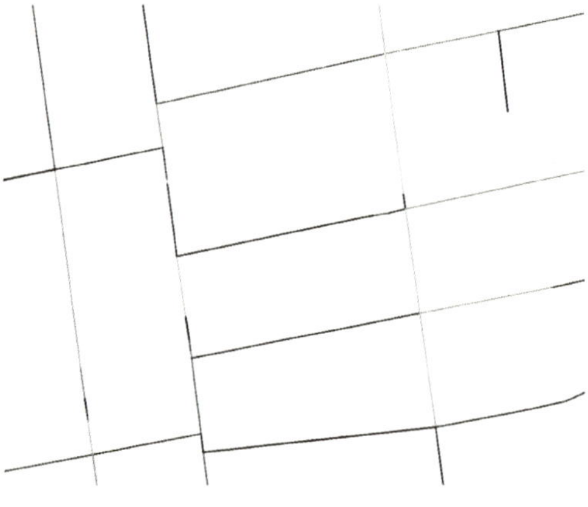

图 4－19　路网线数据碎线示意图

真实道路在空间数据中均用线条表示，但是实际空间上为连续不断的一条道路，与其他道路并无交点的情况下，在空间数据集中显示出仍旧存在交点或者端点。说明此种道路线条由若干短线段组成，而非一条道路线条。如图 4－19 所示，用不同的颜色显示不同的道路线条，可以看出，实际连续的、应当为同一颜色的路段，在数据集中由不同颜色的路段组成。这种碎线的情况，在线数据中经常存在，形成原因可能是在构建线数据的过程中形成，对于线数据信息的处理并无大碍，因为尽管被分割成多条碎线，但是整个路段的信息依然在每个碎线段上都有记录，对于路线里程等常用指标的计算而言干扰不大。但是，对于交叉口点数据的形成，以及后续的网络研究而言，碎线问题需要得到相应的处理，使得碎线段重新合并成同一条线路，或者删除碎线段的端点得到正确的交叉口点数据。

2）双线

对于双向车道有隔离的主干道，例如道路属性代码中标为“A35”的道路，其线数据均用互相平行且距离相近的双线表示，每条单线表示交通流的一个方向。如图 4－20 所示，双线表示道路属性为“A35”的“州级公路二级或者县级公路，双向隔离路段”的路线。

图 4－20　路网双线示意图

由于路网双线表示的数据集中，双线中的每一条单线均表示相同的道路，因此其数据信息中包括了该道路的所有信息，例如名称、长度、起讫点等信息。如果需要统计某个分析单元中路线的总里程，则双线数据会造成道路信息的重复计算，形成不正确的结果。所以，需要在进行路线数据整合之前，将双线数据单线化。

2. 道路线数据的选取

实际路网中的道路，根据其规划或者管理中所定义的属性，可以分为不同的等级。例如“接入限制的高速公路或者州际公路”、“地方、邻里或者社区内的城市街道或郊区道路，双向不隔离”等。如图 4－21 所示，不同颜色表示不同等级的道路，从深绿色到红色以此表示道路等级从高级向低级的转变。

图 4－21　不同等级道路示意图

对于路网结构的分析和研究，应当选取合适的路网等级进行处理。道路设施规模的数据提取，可以包括所有道路等级，依据种类进行统计；根据分析对象，如果分析的交通出行方式为步行交通，则应当选取地方道路、城市街道等步行通行权可以到达的路段，同时应当删除高速公路、接入匝道等不允许行人通行的道路。根据分析研究内容，如果研究分区路网之间的特性比较，则需要注意作为分区边界的道路对于分区路网特征提取的影响。从而选择是否包括边界道路。通常作为边界的道路多为较高等级的道路，因此，此问题也可以延伸为是否选择包括边界道路所在等级的道路进行分析。

4.3.3　边界数据的分配

区域交通安全研究通常以某个空间单元作为分析单位，即统计分析中的样本单位。因此所有数据都需要统计到每一个空间单元上，形成以空间单元 ID 为关键字段的系列数据。例如，以交通分析小区为分析单位的数据集，交叉口、路段、公交站点等数据的每一个元素都对应有其所属的交通分析小区 ID 字段信息，在此基础上即可以统计出每一个交通分析小区的其他数据情况。另外还有以路段作为分析单位的交通安全分析，此时需要将所有数据都集计到路段要素上。因此，空间数据需要在面、线和点数据之间进行分配，以便将所有信息整合到统一的分析单元上。

1. 问题形成

区域交通安全研究以空间单位，例如人口统计小区或者交通分析小区为单元，需要统计每一个空间单元内的路线长度等信息。为达到此目的，需要首先分析每一路网线元素属于哪一个空间单元，然后将该单元的 ID 标记给该路网元素；最后通过统计相同单元 ID 的路网信息可以将所需数据集计到每个空间单元上。

如前文所述，人口统计街区都是基于路网围绕的地块形成的，以此为基础的人口统计街区组和人口统计小区也应当以路网为边界线。同时，交通分析小区通常也是以道路作为分区的重要依据之一。因此，通常重要的高等级道路均为分析单元的边界线，而边界道路上生成的交叉口和定位于其上的交通事故点都随之坐落在分析单元的边界上，从而造成了边界线数据和点数据分配的问题。究竟将边界上的路线数据如何分配给相邻的两个分析单元，或者将边界上的交通事故数据等点数据如何分配给相邻的两个单元，又或者将一个交叉口点数据如何分配给相邻的 4 个分析单元，都是边界数据分配所要面临的问题。

2. 分配方法

边界路线和点的分配方法，传统上有以下几种类型：

1）根据空间关系分配

由于边界道路通常都是较高等级的道路，因此相邻分析小区的边界是双线道路的情况居多，见图 4－22 中纵向的双线灰色线条与黑色分析单元边界的关系。或者道路线条是单线，但是并没有与分析单元的边界完全重叠，从而会出现分析单元边界与边界道路交错的情况，见图 4－22 中横向灰色线条与黑色分析单元边界的关系。对于点数据，例如交叉口或者交通事故，也会出现与分析单元边界并不吻合的情况，见图 4－22 中蓝色圆点所表示的交叉口点和红色圆点表示的交通事故点。

对于临近分析单元边界的点或者路线，可以根据其他信息辅助判断出是否应当属于边界，但是却由于数据质量的偏差和其他原因造成点和线与分析单元边界有所错位。如果并不考虑这种偏差的存在，而是直接根据原始数据的空间关系进行分配，图 4－22 中左侧的蓝色点分配给 A3，另一个蓝色点分配给 A2，红色交通事故点分配给 A3。灰色的道路线也按照这种直接的空间关系进行分配。

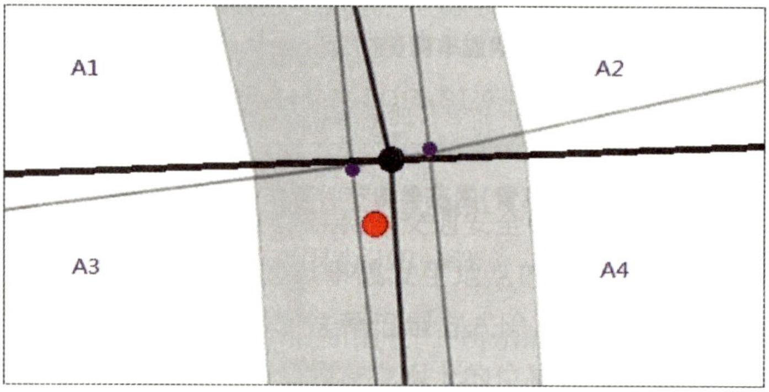

图 4－22　按照空间关系分配边界数据示意图

2）平均分配

首先根据辅助信息判断临近分析单元边界的点或者路线是否应当属于边界，通常使用单元边界线左右两侧分别扩展一定距离，例如 30 ft 的 buffer 区域进行选择，如图 4－22 覆盖在这一区域内的点和路线均认为应当属于单元边界。因此，可以得到图 4－23 中所示的结果，即由红色圆点表示的交通事故数据被拉回到纵向边界上，蓝色圆点表示的交叉口数据被拉回到边界的交点，原来灰色的道路线条被拉回到与边界线条重合。

平均分配的原则是，如果边界上的点或者线数据落在相邻两个边界上，则将该边界上的数据平均分配给两个分析单元。如果落在四个分析单元边界的交叉点上，如图 4－23 中蓝色圆点表示的交叉口所示，则将一个交叉口的数据平均分配给四个分析单元，即每个分析单元分配到四分之一个交叉口。以此类推，最后统计出每个分析单元分配到的点或者线的数据总和。

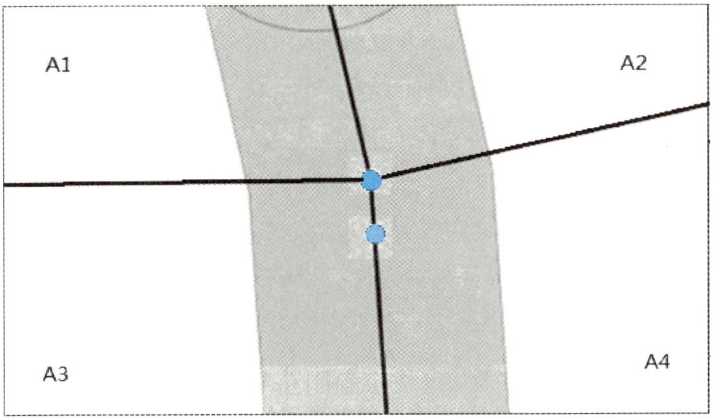

图 4－23　平均分配边界数据示意图

3）比例分配

使用该种方法的前提同样是要将原本应当属于分析单元边界的点和线重新拉回边界，使其与边界完全重合。在此基础上，根据相邻分析单元的特定属性比例，例如人口数量、分析单元面积等属性的相对比例，为坐落于边界上的点和线数据分配进行加权[39]。例如，图 4－23 中分析单元 A3 与 A4 的人口数量比例为 1∶3，则将坐落于边界上的所有点数据的 1/4 分配给 A3 单元，剩下的 3/4 分配给 A4 单元。

4）重复分配

同样需要首先将应当属于边界的点和线拉回到边界上，在此基础上，将边界上的点和线重复地分配给相邻的分析单元。例如图 4－23 中分析单元 A3 和 A4 分别得到一个交通事故，即将红色圆点表示的交通事故分别分配给 A3 和 A4。同样的，蓝色圆点表示的交叉口也重复地分配给相邻的四个分析单元，即 A1、A2、A3 和 A4 分别得到一个交叉口。同理，边界上的道路也重复地进行分配。

3．分配方法的选择

对于边界路线的分配方法，需要根据实际研究的需要来选择。本书介绍的方法，前三种都是以保证整个大区域内点和线数据总和不变的情况下，进行分配。而最后一种重复分配的方法，会造成大区域内点和线数据的总和发生变化的情况，例如交通事故数量可能在分配结束后所有分析单元交通事故的总和远远大于整个大区域内的原始交通事故总量。同理，道路里程等也会因为边界上的道路重复分配给相邻的分析单元而有所增大。

考虑路网结构交通安全分析，需要将路网数据、交通事故数据以及其他的区域特征数据都集计在分析单元小区上，之后以每一个小区为一个独立的样本，分析其内部的道路网络结构、小区特征和小区内交通事故数据之间的关系。因此，发生在小区边界上的事故和边界上的道路网络都应当纳入该小区的独立分析当中，保证分析单元内部路网的完整性和交通事故与完整路网的对应性。另外，由于本书所探讨的路网结构交通安全分析方法是对其二者关系的解释分析，其模型也将是以解释为目的而构建和使用的，与以预测区域内交通事故数量的预测模型不同。其对于每一个分析单元内的数据的完整性有更高的要求，只有满足这种完整性的要求，才能正确地解释分析单元内部的路网结构和交通事故的作用机理。当这种要求与数据总和不变的要求发生矛盾的时候，前者更为重要。因此，仅从逻辑分析的角度来看，边界道路或者点的所有信息都应当重复分配给相邻的小区更加合适。

4.3.4 空间数据处理工具

1. 生成交点

使用路网线数据可以生成交点数据集，原理是，获取相交的线数据元素的交点。这一工作可以使用“Intersect”工具。如图 4－24 所示，选择需要生成交点文件的路网线数据作为“Input Features”，选择点数据作为输出文件格式，即“Output Type”中选择“Point”。则生成的交点文件如图 4－25 所示。

2. 消除假点和路网碎线方法

由于道路网络线数据本身存在碎线的问题，直接使用原始的道路线数据执行“Intersect”工具，往往会生成假点。所谓假点，即道路碎线的交点，位于同一路段上的碎线前后相连接的位置也会当做相交关系，生成相应的交点，如图 4－25所示。但是这些点并不是实际的交叉口点，因此在数据处理中需要将这些点删除。解决假点问题，需要将路网数据进行处理。原理是，将首尾相连的各种碎线首先合并成一条路线，消除碎线。之后再重新进行交点生成的工作。消除碎线可以使用“Unsplit Line”工具，如图 4－26 所示，选择需要消除碎线的路网线数据作为“Input Features”，其他选项均默认。生成的新路网线数据再一次进行“Intersect”工具处理，得到交点数据如图 4－26 所示。比较图 4－25 和原始路网文件生成的交点文件图 4－27，可以发现假点已经完全删除。

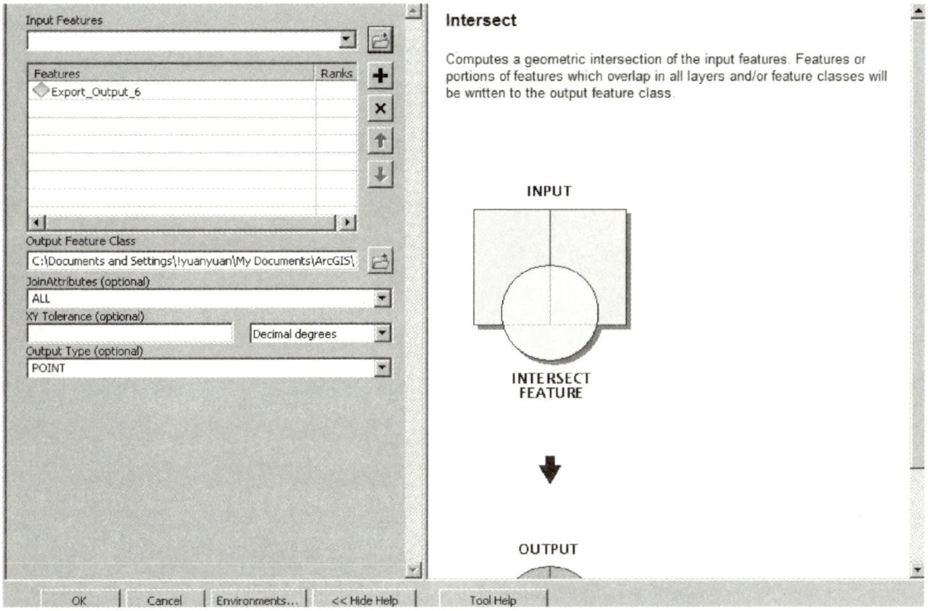

图 4－24　ArcGIS10 Intersect 工具界面示意图

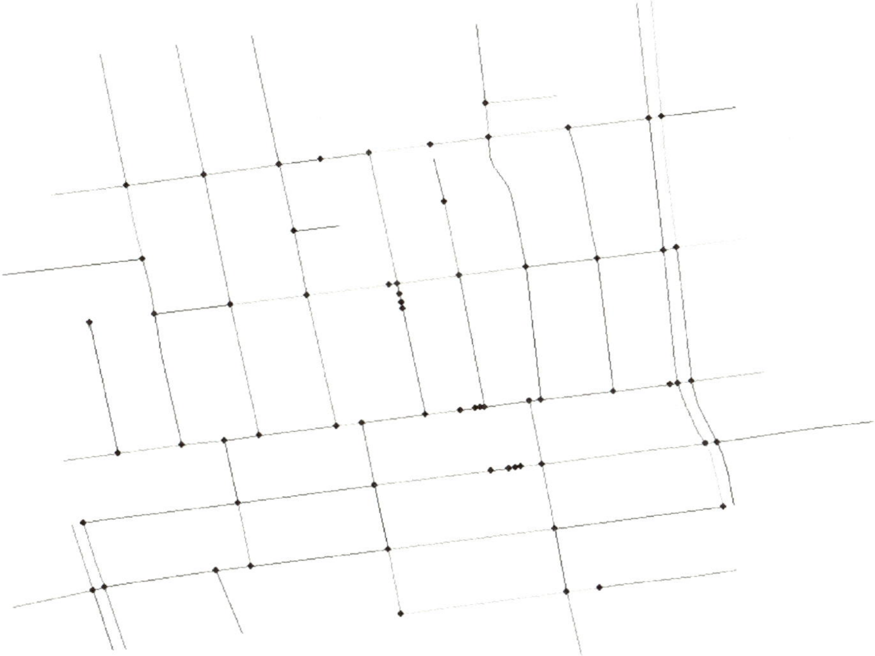

图 4－25　生成交点数据集示意图

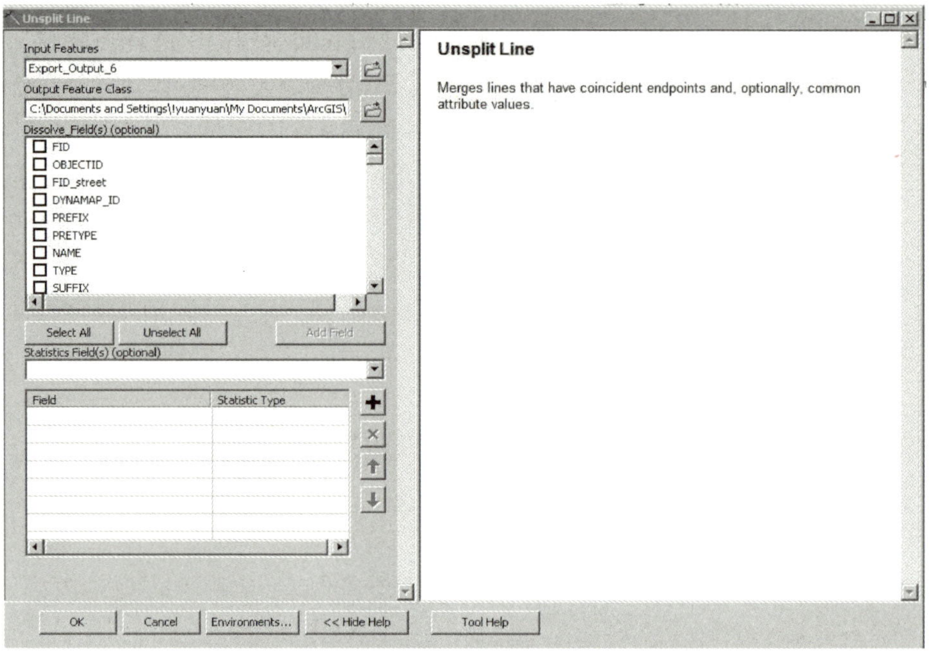

图 4-26　Unsplit Line 工具输入界面示意图

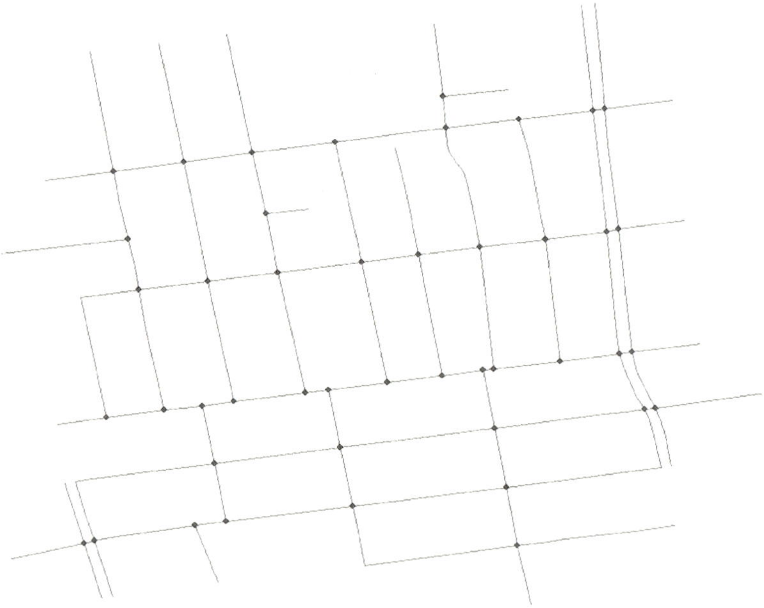

图 4-27　消除碎线和假点后的交点数据面示意图

3. 删除重叠点

实际路网的交点数是 45 个，而通过“Intersect”生成的交点个数通常会超过真实的数值。原因在于，生成交点数据的过程中，由于交点是由相交的若干个路线元素相交而成，因此，交点会复制每一相交于该点的道路元素的信息。每一个点对应一条道路的信息，如果该点由三条道路元素相交而成，则会生成三个点，在空间上完全重叠，每一个点对应记录一条道路元素的信息。同理，如果一个交叉口由四条道路元素相交而成，则此位置会有重叠的四个点数据。例如，图 4 - 27中实际交叉口数目是 45 个，但是观察点数据属性表格，发现存在 162 个点，如图 4 - 28 中圈内文字所示。

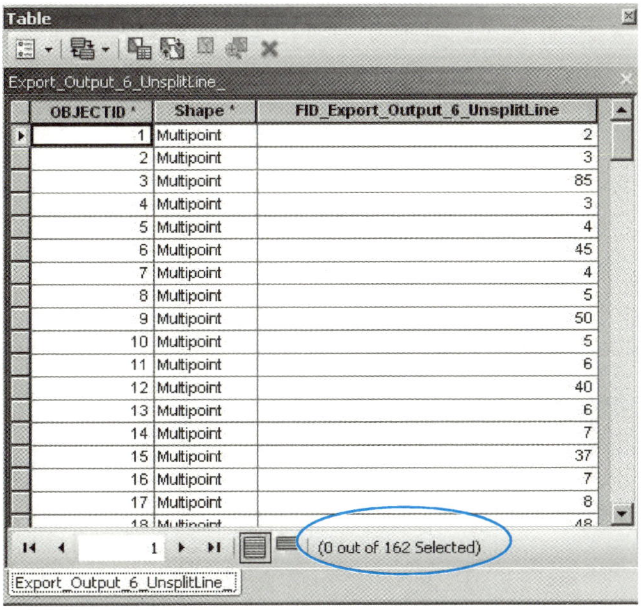

OBJECTID *	Shape *	FID_Export_Output_6_UnsplitLine
1	Multipoint	2
2	Multipoint	3
3	Multipoint	85
4	Multipoint	3
5	Multipoint	4
6	Multipoint	45
7	Multipoint	4
8	Multipoint	5
9	Multipoint	50
10	Multipoint	5
11	Multipoint	6
12	Multipoint	40
13	Multipoint	6
14	Multipoint	7
15	Multipoint	37
16	Multipoint	7
17	Multipoint	8
18	Multipoint	48

图 4 - 28　交点数据属性表示意图

然而，在使用交叉口数据进行统计时，研究往往需要的是交叉口总数等统计结果。如果不进行处理而直接使用生成的交点文件进行交叉口总数的统计，会得到远远大于真实交叉口数目的结果，原因就是重叠点的存在。因此，在进行交叉口统计之前，需要对交叉点数据文件进行处理，消除重叠点。可以使用“Delete Identical”工具，删除位置上重复的点元素，对具有重复地理坐标的点，仅保留其中一个点，其余的点均删除。从该工具的使用描述可以看出，首先需要确定每一个点数据的地理坐标数据，才能在该数据的基础上判断是否为重复的点，进行删除。所以，在使用“Delete Identical”工具之前，首先在点数据的属性表中加入点的 X、Y 坐标数据，如图 4－29 所示。在此基础上，继续使用“Delete Identical”工具，如图 4－30 所示，选择需要进行删除重叠点的交点数据作为“Input Dataset”，在“Fields”选择需要作为判定重叠与否的字段，此处选择 X、Y 坐标，如果发现若干点的 X、Y 坐标完全相同，则说明该若干点在空间上重叠，从而进行删除，保留一个点。删除后的交点数据属性表如图 4－31 所示，圈内文字显示此时交点数目为 45 个，与实际交叉口数目相同。

4. 生成断头路端点

除了交叉口数据外，断头路端点数据也是描述路网特点的重要数据。由于断头路端点越多，则说明断头路在路网中的数量越大。通过断头路端点数量和交叉口数量的比值，或者断头路端点数量占路网中所有点的比例，都可以用来衡量一个路网断头路的比重。断头路的使用，在 1950 年代开始成为美国土地开发路网规划和设计的新宠，也使得新的路网与之前的方格网风格的路网有很大的不同，造成路网上交通流动和出行模式等交通特征的明显差别。从而，对交通安全的影响产生新的作用。因此，断头路的比例逐渐成为区域交通安全研究中对交通安全影响比较重要的因素之一。

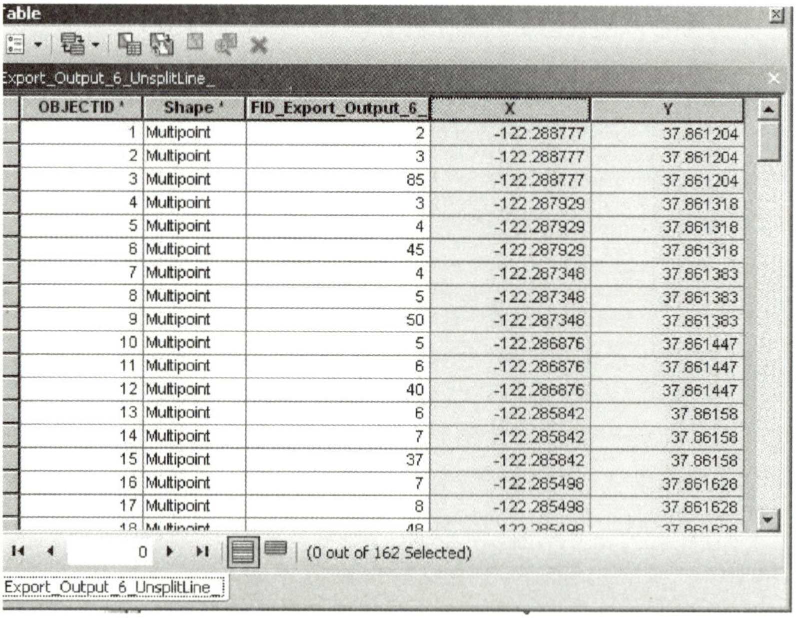
able

xport_Output_6_UnsplitLine_

OBJECTID *	Shape *	FID_Export_Output_6_	X	Y
1	Multipoint	2	-122.288777	37.861204
2	Multipoint	3	-122.288777	37.861204
3	Multipoint	85	-122.288777	37.861204
4	Multipoint	3	-122.287929	37.861318
5	Multipoint	4	-122.287929	37.861318
6	Multipoint	45	-122.287929	37.861318
7	Multipoint	4	-122.287348	37.861383
8	Multipoint	5	-122.287348	37.861383
9	Multipoint	50	-122.287348	37.861383
10	Multipoint	5	-122.286876	37.861447
11	Multipoint	6	-122.286876	37.861447
12	Multipoint	40	-122.286876	37.861447
13	Multipoint	6	-122.285842	37.86158
14	Multipoint	7	-122.285842	37.86158
15	Multipoint	37	-122.285842	37.86158
16	Multipoint	7	-122.285498	37.861628
17	Multipoint	8	-122.285498	37.861628
18	Multipoint	48	-122.285498	37.861628

0 (0 out of 162 Selected)

Export_Output_6_UnsplitLine

图 4－29 交点数据属性表加入 X、Y 坐标示意图

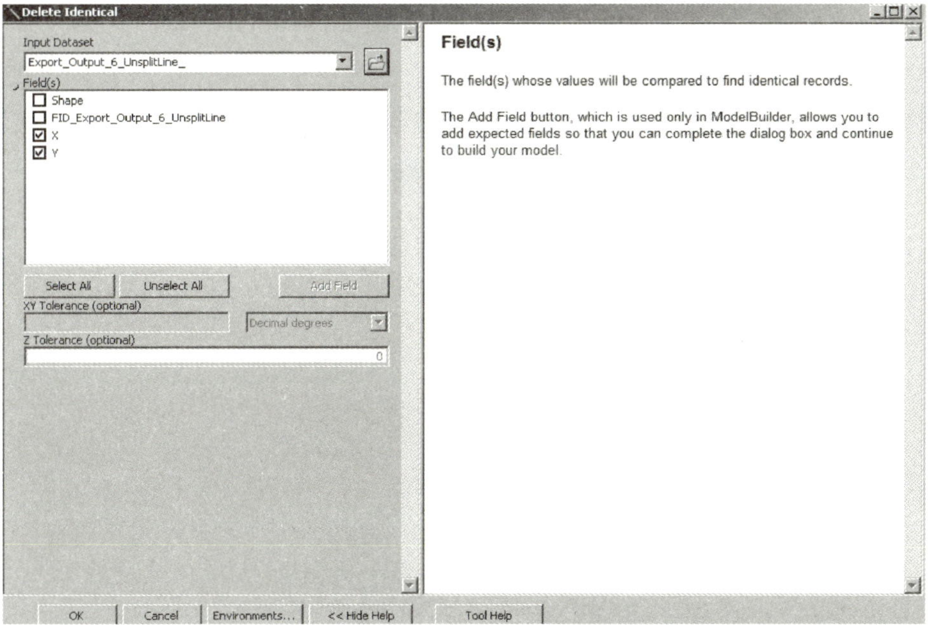

图 4-30　Delete Identical 工具输入界面示意图

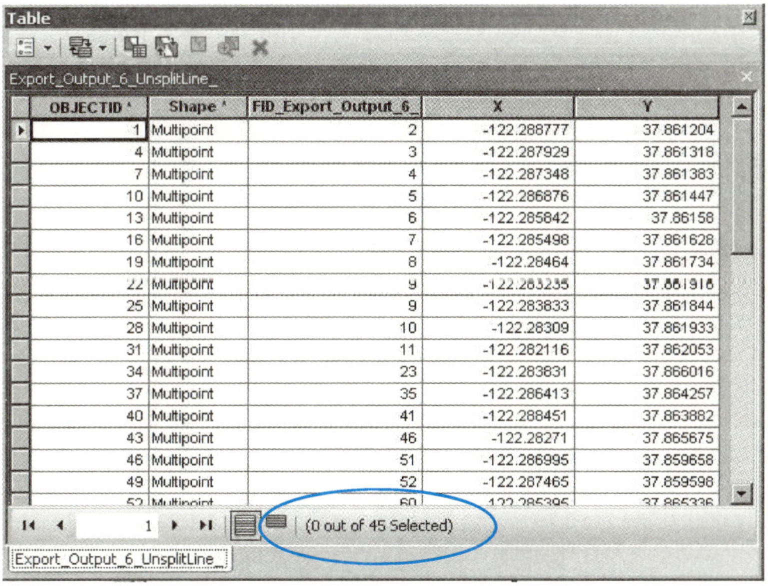
Table

Export_Output_6_UnsplitLine_

OBJECTID *	Shape *	FID_Export_Output_6_	X	Y
1	Multipoint	2	-122.288777	37.861204
4	Multipoint	3	-122.287929	37.861318
7	Multipoint	4	-122.287348	37.861383
10	Multipoint	5	-122.286876	37.861447
13	Multipoint	6	-122.285842	37.86158
16	Multipoint	7	-122.285498	37.861628
19	Multipoint	8	-122.28464	37.861734
22	Multipoint	9	-122.283235	37.861918
25	Multipoint	9	-122.283833	37.861844
28	Multipoint	10	-122.28309	37.861933
31	Multipoint	11	-122.282116	37.862053
34	Multipoint	23	-122.283831	37.866016
37	Multipoint	35	-122.286413	37.864257
40	Multipoint	41	-122.288451	37.863882
43	Multipoint	46	-122.28271	37.865675
46	Multipoint	51	-122.286995	37.859658
49	Multipoint	52	-122.287465	37.859598

(0 out of 45 Selected)

Export_Output_6_UnsplitLine_

图 4-31　消除重叠点后交点数据属性表示意图

使用“Feature Vertices to Points”工具可以生成纯粹的断头路端点数据集。如图 4－32 所示，选择需要生成断头路端点的路网线数据作为“Input Features”，在“Point Type”中选择“Dangle”作为生成的点的形式，即为断头路的端点。生成的断头路端点数据如图 4－33 所示。

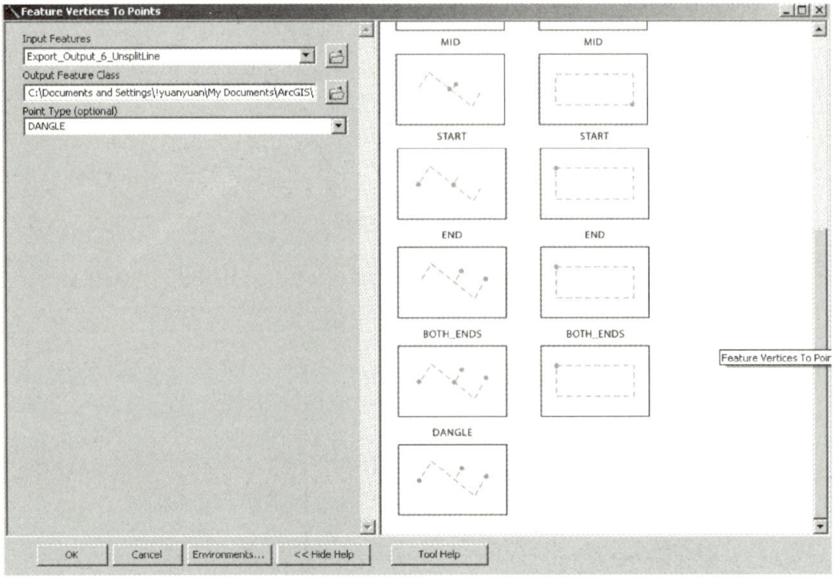

图 4－32　Feature Vertices to Points 工具输入界面示意图

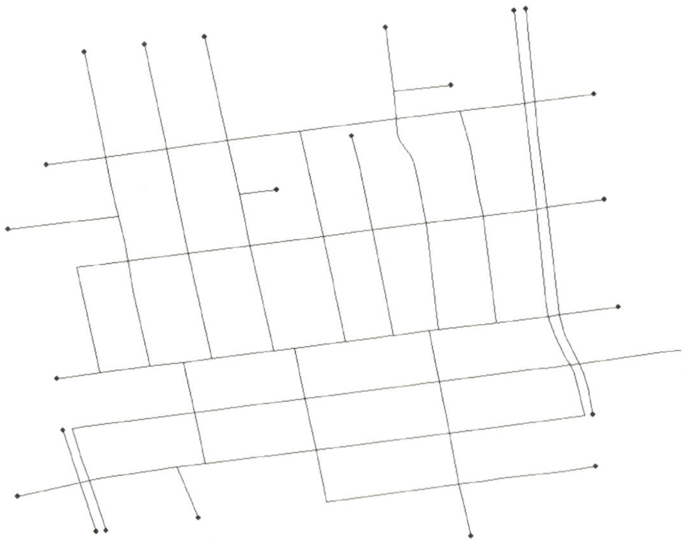

图 4－33　生成断头路端点数据示意图

5. 路网双线单线化方法

双线单线化的原理，实则将相邻一定距离之内的线合并成一条线。因此，需要确定“一定距离”的数值，才能继续处理。可以首先统计双线间距的最大值，将其设定为合并的距离。但是，需要注意某些情况下，双线间距的最大值有时候会远远大于其平均值或者 85％的值。使用该值作为合并距离，可能会造成其他距离较近的、并非双线的路线也被合并成一条道路线。因此，合理的情况是，选取 85％的间距值，或者由研究者根据当地路网情况，自行定义具体的数值。根据以往研究经验，50 ft 是比较合适的距离。

基于此种原理，可以使用 ArcGIS10 中“Integrate”工具进行处理，如图4－34 所示，该工具需要两个输入信息，首先是路网线数据，作为“Input features”输入；其次是输入“xy Tolerance”，作为合并的条件。此处的“xy Tolerance”即为上述人为确定的双线间距，单位选择“feet”或者自行确定的单位即可。双线单线化的结果如图 4－35 所示，黑色线条即为合并后的单线，其位置基本上处于道路中心线。

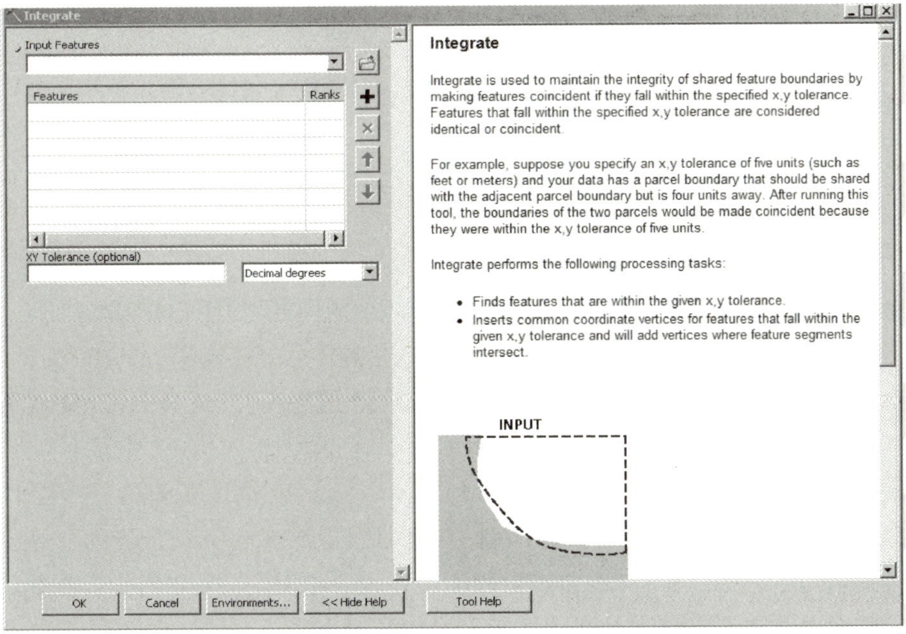

图 4－34　ArcGIS10 Integrate 工具界面示意图

6. 边界路网错位修正及重复分配方法

路网应当是与分析单元的边界轮廓线完全重合的，但是，由于数据来源和质

图 4-35　路网双线单线化处理结果示意图

量的不同，往往实际分析中的路网数据与分析单元的空间关系并不十分吻合，本该位于分区边界上的道路，会与边界轮廓有微小的错位，如图4-36所示。

为了给路段分配分析单元的 ID，以分配给路段人口统计小区的 ID 为例，需要首先将应当位于人口统计小区边界的路段重新调整到小区边界上，使其与小区边界轮廓线完全重合。可以使用“Integrate”工具实现，如前文所述。选择路网数据和人口统计小区数据作为“Input Features”，选择合适的合并间距作为“XY Tolerance”，可以根据路网和面数据的错位间距统计值来确定一个具体的值，或者根据研究人员的经验，例如使用 50 ft，认为相距 50 ft 的线应当重叠。处理前后的空间关系如图 4-37 所示。

此时，需要将分析单元的 ID 分配给每一个路段，如上面的例子，即将人口统计小区的 ID 分配给位于小区内部或者边界上的路段。可以使用“Identity”工具，如图 4-38 所示，选择路段数据作为“Input Features”，人口统计小区数据作

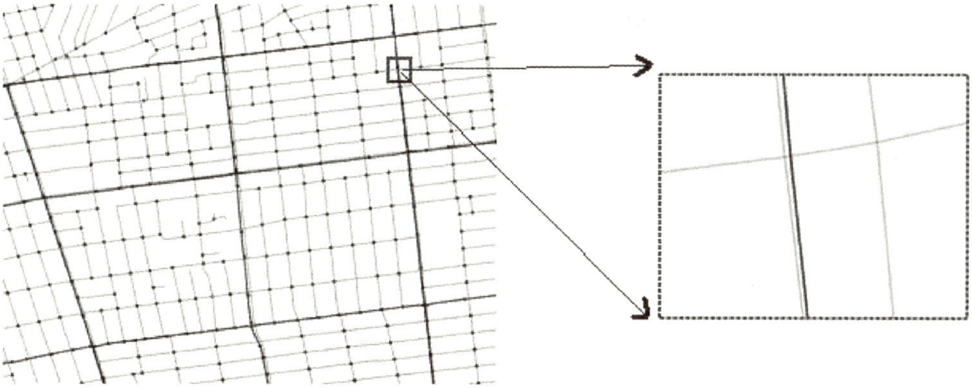

图 4-36　线数据与面数据错位情况示意图

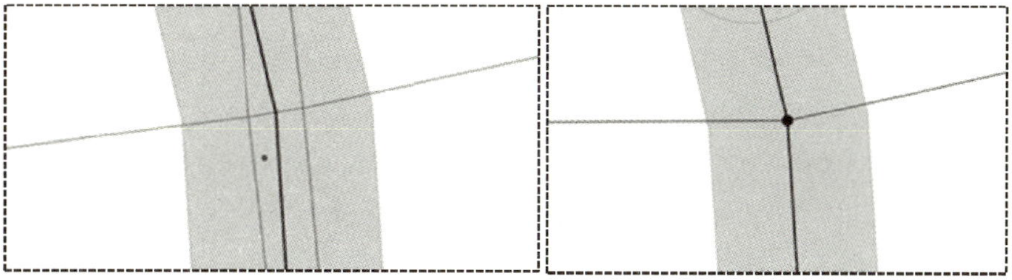

图 4-37　使用 Integrate 工具处理错位数据结果示意图

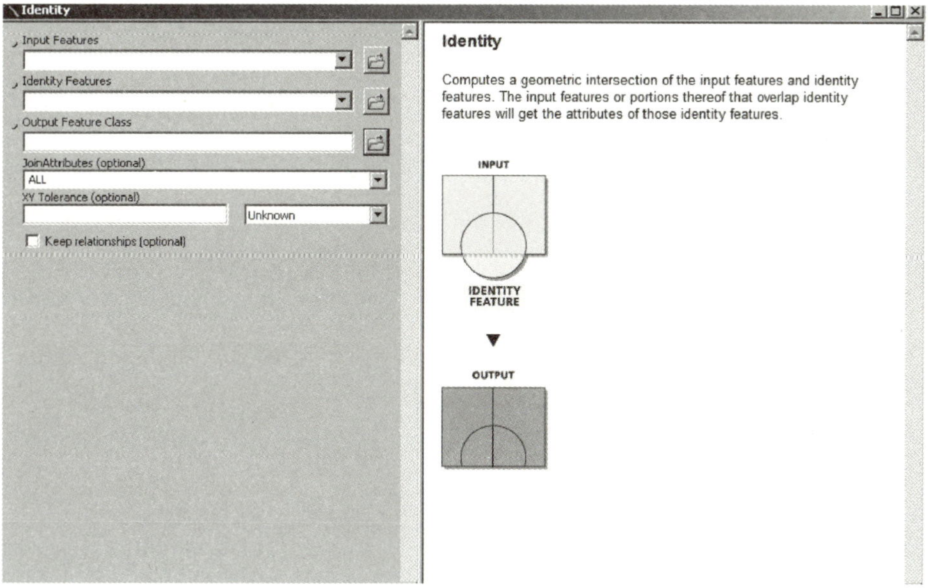

图 4-38　Identity 工具输入界面示意图

为“Identity Features”，其他使用默认设置。处理结果为，每一个路段都在小区边界处打断，打断后的路段都标记有相应的小区 ID。位于小区内部的路段，标记有唯一的小区 ID。位于小区边界的路段，则生成两个路段信息，分别标记有边界相邻的若干小区的 ID。基于标有小区 ID 的路段数据，可以统计每一个小区 ID 下的路段数据总数，如路段长度等数值。

4.4 本章小结

本章全面地总结了路网结构的交通安全分析中对于空间数据的要求，包括对数据内容丰富性、区域层面集计数据和数据空间信息体现的要求。在这些特殊要求的前提下，产生了多种类型数据融合、匹配、在生成的处理需求，本章从面数据、线数据和点数据三个数据类型总结了所需数据的内容和特点。最后，也是具有突破性的一点，本章对于以区域为分析单元的交通安全分析过程中数据处理的特殊问题进行了分析，包括如何确定和选择分析单元、道路网络数据处理、边界数据分配以及空间数据处理的常用工具等。尤其是针对如何处理边界上的线和点数据这个常见却关键的问题，本章从逻辑分析的角度进行了详细的论述，并给出了重复分配法的建议，在本书第 5 章中还将从定量计算角度对该方法进行深入的论证。

第5章 使用地理权重回归的区域路网交通安全分析模型

在以区域为分析层面、以小区为分析单元的路网交通安全分析中，数据本身的空间相关性和数据之间关系的空间差异性需要对已有区域分析模型提出新的要求。传统广义线性回归模型（Generalized Linear Regression Model，后文简称 GLR 模型）无法体现数据的空间信息，而考虑数据空间相关性的传统空间相关模型（Spatial Correlated Model，后文简称 SC 模型）又无法满足分析模型对于数据关系空间差异性的体现。

5.1 地理权重回归模型的必要性

5.1.1 区域交通安全分析模型

以区域为分析层面、小区为分析单元的交通安全研究已经有所发展，其过程正如本书 2.4 节内容所述，经历了从简单的多元线性回归到考虑数据分布特征和不独立性的复杂模型。虽然方法改进和种类层出不穷，但是总体可以分为三大类。

1. 非空间模型

传统的区域交通安全分析采用 GLR 模型，其中包括假设观测数据服从正态分布的简单模型，也有考虑交通事故数据的少数、随机、计数数据类型的改进模型，包括服从泊松分布的以及服从负二项分布的 GLR 模型。无论使用何种假设分布对 GLR 模型进行改进，其不变的一点是，该类模型假设观测数据之间空间上独立分布，即，没有考虑交通事故在空间分布上的相关性，因此被称为非空间模型。

2. 全局性空间相关模型

交通事故的发生在空间上并非独立，并且影响交通事故的区域因素更具有空间分布的属性，引发了对于非空间模型在空间相关性方面的改进，包括条件自回归模型(Conditional Autoregression Models，简称 CAR 模型)、同步自回归模型(Simultaneous Autoregression Models，简称 SAR 模型)、空间延迟模型(Spatial Lag Models)、广义估计方程模型(Generalized Estimation Equation Models，简称 GEE 模型)，以及全贝叶斯空间模型(Full-Bayesian Spatial Models)等[12]。通过在传统模型后面附加空间因素的协方差项，体现空间因素的考虑，放松了对于残差项独立性的假设。此类模型的回归结果与非空间模型一样，是一系列类似传统模型的统一系数。对研究的大区域得到唯一的系数回归。即，模型中的自变量系数、常数项等参数都具有唯一的回归值，无论是每一个分析单元还是整个全局大区域，回归得到的所有系数都统一不变。因此，此类模型可以称为全局性(与下文的局部性相比较)空间相关模型。

3. *局部性空间相关模型*

全局性的空间模型能够考虑数据的空间相关性，而地理权重回归方法(Geographically Weighted Regression Models，简称 GWR 模型)则是进一步体现了自变量和因变量之间关系的空间性。GWR 方法于 1996 年由 Fotheringham 和他的同事们发表，通过对观测样本点的地理坐标数据的特殊处理，GWR 模型可以对每一个自变量提供一系列的系数，同一个自变量的每个系数对应于每一个分析单元的地理位置。每一个交通分析小区的交通事故和影响因素之间的关系都可以不同，随着小区的地理位置而变化。在回归的过程中，不同地理位置小区采集的观测值之间相互影响，这种影响的作用大小由一个权重值表示。如果数据所在小区相邻，则数据相互影响最大，随着小区之间的距离越来越远，影响也越来越小。这种数据间相互影响的规律，可以用 Tobler 的地理第一法则[83]进行概括："任何事物都与其他任何事物相关，但是近的事物相关性要大于距离远的事物。"例如，如果分析地区内 100 个交通分析小区的交通事故和影响因素的关系，使用 GWR 方法可以为每一个影响因素，例如车辆保有量，提供 100 个系数，每一个交通分析小区都有一个系数。与全局性空间模型仅具有唯一的系数的结果比较，GWR 模型可以视为局部的空间回归方法。

5.1.2 区域路网交通安全分析的模型要求

本书研究对象为路网结构交通安全分析，因此需要针对该分析提出对模型的具体要求，在以上三类模型中进行选择。

考虑一个区域层面交通安全研究的案例，现在研究由 100 个人口统计小区组成的地区的交通事故是由哪些因素造成的，影响程度是怎样的。首先整理该地区 100 个人口统计小区的交通事故数据和影响因素数据，使用传统的回归模型，选择交通事故数据作为因变量，人口、经济、交通等数据作为自变量。在交通类的自变量中，有一个自变量是小区的车辆保有量。在使用 100 个人口统计小区的样本进行回归之后，得到车辆保有量这个自变量的系数是一个正数 a。说明每一个单位的车辆保有量的变化，会引起交通事故的变化 a 个单位。使用传统的回归模型，无论分析的数据来自 100 个人口统计小区还是 300 个小区，都只能得到一个 a。对每一个影响交通事故的自变量，都只回归得到同一个系数。对于任何一个空间单元，即任何一个样本区域，这个 a 是不变的。即自变量和因变量之间的关系，不会随着空间单元的变化而不同，而是对于整个分析区域内的所有空间单元都具有相同的系数回归。换言之，如果例子中整个分析区域中不同分析单元的贫富状况不同，对于使用传统回归模型的分析结论而言，在平均收入很高的分析单元内，每一个单位的车辆保有量的增加会造成交通事故的 a 个单位的增加，在平均收入很低的单元内，亦是如此。但是，事实可能并不是这样。在收入水平很高的区域，居民可以支付较多的钱在车辆上，因此车辆的性能和安全性可能更好。而在收入水平很低的区域，居民不会购买很好的车辆。试想增加同样数目的安全性能优秀的高档车与普通车甚至是二手车相比，对于交通事故的增加影响应当是不同的。所以，车辆保有量在收入水平很高的区域可能并非是一个显著影响交通事故的因素，至少影响能力与其在收入水平很低的区域是不同的。

上述的例子一方面说明了区域层面的交通安全研究，其数据本身的空间相关性的存在，更说明了数据之间关系的空间差异性的存在。因此，区域层面的路网结构交通安全分析，对分析模型具有特殊的要求。

1. 体现数据的空间信息

路网是依赖空间布局和连接而形成的，其存在便具有很强的空间属性。每一条路段和交叉口在实际空间中都具有具体的位置，因此根据道路网络而计算出的不同分析小区单元之间的路网特征必然有一定的空间关系。同时，影响交通事故的其他区域特征，例如经济、人口、土地利用等，更是在空间上有一定的相关性，相邻区域的特征存在相似性和连续性，相隔较远的单元之间联系则较少。由此而影响的交通事故数据，当在分析小区层面进行集计的情况下，相邻小区之间的空间相关性也愈加显著。因此，路网结构交通安全研究首先要求分析模型能够考虑数据的空间信息，体现数据分布的空间相关性。上文所述的非空间模型不能够满足此要求，从而需要进一步考虑空间相关性模型。

2. 体现空间差异性

传统的回归方法，假设自变量和因变量之间的关系不随地理位置的变化而变化，回归得到的关系式“放之四海而皆准”，每一个自变量都有一个不变的系数来体现平均每个单元的交通事故与影响因素之间的不变的关系。基于这种静态关系的假设，模型中变量的系数都是对整个研究区域内的所有分析单元不变的。但是，这种静态的方法可能会隐藏某些重要的空间因素。因此，这种静态的回归方法对于交通事故和其影响因素的分析准确程度受到质疑，因为交通事故的发生很可能受到一些由位置定义的空间要素的影响。上面的例子说明，同样的影响因素，在某些地区对交通事故的影响可能是显著的、正的，而在别的地区，这个关系可能是不显著的、甚至是相反的。为了体现这种随着空间位置变化而变化的动态关系，空间统计模型开始得到发展，用来在回归模型中体现样本单元之间的空间相关性。

本书关注点在于如何分析路网结构对交通安全的影响，即研究需要的是解释模型而非预测模型。作为预测模型，其目的是通过历史数据对某地区未来年的交通事故水平做以估计，重视估计的准确性，考虑时间上和空间上对于模型的移植。因此使用全局性的空间相关性模型可以体现数据的空间信息，同时能够满足预测的要求[39]。然而，作为本书研究需求的解释模型，其目的不在于预测未来事故情况，而是在于解释路网结构(在其他区域特征因素控制的条件下)对于交通安全的影响。模型重视的是体现这种关系的存在、方向、强弱以及变化。由于路网结构通常在社区层面会由于开发商和开发时间的不同而存在类型的区别，因此更需要发现其对于交通安全影响在分析小区内之间的差异(通常分析小区为交通分析小区或者人口统计小区，均是基于社区的概念划分，从而分析单元之间的路网类型也有所区别，而一个分区内部的路网类型往往一致)。因此，路网结构的交通安全研究需要模型体现路网结构、区域特征对于交通事故影响的地区差异性。在空间相关性模型当中，局部性空间模型——GWR 模型能够满足研究需求，体现变量之间关系在空间上的差异性。

5.1.3 局部性空间相关性模型——GWR 模型

综上所述，路网结构交通安全性分析需要使用局部性空间相关性模型——GWR 模型进行计算。下面就模型的产生、发展和应用进行介绍。

1. 模型基本形式

首先观察一个传统的回归模型表达，见式(5-1)：

$$y_i = \beta_0 + \sum_k \beta_k x_{ik} + \varepsilon_i \qquad (5-1)$$

式中，y_i是在位置 i 观察到的因变量数据；β_0是回归关系中的常数值，即为截距；k 是每一个因变量数据对应的影响它的自变量的总个数；β_k是第 k 个自变量在回归关系中的系数；x_{ik}是在位置 i 观察到的第 k 个自变量数据；ε_i是位置 i 的回归关系的残差项。β_k在不同的分析位置 i 所得到的回归值都是相同的，不随地理位置的变化而变化，因此也被看作是“统一化”模型。

而在 GWR 模型里面，允许地方性的随着地理位置变化的自变量系数存在，因此上述传统模型形式可以进行扩展如式(5-2)：

$$y_i = \beta_0(u_i,\ v_i) + \sum_k \beta_k(u_i,\ v_i) x_{ik} + \varepsilon_i \qquad (5-2)$$

式中，$(u_i,\ v_i)$表示位置 i 的空间位置坐标(在区域性研究中即为分析单元区域的重心点的坐标)；$\beta_k(u_i,\ v_i)$可以实现这种关系在空间上的连续变化的特性，所以与上述传统的“统一化”模型相比，GWR 模型也可以被称作是“局部化”模型。正是依据这种变形，GWR 方法可以反映自变量和因变量之间关系随着空间位置的变化而发生变化，并且使用一种权重回归的方法得以变形之后整个模型的回归拟合。其中，最为关键的部分即是 $\beta_k(u_i,\ v_i)$，它是未知的关于数据所在区域坐标数据某种方程形式，当令 x_{ik} 为 1 时，就得到一个随着分析单元位置变化而变化的局部的截距 $\beta_0(u_i,\ v_i)$。

2. 模型的关键技术和改进

这一基本形式由 Fotheringham 和他的同事们 1996 年提出，之后围绕着该基本形式，GWR 在很多方面都得到了改进[84]。Fotheringham 等人在 1998 年比较了 GWR 和其扩展方法[85]，并且 Brunsdon 等人在 1999 年比较了 GWR 和随即系数模型[86]。Leung 等人在 2000 年讨论了对 GWR 模型系数的非静态特征和残差的空间自相关特性[87]。Paez 等人 2002 年提出了最大似然法的估计和推断，从误差项异质性的角度来估计和推断 GWR[88-89]。另外，GWR 系数估计值之间的多重共线关系和相关性也得到了研究[90]。作为一种已经被认可和用于分析空间数据的方法，GWR 对于每一个位置的系数回归的空间变化模式是推断后续的数据预测是否体现空间非静态性或者局部关系确实与平均关系不同的重要证据。因此，GWR 分析结论的有效性很大程度上取决于系数回归与其真实值比较而言是否足够精确。

从技术角度而言，GWR 属于一种 Nadaraya-Watson Kernel Smoothing 算法[91-92]，因为其系数 $\beta_k(u_i, v_i)$ 在每一个分析单元内部，即在每一个坐标位置，是被作为静态系数如传统回归方法一样使用加权的最小二乘法进行估计的。众所周知的是，Nadaray-Watson Kernel Smoothing 方法通常导致有限的估计精度，并且受到边界效应的影响很大。这种边界效应是指每一个分析单元内部，即以某个坐标作为中心的一个既定区域内，越是靠近边界，其估计出的系数与真实值之间的偏差就越大[93]。为了解决这种边界效应的影响，GWR 也得到了一系列的改进。例如，混合的 GWR 模型[94]和半参数地理加权的泊松回归[95]可以作为减少 GWR 估计偏差的方法，因为一些系数被当做固定不变的数值来处理，如果这些系数确实不随着空间变化而改变的话，这种方法可以很好地减少 GWR 的估计偏差。另外，使用改进的频带宽度选择标准也可以减小 GWR 估计的偏差，例如使用修正的 Akaike Information Criterion（简称 AICc）和自适应的频带宽度[94]。但是，对于频带宽度的改进更多的是专注于提升整个模型回归效果，而不是对于每个系数的回归精度的提升。

3. 模型的应用

GWR 模型的应用最早是集中于传染病和公共健康学科的统计研究中，用于研究慢行阻塞性肺疾病在英国的空间分布特征和影响因素[96]；同时也被广泛使用在农业和生态环境学科，还有使用空间泊松模型研究投资选址的问题[97]等。

GWR 在交通领域的使用主要集中在交通和土地利用、公共交通等方面，Logit GWR 模型被用来预测土地利用的五种类型的变化情况，以地块几何特性、坡度、区域可达性、地方人口密度、距离市中心的距离以及道路类型等作为影响土地类型变化的因素[98]。结果显示 Logit GWR 模型能够解释自变量对于土地利用变化的显著的、空间差异性的影响，并且在诸多影响因素中，道路类型和区域可达性的这种空间差异性影响作用最大。在泰国也有这类研究，分析铁路站点的建设对于土地价值的提升的作用[99]，结果显示这种作用确实是随着空间的不同而有所变化。GWR 方法也被使用来研究交通可达性和土地价值之间的关系[100-101]。结果显示，交通可达性在某些区域对土地价值呈现正比关系，在某些区域却是负相关，甚至是没有显著的关系。如果使用传统的回归方法，这种关系上的空间差异性则无法体现。也有用于进行交通流量预测的，在英国，铁路站点的客流预测也使用了 GWR 模型[102]。另有使用 GWR 方法研究年平均日交通量的空间变化规律[103]，结果显示 GWR 方法可以更好地解释交通量数据空间上的差异性，并且预测交通量的精度比最小二乘法的回归方法结果更好。

在交通安全研究方面，GWR 的应用非常有限，尤其是在区域交通安全方面，仅有的几个研究以 Alireza Hadayeghi 为主，使用 GWR 进行了一系列的规划层面交通安全研究，首先通过比较 GWR 模型与传统广义线性回归模型分析交通分析小区内交通事故与各种规划类影响因素之间的关系[99]，说明 GWR 模型对于解释变量之间关系能力的提高作用。不过该研究采用正态分布作为事故数据残差结构，而这个假设对于非负的、离散的事故计数型数据而言是存在问题的。但是该研究的目的仅在于比较不同模型的拟合结果好坏，不在于预测或者分析事故与影响因素的关系。在此基础上，通过使用服从泊松分布的 GWR 模型，对以交通分析小区为数据单位的交通事故和规划类影响因素进行分析[12]，证明了使用 GWR 模型的有效性以及使用泊松分布假设的效果，并且试图建立规划层面的交通安全分析工具。Nakaya 等人使用服从泊松分布的 GWR 方法来建立交通分析小区的人口死亡数与社会经济特征如老年人的比例、房屋拥有比例、失业率和专业和技术人员的比例之间的关系[95]。结果显示，某些自变量和因变量之间的关系在空间上确实存在很大的差异性，使用 GWR 方法可以很好地考虑这种差异性从而得到比传统回归方法更好的回归结果。直接将 GWR 直接使用在交通工程领域的研究很有限，例如 Zhao 研究了公交使用和潜在乘坐公交影响因素例如人口的、社会经济、土地使用、可达性和公交设施供给的情况之间的关系的空间差异性[104-105]。研究中比较了 GWR 模型与最小二乘法回归模型之间的分析结果的差异性，证明 GWR 模型有更好的预测能力和提供了对空间差异性的更好的解释。

5.1.4　模型比较

1. GWR 与非空间模型比较

局部性空间模型较之非空间模型而言，能够体现数据的空间信息和相关性，使得其模型拟合度有可能优于非空间模型，本节通过使用真实数据进行算例比较加以论证。数据来自美国佛罗里达州 Orange 县的 389 个交通分析小区，路网数据来自 ESRI 的 StreetMap Pro 数据库 2005 年数据，交通行为和人口经济数据来自美国人口统计局数据库，交通事故数据来自 TIMS。为了比较 GWR 模型与非空间模型在模型效果上的差异，本书使用相同的数据和变量来构建模型，分别使用服从泊松分布的 GWR 模型与传统 GLR 模型进行计算。关于泊松分布的 GWR 模型下文将详细描述，暂且只关注其作为 GWR 模型的代表性。模型使用的事故数据和影响因素自变量见表 5－1。

表 5－1　GWR 模型与非空间模型比较算例数据

类型	变　量	符　号	均　值	最小值	最大值	标准差
事故	2008 年每个交通分析小区所有交通事故数量	y_i	29.60	0.00	189.00	23.41
设施	每个交通分析小区内二级州和县公路里程(feet)	FC3	2 323.52	0.00	20 822.94	2 921.85
	每个交通分析小区内地方、邻里、郊区或者城市内道路里程(feet)	FC4	4 254.28	0.00	37 721.07	5 073.39
	每个交通分析小区内交叉口数目	IntCnt	1.48	0.00	13.92	1.79
出行	每个交通分析小区内 16 岁或以上居民使用私人汽车通勤的人数比例	WTPRV	0.87	0.33	1.00	0.12
经济人口	每个交通分析小区内 1999 年家庭收入中值(USD)	HHInc	39 830.23	9 789.00	142 428.00	18 866.05
	每个交通分析小区内人口密度(persons/mile^2)	PD	3 137.40	13.59	16 226.95	2 167.20

使用六种不同的变量组成，分别运用于非空间模型 GLR 和全局空间模型 GWR，各自计算得到系数回归结果，如表 5－2 所列。如果变量对应的模型其单元格为空，表示该变量在该模型中未使用，单元格内的六行数值分别表示：所有交通分析小区中自变量系数回归得到的最小的值、第一个四分位值、中值、第三个四分位值、最大值以及系数估计的显著率，其概念将在 5.3.3 节阐述。本节不对计算过程做描述，仅从模型优差性方面来比较，因此关注反映模型拟合优度的指标 AICc，该指标详细解释在 5.3.1 节阐述。此处仅需了解如果 AICc 值越小，则表示模型的优度越好。如表 5－2 中最后三行内容所示，分别是非空间模型 GLR 方法和全局性空间模型 GWR 方法得到的 AICc 值结果，可以看出无论使用哪些变量组合的模型进行分析，GWR 方法都有更低的 AICc 值，并且这种改进率(GLR 方法和 GWR 方法得到 AICc 值的差所占 GLR 方法 AICc 值的比例)可以达到 48%。

表 5－2　GWR 模型与非空间模型回归结果比较

变量＼模型编号	＃1	＃2	＃3	＃4	＃5	＃6
Intercept	1.945 407, 3.203 356, 3.924 569, 4.844 900, 6.713 924, 1	1.546 158, 2.811 905 3.547 875, 4.502 920 5.765 722, 1	1.948 448, 3.323 133 4.106 130, 4.923 685 7.053 689, 1	1.475 449, 2.645 506 3.736 918, 4.475 024 6.428 364, 1	0.384 504, 2.882 223 4.151 383, 4.938 162 8.504 014, 0.992 288	0.592 483, 3.136 716 4.080 271, 4.923 956 8.772 793, 0.994 859
FC3		−0.000 035, 0.000 040 0.000 069, 0.000 095 0.000 169, 0.956 298		0.000 025, 0.000 058 0.000 081, 0.000 102 0.000 196, 1	0.000 029, 0.000 060 0.000 086, 0.000 109 0.000 203, 1	0.000 028, 0.000 060 0.000 083, 0.000 115 0.000 212, 1
FC4			−0.000 082, −0.000 025 −0.000 004, 0.000 030 0.000 094, **0.853 47**	−0.000 040, 0.000 011 0.000 028, 0.000 044 0.000 102, 0.856 041	−0.000 053, 0.000 017 0.000 030, 0.000 044 0.000 111, 0.894 602	−0.000 041, 0.000 021 0.000 031, 0.000 047 0.000 116, 0.948 586
IntCnt	−0.001 480, 0.039 573 0.058 182, 0.084 477 0.179 620, **0.969 152**	−0.098 328, 0.014 704 0.038 218, 0.069 831 0.176 746, 0.902 314	−0.000 059, 0.041 246 0.058 470, 0.076 383 0.172 961, 0.958 869	−0.127 224, −0.004 034 0.026 668, 0.045 050 0.129 481, 0.876 607	−0.136 221, −0.007 263 0.022 792, 0.043 509 0.140 117, 0.838 046	−0.143 122, −0.012 211 0.019 656, 0.040 257 0.135 293, 0.814 91
HHINC						−0.000 030, −0.000 016 −0.000 008, −0.000 001 0.000 044, **0.876 607**
WTPRV					−3.594 348, −1.118 424 −0.505 048, 0.060 451 4.503 303, 0.773 779	−3.321 912, −0.816 621 0.040 196, 0.640 995 5.468 076, **0.714 653**

续 表

模型编号 / 变量	#1	#2	#3	#4	#5	#6
LnPD	−0.410 309, −0.130 916 0.017 733, 0.116 681 0.286 240, 0.832 905	−0.328 492, −0.096 281 0.053 574, 0.146 974 0.315 763, 0.884 319	−0.511 202, −0.134 859 0.008 052, 0.103 369 0.285 082, 0.796 915	−0.450 603, −0.101 958 0.019 782, 0.162 584 0.304 601, 0.850 9	−0.511 436, −0.104 849 0.004 414, 0.168 318 0.399 954, 0.809 769	−0.547 049, −0.111 031 −0.022 414, 0.108 677 0.299 886, 0.848 329
非空间模型 GLR 的 AICc	11 803.29	11 052.13	11 751.84	10 624.88	10 534.65	9 867.24
服从泊松分布的 GWR 模型 AICc	7 403.49	6 281.823	6 863.61	5 787.742	5 578.633	5 134.609
改进率	0.372 76	0.431 619	0.415 955	0.455 265	0.470 449	0.479 631

2. 局部性空间模型 GWR 与全局性空间模型比较

Hadayeghi 在此方面做了系列的研究，分别使用局部性空间模型 GWR 和全局性空间模型进行真实数据的计算[106]。其中对于 GWR 模型使用泊松分布的假设改进，而全局性空间模型使用全贝叶斯半参数附加项的方法改进模型。并且分别计算了使用不同方法得到的模型的皮尔逊相关系数 γ，绝对差值的平均值（Mean Absolute Deviation，MAD），预测方差均值（Mean Squared Prediction Error，MSPE）和方差均值（Mean Squared Error，MSE），计算方法见附录 C，用于比较模型的拟合优度。如果这四个数值越小，则说明模型的拟合度越好。其研究得到的计算结果见表 5 - 3 所示，使用不同的自变量组成的模型有 12 个，每一个自变量组合都分别使用局部性空间模型 GWR 和全局性空间模型进行计算，得到拟合度指标数值。可见，对于不同自变量组合下的两种方法，大部分的 GWR 方法对应的拟合度指标数值都小于全局性空间模型。虽然不能完全定论认为 GWR 方法更好，但是说明两者优度可比。另外，更重要的一点在于，本书所研究的解释路网结构与交通安全关系的模型，需要能够体现两者关系的空间差异性，因此，GWR 局部性空间模型如果在拟合度方面与全局性模型同等好，而其又能体现变量之间关系的空间差异性，在此很明确要选择 GWR 模型进行文章的分析。

表 5-3　全局性空间模型 GWR 与非全局性空间模型回归结果比较

模型编号	模型方法	γ	MAD	MSPE	MSE
1	GWPR	0.77	56.40	6 441	6 360
	FBSA	0.69	65.05	8 685	8 576
2	GWPR	0.89	36.03	3 171	3 132
	FBSA	0.73	41.62	9 621	9 501
3	GWPR	0.78	53.74	6 048	5 972
	FBSA	0.83	48.16	4 981	4 919
4	GWPR	0.88	34.25	3 436	3 393
	FBSA	0.93	27.09	2 233	2 206
5	GWPR	0.85	40.32	4 244	4 191
	FBSA	0.94	24.96	1 922	1 898
6	GWPR	0.89	36.07	3 282	3 241
	FBSA	≈1.00	7.46	158	156
7	GWPR	0.90	34.18	3 004	2 967
	FBSA	0.86	37.17	3 835	3 787
8	GWPR	0.72	59.75	7 211	7 121
	FBSA	0.70	56.45	7 606	7 511
9	GWPR	0.73	57.41	7 145	7 056
	FBSA	0.73	58.81	7 395	7 303
10	GWPR	0.73	57.41	7 145	7 056
	FBSA	0.93	26.69	2 173	2 146
11	GWPR	0.73	58.14	7 109	7 020
	FBSA	0.68	57.93	8 070	7 969
12	GWPR	0.89	36.03	3 171	3 132
	FBSA	0.89	34.44	3 259	3 219

5.2 分析交通安全的 GWR 模型

考虑到交通事故数据的特点：低发、随机、计数型，应当避免使用正态分布假设描述观测值，而是采用泊松分布或者负二项分布。这里需要注意的是，尽管负二项分布比起泊松分布更加能够准确反映计数数据回归的残差分布特点，即残差的方差大于均值的交通事故数据的“超散布”问题，但是泊松分布也不会因此产生不精确的估计结果[12]。更进一步，考虑到分析工作的可行性和便捷性，进行模型标定的 GWR 软件也是基于泊松分布假设设计的，因此本研究选择服从泊松分布的 GWR 模型作为区域层面交通安全研究的模型方法。

5.2.1 满足泊松分布的 GWR 模型构造

基本的 GWR 模型如式(5-3)所示，方法假设回归模型标定时候使用的残差项的分布符合正态分布。这一假设对于交通事故数据这类计数数据来说，并不能成立。交通事故数据是非负的、整数的、离散的数据，这种计数型的数据的分布并不符合正态分布。与正态分布相比，泊松分布更加符合计数数据的特点。因此，需要构造因变量服从泊松分布的 GWR 模型。

考虑一个传统的泊松回归模型形式如式(5-3)所示：

$$Y_i \approx Possion[E_i \exp(\sum_k \beta_k X_{k,i})] \tag{5-3}$$

式中，Y_i是位置 i 观测到的因变量数值，在交通安全分析中通常是分析单元 i 内观测到的交通事故数，E_i是因变量在分析单元 i 的期望值，$X_{k,i}$是第 k 个自变量，即第 k 个影响交通事故发生的因素在分析单元 i 的取值，β_k是第 k 个自变量对应的回归系数，$Possion[\lambda]$表示均值为 λ 的一个泊松分布。当使 $X_{k,i}$ 等于 1 的时候，可以得到常数项 β_0。

泊松回归中的系数估计是使用最大似然方程来达到最大化的对数形式似然。对数形式的似然方程如式(5-4)所示：

$$\max L = \sum_i l_i(\beta \mid Y_i) = \sum_i (-\hat{Y}_i(\beta) + Y_i \ln \hat{Y}_i(\beta)) \tag{5-4}$$

式中，$\hat{Y}_i$是在分析单元 i 得到的交通事故的估计值，β 是回归系数向量组(β_0，β_1，…)，l_i是样本单元 i 的对数似然。

如之前所说，为了使用 GWR 方法，需要允许回归的系数在不同的分析单元位置可以有所变化，因此，将分析单元中心的坐标数据加入式(5－3)之后，可以得到服从泊松分布的 GWR 模型形式如式(5－5)所示。

$$Y_i \approx Possion\left[E_i \exp\left(\sum_k \beta_k(u_i,\ v_i) X_{k,\ i}\right)\right] \tag{5－5}$$

式中，$(u_i,\ v_i)$为分析单元 i 中心的坐标。

为了估计泊松 GWR 的系数，一个可变的局部似然法被用来在每一个分析单元上，使用最小二乘的方法进行传统的、静态的回归。即在每一个分析单元上，使用传统的回归方法，得到固定的系数。但是允许同一个自变量对应的系数在不同的分析单元上由于位置的变化而不同。根据局部似然方法，分析单元 i 的系数估计通过解决一个地理加权的对数似然最大化问题而获得，该极大化问题的形式如式(5－6)所示。

$$\begin{aligned} \max L(u_i,\ v_i) = & \sum_j^n \left(-\hat{Y}_j(\beta(u_i,\ v_i)) + Y_j \ln \hat{Y}_j(\beta(u_i,\ v_i))\right) \\ & \times w_{ij}(\|(u_i,\ v_i) - (u_j,\ v_j)\|) \end{aligned} \tag{5－6}$$

式中，$\hat{Y}_j(\beta(u_i,\ v_i))$是使用位置 i 的回归系数预测位置 j 的交通事故数量的预测值，计算如式(5－7)所示。

$$\hat{Y}_j(\beta(u_i,\ v_i)) = E_j \exp\left(\sum \hat{\beta}_k(u_i,\ v_i) X_{k,\ j}\right) \tag{5－7}$$

式中，W_{ij}是进行回归的位置 i 处观测到的第 j 个观测值所使用的地理权重。权重公式对于不同观测值不同的侧重面而有所不同，以此来生成不同的系数估计[94]。

5.2.2　权重方程

服从泊松分布的 GWR 方法试图通过在每一个位置(分析单元如交通分析小区或者人口统计小区等)估计一次回归系数来获取空间差异性，给进行估计的位置的相邻小区分配一个地理权重，这个权重与相邻小区域被估计小区之间的距离有关。因此，空间 Kernel 公式和窗口尺寸、频带宽度对于模型系数的估计影响很大。选择合适的空间 Kernel 公式和之后的频带宽度是使用服从泊松分布的 GWR 方法的关键步骤[107]。

频带宽度是某一个被估计的位置周围用来参与估计的观测值的数目，并且控制着权重方程中的距离消散。针对服从泊松分布的 GWR 方法，高斯和双平方方程是最常用的方法，用来为每一个位置点生成一个权重数值。

高斯方法生成权重如式(5－8)所示：

$$W_{ij}=\exp\left(-\frac{1}{2}\times\frac{\|(u_i,v_i)-(u_j,v_j)\|}{G}\right) \tag{5-8}$$

双平方方法生成权重如式(5－9)所示：

$$W_{ij}=\begin{cases}\left[1-\dfrac{\|(u_i,v_i)-(u_j,v_j)\|}{G_i^2}\right]^2 & if\ \|(u_i,v_i)-(u_j,v_j)\|<G_i\\ 0 & 其他\end{cases} \tag{5-9}$$

参数 G_i 被称为频带宽度，控制着 Kernel 的尺寸。服从泊松分布的 GWR 模型的结果对于给定的一个权重方程中的频带宽度的变化很敏感。频带宽度可以是不变的常数，称作固定 Kernel，例如上述高斯方法中的 G。也可以是自适的 Kernel，如上文中双平方方法中的 G_i。

如果使用的是固定 Kernel 权重方法，则对于不同的位置点进行回归使用的权重方程形状和尺寸都是不变的。结果造成固定 Kernel 权重体系会得到不精确的回归结果，原因在于，如果使用固定 Kernel 权重方法，频带宽度是不变的。对于数据密度较大的位置，应当使用较小的频带宽度，但是固定的频带宽度可能显得过大；而对于数据较为稀疏的位置，应当使用较大的频带宽度，此时固定的频带宽度可能显得较小。相反的，自适应的 Kernel 允许在每一个位置都有不同的 Kernel 尺寸，这就使得宽度会根据估计位置的观测数据密度的不同，选择合适的频带宽度，例如在观测数据密度较大的位置，可以使用较小的频带宽度，而在观测数据较为稀疏的地方，使用较大的频带宽度[104]。

5.2.3 选择频带宽度

如果使用很小的频带宽度来计算权重 Kernel，我们可以得到对于系数估计的很强的空间差异性，但是这种估计结果可能并不可信。因为，过小的频带宽度意味着估计某个具体位置的系数的时候，参与进来的与该位置相邻的其他观测点会比较少。由于样本较少，估计的精度必然受到影响。另一方面，如果使用较大的频带宽度，可能确实会使得参与估计的样本量得到很大程度的增加，从而获得的估计也较为可信。但是，由于参与的观测点太多，可能会有距离被估计位置实际上非常远的观测点也参与了估计，从而带来不可接受的偏差。这种在空间尺度和统计稳定性之间，或者说是在偏差和差异之间的平衡可以使用称为 AIC 的指标来考察。使用频带宽度 G 的 AIC 指数计算使用式(5－10)：

$$AIC(G)=D(G)+2K(G) \tag{5-10}$$

式中，D 和 K 分别表示使用频带宽度 G 的模型得到的偏差和有效估计系数的数目，模型的 AIC 值越小则优化程度越好。但是 Nakaya 等人认为由于服从泊松分布的 GWR 模型自由度通常较小，AIC 的计算应当进行微小的关于样本偏差的调整，因此他们提出了对 AIC 的计算的改进方法，称作 AICc，计算方法如式(5－11)所示：

$$\begin{aligned} AICc(G) &= AIC(G)+2\frac{K(G)(K(G)+1)}{N-K(G)-1} \\ &= D(G)+2K(G)+2\frac{K(G)(K(G)+1)}{N-K(G)-1} \end{aligned} \tag{5-11}$$

式中，N 是参与估计的观测值的数目，如果有效的参数估计数目 K 对于样本量 N 而言足够小，那么 AIC 和 AICc 之间的差别可以忽视。使用 AICc 的原则是，采用不同的频带宽度计算的模型的 AICc 之间的差异小于或者等于 2 的时候，则可以认为该两个模型的表现之间没有明显差异，即两个模型一样好[108]。

对于服从泊松分布的 GWR 模型具体的标定过程和估计过程可以在 Nakaya 等人的研究中获得[95]。

5.2.4　泊松 GWR 模型形式

分析所使用的模型形式可以表达为如式(5－12)所示：

$$\begin{aligned} Ln(y_i) &= \beta_0(u_i,\ v_i)+\beta_1(u_i,\ v_i)Ln(Exposure) \\ &\quad +\beta_2(u_i,\ v_i)x_{i2}+\cdots+\beta_k(u_i,\ v_i)x_{ik} \end{aligned} \tag{5-12}$$

式中，y_i是在位置 i 观察到的因变量数据，$(u_i,\ v_i)$表示位置 i 的空间位置坐标(在本书研究中即为分析单元区域的重心点的坐标)；k 是每一个因变量数据对应的影响它的自变量的总个数；$\beta_k(u_i,\ v_i)$是在位置 i 对应的自变量的估计系数，

$\beta_0(u_i, v_i)$为回归方程中的常数项，"*Exposure*"是泊松回归模型中的曝露变量；ε_i是位置 i 的回归关系的残差项。

5.3 区域交通安全分析中模型的使用

区域交通安全分析的研究，分析单元通常选取交通小区、人口统计小区等。观测样本分别来自各个分析小区，泊松 GWR 中的表示被估计点位置的(u_i, v_i)也就是每一个分析小区的位置，研究通常取小区面积的地理中心(centroid)坐标代表每一个小区的空间信息。y_i 即为每一个分析小区的交通事故数，可以是总体事故、不同出行方式事故或者不同严重程度事故。"Exposure"在以往的交叉口或者路段交通安全研究中多为车公里 VKT 或者车英里 VMT，作为曝露变量，要求该变量与因变量之间为显著的正相关关系，关于曝露变量及其在泊松 GWR 中的变化下文有详细阐述。x_{ik} 为第 k 个自变量，即认为影响交通事故发生的因素，在第 i 个观测小区的取值。β_k 为第 k 个自变量的回归系数，即第 k 个影响交通事故发生的影响因素每一个单位的变化会带来 β_k 个单位的交通事故的变化。

5.3.1 变量选择

1. 控制变量的选择

控制变量即可能影响交通事故发生的影响因素，x_{ik}。如果研究要分析某些区域属性与交通事故之间的关系，应当将这些区域属性作为控制变量放入模型当中。对于区域交通安全分析而言，控制变量通常是反映区域之间差异的特征，可以从不同的角度度量，例如区域交通特征、区域人口组成特征、区域经济特征等，具体如表 5-4 所列。

表 5-4 区域交通安全研究常用控制变量

要素分类	具体要素
人口	人口总量、人口密度、户数；老年人口、非老年人口
经济	就业人数、失业率、就业密度；拥有小汽车户数、非拥有小汽车户数
土地利用特征	商业用地、幼儿园、学校、医院、厂房、仓储等用地面积

续　表

要素分类	具 体 要 素
道路网络特征	交叉口设施规模(区域内交叉口总数、交叉口密度、环形交叉口总数、信号灯密度、信控与非信控交叉口总数、主干道交叉口总数)；道路设施规模(机动车车道长度、主干道道路车道长度、道路总长度、主干道长度、次干道长度)；区域内道路平均弯曲程度、区域总面积
交通运行特征	区域路网总流量；路网平均车速；路网平均饱和度；区域内平均车公里数

2. 曝露变量的选择

所谓曝露变量，Exposure Variable，其产生是由于泊松分布对于比率型数据的处理。泊松分布通常用来分析计数数据，例如一个年龄在 30 至 40 岁之间的成年人一天的出行次数，也可以如一个交叉口一年发生交通事故的数量。对于前一种数据，可以直接使用泊松分布的模型，如式(5 - 13)所示：

$$E(Y \mid x) = \exp(\beta_0 + \beta_k x_k) \tag{5-13}$$

式中，$E(Y|x)$为出行次数的期望值，x_k为影响出行的其他因素，例如经济收入水平等。β_k为各种影响因素的回归系数，β_0为常数项。

但是对于后一种数据，一个交叉口一年发生的交通事故很有可能会随着该交叉口的交通流量越大而越多，即不同的交叉口之间需要通过将交通事故根据交叉口流量标准化之后才能互相比较，相当于是需要分析单位交通量下交叉口的交通事故与其他影响因素的关系。这种将计数数据单位化的过程，等于是将计数数据进行比率化。通常是将分析的数据除以一个可以正面影响该数据的总量数据，该总量数据的增加会很大程度上直接导致计数数据的增加。例如生物学家统计区域的数目数量时，需要考虑区域的面积，得到单位面积的数目数量。为了考虑这种比率型的数据，泊松回归可以变形为如式(5 - 14)所示，上例中的区域面积或者交叉口交通量即为公式中 $Exposure$。

$$\frac{E(Y \mid X)}{Exposure} = \exp(\beta_0 + \beta_k x_k) \tag{5-14}$$

将式(5 - 14)两边同时取 Ln，再加上 GWR 中对于分析单元位置坐标的处理，即可得到式(5 - 12)。在其他统计材料中，曝露变量也被称为移位变量，即 Offset Variabl。

在交通安全研究中，特别是以交叉口或者路段设施为研究对象的分析中，常用的曝露变量是驾驶里程，常以车公里或者车英里度量。其他的还有驾驶时间、交通量、注册车辆数、有驾驶证人数和汽油消耗量等。这当中，车公里是对交通事故的影响最为直接的因素。而在区域交通安全研究中，基于人口的曝露变量比车公里表现要好，因为车公里作为曝露变量后在区域统计模型中不显著，有悖于曝露变量的基本要求。这对于在区域层面进行集计的交通事故分析而言是合理的，针对具体路段和交叉口的研究中，车公里数据亦是针对此路段和交叉口，数据准确性较高。而对于区域为分析对象的研究，其车公里数据多是来自高等级的公路，区域内的其他地方道路等低等级道路的交通量或者车公里数据可能并不准确，甚至有些区域层面的车公里和交通量数据都要通过该地区的交通规划模型预测得到。其次，作为曝露变量，车公里在 GWR 模型中得到的系数并非稳定的正数，而是存在一定数量的分析单元内曝露变量的系数为负数。这与曝露变量能够显著正向影响因变量的前提矛盾。另外，相对于车公里数据而言，基于人口的曝露变量在区域层面更容易获得，且统计准确性也较高，例如区域人口密度等更加适合作为区域层面使用泊松分布进行交通事故分析的曝露变量。

5.3.2 模型结构

1. 模型的构建

区域交通安全分析中，对于交通安全产生影响的因素可以分为若干方面，例如经济类、人口类、交通出行类、交通设施类、土里利用类等。每一个类型下面又可以提取多种指标来表征区域在该方面的属性。

1）相关性分析

应该选取哪些类型的影响要素作为模型的控制变量，需要同时考虑变量之间的相关性和 AICc 值。避免将共线的同类型变量放入模型中，同时尽量选择 AICc 值较小的模型。基于这种构建原则，首先需要对影响因素进行相关性分析，可采用 Stata 软件中皮尔逊指数计算包进行相关性矩阵的计算。

2）加入控制变量

由于分析感兴趣的影响因素较多，且因素之间也有相关性和属性表达的重复性，因此在选择加入模型的影响因素时，需要采取一定的步骤。本书推荐“前进式”的控制变量加入方法，一层一层地渐进加入不同类型或者同类型的不同种变量，形成若干模型。每个模型包含的控制变量数量不同或者组成不同，但是曝露变量和因变量保持相同。具体步骤是：

(1) 以交通事故作为因变量，以曝露变量和常数项作为方程右边的内容，如式(5-15)所示，作为第一个模型的标定计算。

$$Ln(y_i) = \beta_0(u_i, v_i) + \beta_1(u_i, v_i)Ln(Exposure) \tag{5-15}$$

(2) 将影响因素按照反映区域属性的不同角度进行分类，例如分成交通行为类、交通设施类、人口组成类、经济类、土地利用类等，并且按照顺序排列好。这种顺序没有固定要求。

(3) 将第一种类型中列出的影响因素，在避免相关性的前提下，逐个加入模型中，形成若干个模型，分别进行标定计算。

(4) 对于其他种类的影响因素，做如上的模型构建和标定。

(5) 对于不同种类的影响因素做逐渐的组合式的配置，放入模型中构建出若干模型。

(6) 综合各个种类的各种影响因素，形成综合式的模型。

3) 选择模型

通过以上的前进式构建模型方法，可以得到一系列的模型。正如之前对于模型的复杂性和准确性的平衡所述，需要控制参数个数，得到拟合效果最好的模型。此时需要计算每一个模型的 AICc 值，AICc 值越小，说明模型对于信息丢失的控制程度越恰到好处。在使用前进法构建模型的时候，需要同时关注 AICc 值的大小变化，保持添加其他因素的时候得到的 AICc 值是向变小的方向前进的。

2. 模型的优差

GWR 方法中一个重要的指标是 Akaike Information Criterion，AIC。如前文所示，改进的 AIC 称作 AICc 被用来作为选择频带宽度的指标，而根据 AIC 本身所反映的模型的信息，它也被用来作为模型拟合程度好坏的衡量标准。

AIC 于 1974 年由 Hirotsugu Akaike 提出，此指标基于信息熵的概念，可以有效地提供相对指标来衡量给定模型描述真实数据时候的信息丢失情况，表达模型在有偏和方差之间的取舍平衡，或者更通俗地说是在准确和复杂性之间的平衡。如果模型的参数太少，模型的结论会不够精确偏差太大，模型没有足够的弹性；如果模型的参数太多，模型结论也会不够精确，因为太大的方差，模型对于样本数据太过敏感。因此最好的模型就是找到一个合适"复杂"的模型，也就是找到合适数量的参数[109]。AIC 或者 AICc 的值越小，说明模型越好。

需要注意的是，AIC 概念可以提供选作模型的依据，但是它不是通过检验零假设来检验模型的拟合度好坏，例如 AIC 不能绝对地显示一个模型对于数据拟合度的好坏程度。如果所有待选择的模型都对数据拟合度很差，AIC 也不会有任何警告显示[110]。

5.3.3 模型结果

1. 模型结果表达

1）回归系数表达

由于 GWR 方法的原理是在每一个分析单元位置进行一次传统的回归，因此每一个 GWR 模型的标定结果，并非是每一个自变量对应一个回归系数。如果有 i 个分析单元，则每一个自变量会得到 i 个系数。例如分析对象是由 300 个交通分析小区组成的区域，则每一个自变量，例如交通小区的机动车保有量自变量影响交通事故的系数对于每一个小区都有一个估计，即总共有 300 个估计系数。对于结果的表述，可以分别使用表格和地图两种形式。

表格形式的结果展示，通常每一个模型标定得到的每一个自变量、常数项、曝露变量列出其系数回归结果。由于每一个系数对应有相当于分析单元个数个的系数回归，如表 5－5 所列，该结果为对于中佛罗里达州 Orange 县的 389 个交通分析小区进行泊松 GWR 方法分析的结果，则每一个自变量、常数项和曝露变量都各自有 389 个系数，每一个小区一个系数。结果的展示通常列出该 389 个系数值的最小值、第一个四分之一值、中值、第三个四分之一值和最大值，如表 5－5 中每一个单元格中的前五行数字所示。

2）T 检验值表达

继续使用上例中的数据，由于每一个小区都有一次估计，每一次估计都对应一个 T 检验值，因此，GWR 方法得到的系数回归 T 检验值也有 389 个值。每个自变量对应的 T 检验值估计也是随着空间位置的不同而有所变化，所以模型估计结果不是每一个变量对应一个 T 检验值，因此不能通过传统的根据唯一的 T 检验值来判断自变量对因变量影响的显著性。本书通过建立一种“显著率”来判断自变量的显著性水平，通过计算一个自变量对应的系数估计的 389 个 T 检验值中有多少比例大于 1.65 或者小于－1.65（±1.65 是双边 T 检验在自由度为 320，置信度 90%所对应的检验区间），通过这个比例来显示有多少分析单元的交通事故数据和连通性指标之间的关系在 90%置信度下是显著的。该比例被列在结果表 5－5 中单元格的第六行数据中。

表 5-5 区域交通安全研究常用控制变量

	前进法加入自变量得到若干模型					
变量	#1	#2	#3	#4	#5	#6
常数项	1.945 407，3.203 356 3.924 569，4.844 900 6.713 924， 1	1.546 158，2.811 905 3.547 875，4.502 920 5.765 722， 1	1.948 448，3.323 133 4.106 130，4.923 685 7.053 689， 1	1.475 449，2.645 506 3.736 918，4.475 024 6.428 364， 1	0.384 504，2.882 223 4.151 383，4.938 162 8.504 014，0.992 288	0.592 483，3.136 716 4.080 271，4.923 956 8.772 793，0.994 859
主干道里程		−0.000 035，0.000 040 0.000 069，0.000 095 0.000 169，0.956 298		0.000 025，0.000 058 0.000 081，0.000 102 0.000 196， 1	0.000 029，0.000 060 0.000 086，0.000 109 0.000 203， 1	0.000 028，0.000 060 0.000 083，0.000 115 0.000 212， 1
支路里程			−0.000 082，−0.000 025 −0.000 004，0.000 030 0.000 094，**0.853 47**	−0.000 040，0.000 011 0.000 028，0.000 044 0.000 102，0.856 041	−0.000 053，0.000 017 0.000 030，0.000 044 0.000 111，0.894 602	−0.000 041，0.000 021 0.000 031，0.000 047 0.000 116，0.948 586
交叉口数量	−0.001 480，0.039 573 0.058 182，0.084 477 0.179 620，**0.969 152**	−0.098 328，0.014 704 0.038 218，0.069 831 0.176 746，0.902 314	−0.000 059，0.041 246 0.058 470，0.076 383 0.172 961，0.958 869	−0.127 224，−0.004 034 0.026 668，0.045 050 0.129 481，0.876 607	−0.136 221，−0.007 263 0.022 792，0.043 509 0.140 117，0.838 046	−0.143 122，−0.012 211 0.019 656，0.040 257 0.135 293，0.814 91
年均家庭收入						−0.000 030，−0.000 016 −0.000 008，−0.000 001 0.000 044，**0.876 607**
私人小汽车通勤人数					−3.594 348，−1.118 424 −0.505 048，0.060 451 4.503 303，0.773 779	−3.321 912，−0.816 621 0.040 196，0.640 995 5.468 076，**0.714 653**
曝露变量小区人口	−0.410 309，−0.130 916 0.017 733，0.116 681 0.286 240，0.832 905	−0.328 492，−0.096 281 0.053 574，0.146 974 0.315 763，0.884 319	−0.511 202，−0.134 859 0.008 052，0.103 369 0.285 082，0.796 915	−0.450 603，−0.101 958 0.019 782，0.162 584 0.304 601，0.850 9	−0.511 436，−0.104 849 0.004 414，0.168 318 0.399 954，0.809 769	−0.547 049，−0.111 031 −0.022 414，0.108 677 0.299 886，0.848 329
AICc	7 403.49	6 281.823	6 863.61	5 787.742	5 578.633	5 134.609

3）地图表达

空间模型的一个特点，也是优点，就是能够考虑和反映数据的空间信息。因此，将空间模型的分析结果在地图上展示和表达也是最为合适的方法。由于各个自变量、常数项和曝露变量分别都在不同的位置有不同的回归值，T 检验值也如此，因此这些数据结果都可以根据其对应的分析单元位置坐标展示在地图上。不同的分析单元对应不同大小的数据值，如图 5－1 所示。图中不同颜色表示上例中交叉口数目该自变量系数的回归值，在不同的交通分析小区数值不同，所以颜色也有所区别。颜色越深数值越大，颜色越浅数值越小，颜色为白色表示数值为负数。关于颜色和数值大小的关系，或者正负的关系都可以根据研究者的选择而定，通常对于符合常理推断的系数使用颜色渐变来表达数值大小，例如广泛认为交叉口数目越多，交通事故会越多，系数为正数的值使用颜色深浅来表示结果。而系数为负是比较特殊的结果，该类结果就选择使用一个单独的颜色，例如白色，进行特别的区分，便于分析。T 检验值也可以按照其大小，选择不同的颜

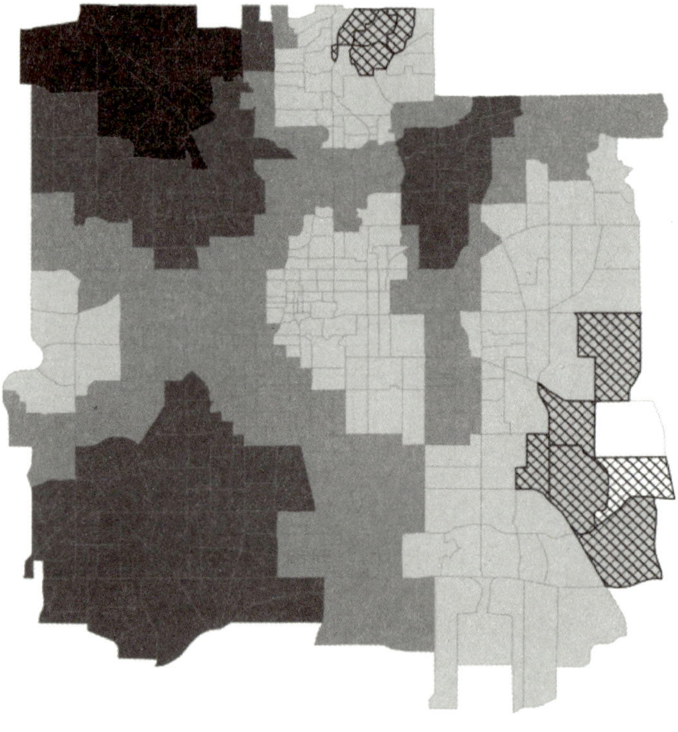

图 5－1　美国佛罗里达州 Orange 县 389 个交通分析小区泊松 GWR 模型回归结果——交叉口数量自变量回归系数和 T 检验值示意图

色表达在地图上。但是，为了对比 T 检验显著的交通分析小区的系数估计数值，可以将 T 检验值结果叠加在系数估计结果图上。通常研究关心的是 T 检验值是否在某一个显著性水平对应的 T 值区间之外，以此来区分此处的系数回归是否在置信水平上显著。因此，在表达 T 检验值的时候，通常用某一个颜色或者图案来统一表示不显著的分析单元，如图 5－1 中栅格图案表示的交通小区，即为 T 检验值在±1.65 之间的小区，即该小区的系数估计并不显著（显著性水平 90%）。

2. 结果的解释

图中显示，该区域的西北角回归系数值较大，东南角回归系数值较小。表明在西北地区交叉口数目对于交通事故的影响程度较大，且为正；而在东南地区该影响较小，甚至在最东南的端头出现负面影响的结果。这种结果确实体现了交叉口数目与交通事故之间的关系随着交通分析小区的位置变化而不同，这种不同可以是程度上的，甚至可以是方向上的。但是，解释任何一个小区以及整个分析区域的影响因素的影响程度和方向时，都需要对应检查该小区对应的 T 检验值是否在某置信区间上显著。例如，虽然单从交叉口数目回归系数上看，某些区域的系数为正、某些为负，可能会得出结论说明交叉口数目对于交通事故的影响在交通分析小区之间方向都不同。但是，进一步对应 T 检验值的分布图，发现回归系数为负的小区对应的 T 检验值都不在显著范围之内。即此处得到的回归系数并不能在置信水平 90%下显著。如果需要对整个分析区域的交叉口数目与交通事故的关系下一个结论，仍旧可以说交叉口数目的增加导致交通事故数目的增加。

综上所述，在试图解释 GWR 模型回归结果的时候，根据回归系数的颜色与数据之间的关系，了解影响程度和方向在空间上的分布规律。但是在得出任何定论之前，需要同时观察该系数回归对应的 T 检验值。同时结合系数回归值分布图和 T 检验值回归分布，才能得到可信的结论。

5.3.4　边界数据分配方法再证

在本书第 4 章中已经从逻辑分析的角度说明边界数据重复分配的合理性，此处再通过数据计算和模型的使用来考察平均分配和重复分配在模型效果方面究竟哪种方法更有效。

1. 数据来源

数据来自美国佛罗里达州 Orange 县核心区的 389 个交通分析小区，包括路网数据和交通事故数据以及其他区域特征。其中路网数据来自 ESRI 的 StreetMap NorthAmerica 2005，交通事故数据来自加州大学伯克利分校的交通安全研究与教育中心，其他区域特征来自美国国家统计局。

2. 变量

因变量为每个交通小区内 2008 年交通事故数量。自变量分为三个大类：交通行为、交通设施和经济人口特征，如表 5－6 所列。其中，交通设施和交通事故在边界上的数据将分别使用平均分配和重复分配的方法进行分配和集计。本书使用人口密度作为曝露变量。

表 5－6　模型使用变量列表

类型	变　量	符　号	均　值	最小值	最大值	标准差
事故数	2008 年每一个交通小区内的交通事故数量	y_i	29.60	0.00	189.00	23.41
交通设施	每一个交通小区内二级公路和县级公路里程(feet)	FC3	2 323.52	0.00	20 822.94	2 921.85
	每一个交通小区内地方道路和乡村道路的里程(feet)	FC4	4 254.28	0.00	37 721.07	5 073.39
	每一个交通小区内交叉口数量	IntCnt	1.48	0.00	13.92	1.79
交通行为	每一个交通小区内年龄大于 16 岁且使用私人小汽车通勤的人口比例	WTPRV	0.87	0.33	1.00	0.12
经济人口	1999 年家庭收入中值	HHInc	39 830.23	9 789.00	142 428.00	18 866.05
	人口密度(persons/mile^2)	PD	3 137.40	13.59	16 226.95	2 167.20

3. 计算结果

分别使用平均分配和重复分配的方法来集计边界数据进行模型计算，使用本书推荐的满足泊松分布的 GWR 局部空间统计模型，得到两组计算结果，每一组模型结果对应六个变量组合的子模型，子模型的构建方法使用前文推荐的“前进式”方法，如表 5－8 和表 5－9 所列。从模型结果可以得出三方面的结论：变量系数估计、T 检验值分布以及模型的拟合效果 AICc 指标。由于 GWR 模型允许针对每一个分析单元都拥有自身的回归系数，因此针对每一个变量都得到 389 个回归系数以及 389 个对应的 T 检验值，分别用最小值、第一个四分位值、第二个四分位值、第三个四分位值和最大值表示，如表 5－8 和表 5－9 中变量对应系数的前五个数值所示。由于 T 检验值对于每一个变量都有 389 个值，因此本书使用 90％置信水平的要求考察显著的系数回归的个数，并以显著率作为衡量回归显著性效果的指标，如表 5－8 和表 5－9 中变量对应单元格内第六个数值所示。为了显示模型的拟合效果，分别计算了传统广义线性回归模型 GLM 和局部空间统计模型 GWR 对应的 AICc 数值，数值越小的模型拟合效果越好，解释力度越高。本书使用改进率来表示使用 GWR 模型对于 GLM 模型的改进程度，通过计算 AICc 指标的降低率表示。

4．比较结论

将模型计算得到的变量回归系数在地图上表示出分布情况，可以看出使用重复分配和平均分配方法得到的分布情况基本相同，如图 5－2 所示。结合表5－8 和表 5－9 中的显著率以及图 5－2 中栅格覆盖的区域比较，可以看出使用重复分配方法进行边界数据处理得到的模型计算，其变量具有更多显著的系数回归。继续比较模型的拟合效果，通过分析 AICc 指标值和改进率可以看出，使用 GWR 方法的模型总是优于 GLM 方法，而在改进程度上看，使用重复分配方法进行边界数据处理后的 GWR 模型更加能够提升模型的拟合度。

综上所述，使用重复分配方法进行边界数据的处理，为模型分析提供数据，首先在系数回归的分布上并没有破坏其规律的一致性；其次，得到更多的显著回归结果；最后，对于模型的拟合度提升有更大的作用。因此，从模型计算的角度定量的分析，同样认为应当使用重复分配的方法进行边界数据的分配。

5.3.5　软件选择

目前，能够直接使用 GWR 模型的软件主要有 ESRI 公司的 ArcGIS9.3 及之后的版本，以及由 GWR 方法提出者 Fotheringham 等人开发的 GWR3.X 软件。其中前者使用如图 5－3 所示，将准备好的数据，包括分析单元位置坐标、交通事故数、影响因素等数据的表格作为“Input Features”输入表格，选择交通事故数据作为“Dependent Variable”，选择关注的影响因素作为“Explanatory Variable”。Kernel 类型可以选择固定式和自适应式，频带宽度的确定可以选择使用 AICc 方法，或者其他所列的方法。需要注意的是，该软件提供的 GWR 方法只能进行服从高斯分布的数据回归，没有泊松分布的回归方法。具体工具使用方法见 Fotheringham 等人与 ESRI 联合开发的说明文件[111]。

表 5－7　使用重复分配方法得到的数据进行模型计算

	#1	#2	#3	#4	#5	#6
Intercept	1.945 407, 3.203 356 3.924 569, 4.844 900 6.713 924, 1	1.546 158, 2.811 905 3.547 875, 4.502 920 5.765 722, 1	1.948 448, 3.323 133 4.106 130, 4.923 685 7.053 689, 1	1.475 449, 2.645 506 3.736 918, 4.475 024 6.428 364, 1	0.384 504, 2.882 223 4.151 383, 4.938 162 8.504 014, 0.992 288	0.592 483, 3.136 716 4.080 271, 4.923 956 8.772 793, 0.994 859
FC3		−0.000 035, 0.000 040 0.000 069, 0.000 095 0.000 169, 0.956 298		0.000 025, 0.000 058 0.000 081, 0.000 102 0.000 196, 1	0.000 029, 0.000 060 0.000 086, 0.000 109 0.000 203, 1	0.000 028, 0.000 060 0.000 083, 0.000 115 0.000 212, 1
FC4			−0.000 082, −0.000 025 −0.000 004, 0.000 030 0.000 094, **0.853 47**	−0.000 040, 0.000 011 0.000 028, 0.000 044 0.000 102, 0.856 041	−0.000 053, 0.000 017 0.000 030, 0.000 044 0.000 111, 0.894 602	−0.000 041, 0.000 021 0.000 031, 0.000 047 0.000 116, 0.948 586
IntCnt	−0.001 480, 0.039 573 0.058 182, 0.084 477 0.179 620, **0.969 152**	−0.098 328, 0.014 704 0.038 218, 0.069 831 0.176 746, 0.902 314	−0.000 059, 0.041 246 0.058 470, 0.076 383 0.172 961, 0.958 869	−0.127 224, −0.004 034 0.026 668, 0.045 050 0.129 481, 0.876 607	−0.136 221, −0.007 263 0.022 792, 0.043 509 0.140 117, 0.838 046	−0.143 122, −0.012 211 0.019 656, 0.040 257 0.135 293, 0.814 91
HHINC						−0.000 030, −0.000 016 −0.000 008, −0.000 001 0.000 044, **0.876 607**
WTPRV					−3.594 348, −1.118 424 −0.505 048, 0.060 451 4.503 303, 0.773 779	−3.321 912, −0.816 621 0.040 196, 0.640 995 5.468 076, **0.714 653**
LnPD	−0.410 309, −0.130 916 0.017 733, 0.116 681 0.286 240, 0.832 905	−0.328 492, −0.096 281 0.053 574, 0.146 974 0.315 763, 0.884 319	−0.511 202, −0.134 859 0.008 052, 0.103 369 0.285 082, 0.796 915	−0.450 603, −0.101 958 0.019 782, 0.162 584 0.304 601, 0.850 9	−0.511 436, −0.104 849 0.004 414, 0.168 318 0.399 954, 0.809 769	−0.547 049, −0.111 031 −0.022 414, 0.108 677 0.299 886, 0.848 329
Global AICc	11 803.29	11 052.13	11 751.84	10 624.88	10 534.65	9 867.24
GWPR AICc	7 403.49	6 281.823	6 863.61	5 787.742	5 578.633	5 134.609
Improvement rate	0.372 76	0.431 619	0.415 955	0.455 265	0.470 449	0.479 631

表 5-8　使用平均分配方法得到的数据进行模型计算

	#1	#2	#3	#4	#5	#6
Intercept	−0.296 794, 1.862 688 2.621 199, 3.782 384 5.511 729, 0.987 147	−0.414 867, 1.512 880 2.354 819, 3.389 416 5.075 973, 0.982 005	1.033 937, 2.047 603 2.635 092, 3.795 994 5.424 887, 1	0.686 668, 1.480 431 2.392 349, 3.451 020 5.184 339, 0.997 429	−6.798 929, 1.933 805 2.955 990, 4.059 253 7.446 446, 0.958 869	−5.894 181, 2.280 435 2.979 547, 4.034 243 7.539 809, 0.956 298
FC3		−0.000 020, 0.000 026 0.000 047, 0.000 075 0.000 187, 0.817 481		−0.000 029, 0.000 038 0.000 057, 0.000 080 0.000 195, 0.871 465	−0.000 027, 0.000 042 0.000 059, 0.000 082 0.000 221, **0.892 031**	−0.000 025, 0.000 041 0.000 058, 0.000 080 0.000 234, 0.889 46
FC4			−0.000 083, −0.000 034 −0.000 003, 0.000 032 0.000 119, **0.822 622**	−0.000 059, −0.000 003 0.000 023, 0.000 042 0.000 132, 0.745 501	−0.000 059, 0.000 002 0.000 028, 0.000 043 0.000 136, 0.768 638	−0.000 070, 0.000 001 0.000 029, 0.000 045 0.000 164, 0.778 92
IntCnt	−0.003 240, 0.091 346 0.151 333, 0.181 826 0.433 748, **0.917 738**	−0.133 438, 0.052 875 0.128 627, 0.165 967 0.436 193, 0.879 177	−0.001 275, 0.087 755 0.150 478, 0.176 594 0.315 595, 0.915 167	−0.143 079, 0.033 375 0.089 500, 0.138 175 0.273 097, 0.827 763	−0.148 560, 0.032 648 0.088 345, 0.133 329 0.282 469, 0.827 763	−0.145 194, 0.026 387 0.083 971, 0.125 249 0.281 488, 0.814 91
HHINC						−0.000 027, −0.000 014 −0.000 008, 0.000 002 0.000 040, **0.861 183**
WTPRV					−4.057 270, −1.030 114 −0.375 571, 0.040 071 8.956 736, 0.619 537	−4.033 535, −0.911 765 0.080 931, 0.637 267 9.608 762, **0.678 663**
LnPD	−0.342 168, −0.096 444 0.071 502, 0.164 450 0.355 707, 0.825 193	−0.313 139, −0.045 531 0.098 319, 0.206 804 0.375 348, 0.817 481	−0.328 953, −0.095 366 0.062 248, 0.146 033 0.299 864, 0.807 198	−0.323 877, −0.067 204 0.084 651, 0.194 297 0.320 201, 0.812 339	−0.307 461, −0.077 638 0.075 577, 0.196 625 0.321 551, 0.804 627	−0.354 028, −0.101 315 0.052 094, 0.155 305 0.310 262, 0.771 208
Global AICc	5 144.473	4 921.23	5 043.401	4 691.046	4 632.058	4 433.817
GWPR AICc	3 345.529	2 972.133	3 152.513	2 786.573	2 678.877	2 544.214
Improvement rate	0.349 685	0.396 059	0.374 923	0.405 98	0.421 666	0.426 18

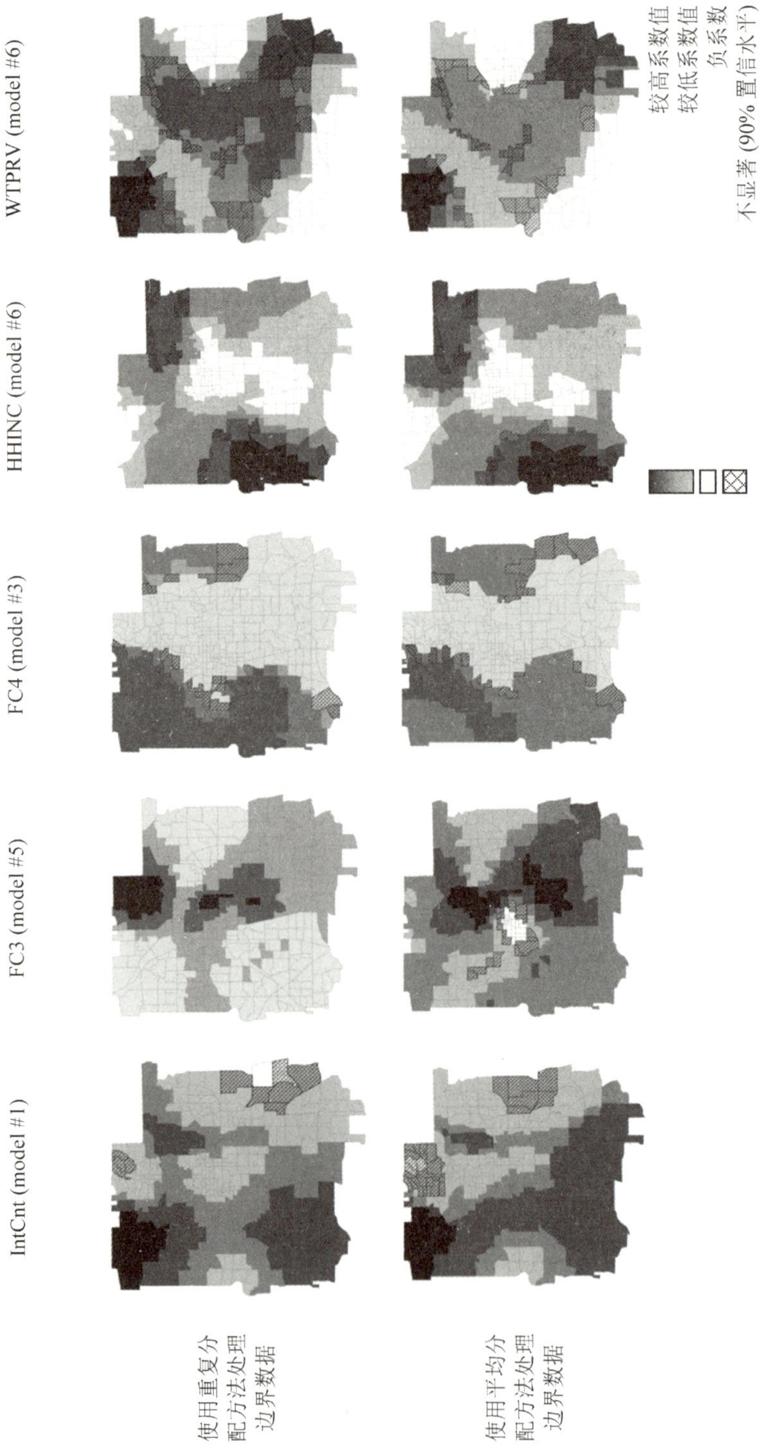

图 5-2　分别使用重复分配和平均分配处理边界数据进行模型计算得到的系数回归和显著性分布情况

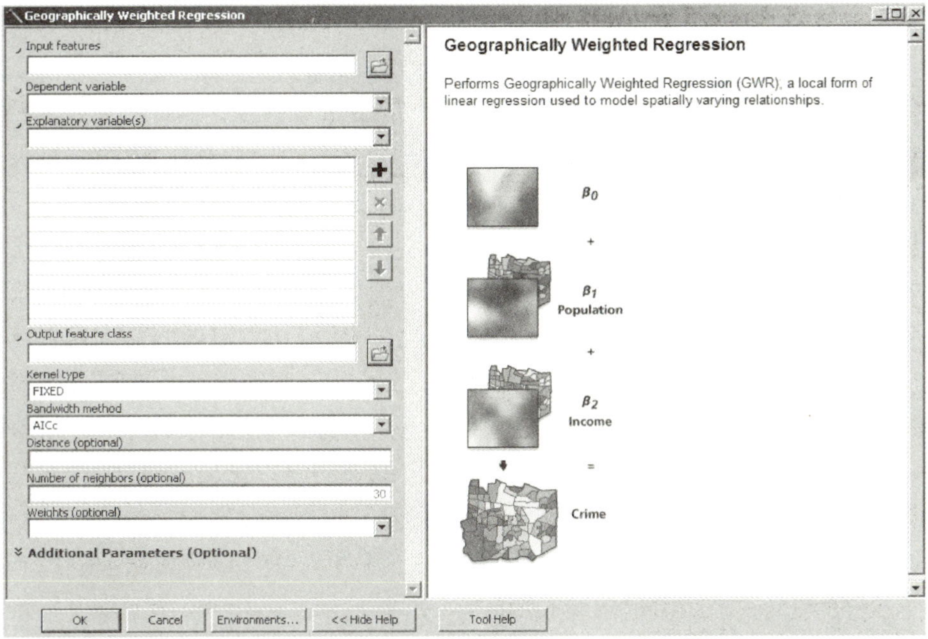

图 5 - 3　ArcGIS 10 中 GWR 工具输入界面示意图

GWR3. X 软件是独立开发和使用的专门进行地理权重回归的软件包，其使用界面如图 5 - 4 所示。除了可以提供不同的 Kernel 形式以及频带宽度确定方法以外，还可以提供高斯分布、Logistic 分布、泊松分布的 GWR 模型标定。该软件具体使用方法见 Fotheringham 等人的著述[94]及软件手册[112]。

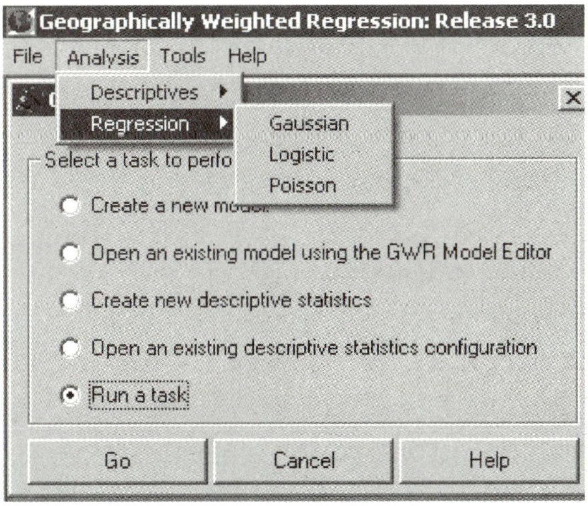

图 5 - 4　软件 GWR3. X 中 GWR 工具选择不同分布假设界面

5.4 本章小结

本章首先分析了路网结构交通安全性研究对于模型方法的要求，阐述了使用局部空间统计模型GWR方法的必要性。并且使用真实数据计算比较了传统线性回归方法、全局空间统计方法和局部空间统计方法等不同模型方法的优劣，进一步论证了GWR方法的优越性。接下来介绍了用于分析区域层面交通安全问题的GWR模型的构造、泊松分布的改进以及权重方程和频带宽度等模型使用中的重要内容。本章突破性的内容在于，不仅仅是对于先进统计方法的借用，更是针对区域层面的交通安全分析重新对模型中的内容提出要求，无论是模型中的变量选择，还是模型的结构构建方法，都是需要根据道路网络交通安全研究的要求而特殊改进。更重要的是，本章详述了GWR模型结算结果的展示和解释，一方面体现了该模型的解释力度，另一方面更为该模型的使用提供了标准化的结果解读方法。最后，本章使用局部空间模型，结合真实数据，从定量的角度论证了使用重复分配的方法处理边界数据的合理性和有效性，与本书第4章对于该方法的逻辑论证形成呼应。

第6章

路网结构的慢行交通安全性分析——实例应用

6.1 研究对象

示例所需要分析的对象为道路网络结构特征与慢行交通事故的关系。作为最弱势的道路使用者，行人和自行车骑行者经常作为交通安全研究的重点。多样化的因素在研究中都有涉及，这些因素包括机动车交通特征、道路设计特征、道路使用者行为和交通环境条件。非机动出行者的交通事故频率被证明是受到出行者年龄和性别、距离小学的距离、车道数目和机动车限速[113]。非机动出行者交通事故伤亡严重程度被显示与出行者年龄、车辆限速、事故发生地点和事发时间有关[114]。对于自行车交通事故的严重程度来说，影响因素包括机动车速度、当事者年龄、照明条件[115]和生活地点[116]。也有研究只针对行人交通安全进行分析，评估机动车类型、驾驶员和行人特征、事发时间、光照条件、经济特征和道路类型对于行人交通事故的影响[117-118]。最近的研究开始考察街道构型和紧缩程度对于弱势交通出行者安全的影响[6]。连通性作为最基本的网络特征应当被考虑到交通安全研究的影响因素中来，尤其是这一特征已经被证明对行人和自行车的出行影响很大。但是，专注于考虑街道网络连通性作为慢行交通安全影响因素的研究还十分有限。

6.2 指标选取

6.2.1 影响慢行出行的路网特征

由于研究对象是行人和自行车交通事故，因此需要在路网结构特征方面选择最能够强烈影响慢行出行的指标。基于对于已有研究的回顾，路网构型的连通性这一特征可以被很好地量化，并且被广泛地采用来分析其对于非机动交通出行者的影响。道路网络的功能是将空间上分割开来的地点连通起来，并且满足从其中特定起点到特定终点的人的移动需求。一个道路网络的连通是否有效——"连通性"——能够影响潜在目的地的可达性，并且很大程度上影响到人们出行交通方式的选择、交通系统运行情况和交通设施的服务水平。特别是对于行人和自行车交通，这种影响更为显著。

路网连通性的增加被认为能够减少交通出行的距离和时间，这两个出行要素对于步行和自行车交通来说比机动车出行更加重要，因为行人和自行车的速度很慢。因此，很多研究已经探究过连通性对于非机动交通出行的次数和持续时间的影响。较高的路网连通性与更多的步行和骑行交通有关。但是，连通性与非机动出行持续时间的显著关系目前没有得到证明[119-120]。另一个高连通性路网的优势是可以提供给行人和自行车更多的路径选择。连通性对于行人和自行车交通的影响已经被广泛地研究过，并且证明这种影响确实存在。因此，研究道路网络对于行人和自行车交通安全的影响，应当首选使用道路连通性指标进行分析。

6.2.2 具体指标

连通性特征的定义和计算较为成熟，在与交通科学相关的很多领域都有研究，并且发展出很多可以量化的指标。这些指标来自城市规划[13]、城市设计[14]、交通规划[15]、景观设计[16]等。基于本书第 3 章所提供的路网结构指标内容，结合考虑已有研究常用的影响慢行出行的路网特征，选取具体指标：街区密度、交叉口密度、街道密度以及平均街区长度。这些指标反映了尺寸角度的路网连通性，显示路段之间连接水平，同时考虑道路系统的规模和分析单元的面积。平均街区长度在道路设计和社区规划标准中被广泛采用，本书中这个指标是通过计算所有道路中心线量取得街区长度的平均值来获得的；街区密度被定义为是一个分析单元内单位区域内由相互交叉的道路所未成的地块的个数；交叉口密度包括了一个分析单元内所有路网的交叉节点，不包括断头路末端的端点。这些指标都直接地与真实路网在二维尺度上的长度、宽度和面积概念相关，因此非常便于理解。

6.3 数据处理

6.3.1 数据来源和分析单元

本示例选择美国加利福尼亚州(以下简称加州)Alameda 县作为数据来源，进行路网结构与慢行交通安全分析。选择此地区数据的原因在于：第一，从全美 1979 年至 2008 年死亡交通事故的统计分析中可以看出，加利福尼亚州的事故数量稳定地处于榜首位置，具体见附录 D。第二，对于加州 58 个县的交通事故、路网类型和分析单元综合统计分析结果显示，Alameda 县为最佳选择，具体分析见附录 E。

所有数据的计算和整合都以美国人口统计局规定的人口统计小区为最小分析单元，这种分析单元的选择出于以下原因：第一，阿拉米达县人口统计小区的人口统计小区面积的平均值尺寸符合步行出行(典型出行距离低于 1 mile，合计 1.6 km)和自行车出行(典型出行距离低于 5 mile，合计 8 km)。人口统计小区的 75%统计量数值为 1.01 $mile^2$，并且其统计值的 95%之内的小区面积都小于 5.86 $mile^2$；相对而言，交通分析小区和其他分析单元要么太小要么太大，都不是行人和自行车出行所能覆盖的面积大小，不能单纯地反映区域内慢行交通出行特征。第二，阿拉米达全县人口统计小区的总数为 321 个，这个样本量对于地理权重统计模型的计算是最为适宜的[121]。

6.3.2 数据内容

分析中使用的数据可以分为六个种类，除了前文所选择和计算的道路网络结构数据外，还有交通事故数据、交通出行数据、土地利用数据、人口经济数据和交通设施数据。研究范围内的所有数据都是尽可能来自相同的年份，如果实在无法做到年份完全一致，也要尽量保持是最接近的年份数据。除了人口统计数据相差年份较大，出自 2000 年统计数据库。但是，这已经是能够满足于数据选择原则的最接近的数据，并且通常研究都假设人口结构在相当长的时间内不会发生巨大改变，或者说这种改变对于如此宏观的交通数据分析来说可以近似认为微乎其微。

1. 反映路网连通性的指标

本示例选取街区密度、交叉口密度、街道密度和平均街区长度四个指标来反映路网结构在连通性方面的特征。使用 Alameda 县的路网数据，计算阿拉米达县各个人口统计小区的上述四个连通性指标，并将每个分析小区的指标按照空间信息显示，可以看出每个分析单元的道路连通特征都是不同的，其空间分布情况见图 6－1、图 6－2、图 6－3、图 6－4 的(a)。

2. 交通事故数据

道路交通事故数据包括了加州阿拉米达县 2004 年至 2006 年所有行人和自行车事故。事故数据来自“Transportation Injury Mapping System”(下文简称 TIMS)，这个事故数据分析系统由加州大学伯克利分校交通安全研究与教育中心(the Safe Transportation Research and Education Center，下文简称 SafeTREC)研究人员设计和管理。TIMS 系统所使用的数据来源于“Statewide Integrated Traffic Records System”(SWITRS)，该系统可以提供基于地图的分析工具和信息为交通安全研究提供辅助，分析结果可以用于交通安全相关政策和规划工作。系统中所有的交通事故报告全部都已经在地图上定位，为事故数据的使用和再处理提供了非常有效的帮助。

3. 交通出行数据

出行数据用来从两个角度来描述交通系统的状况：首先，通过车公里(VMT)数据来反映每一个分析单元内道路网络上的交通出行强度。这一数据来自 2006 年的“Bay Area Simplified Simulation of Travel, Energy and Greenhouse Gases”模型，并且数据已经在交通分析小区和人口统计小区层面进行集计了。其次，每个分析单元内居民通勤出行使用机动车、公交和慢行方式的比例数据用来表征区域内的出行方式选择情况。这一数据来自美国人口统计局的 U. S. Census 2000 数据库。在出行数据作为控制变量的选择中，分析选择年龄超过 16 岁的人群的出行方式作为数据，系考虑到此年龄段人群为出行主体，且低于 16 岁人群通常出行依附于超过 16 岁的人群，例如家长接送上下学出行等。

4. 土地利用数据

由于本书研究行人和自行车交通事故，所以对于土地利用数据的选择也需要考虑是否能够最大程度上影响行人和自行车出行行为。各种土地利用类型当中，商业用地和居住用地被证明是对非机动车出行影响最大的[122]。因此本书选择统计分析单元中的商业地块单元数量和居住单元数量来作为与慢行出行相关的土地利用控制变量。商业用地的数据来自“the Alameda County pedestrian intersection crossing volume model”(下文简称 ACPICVM)，这个模型也是由

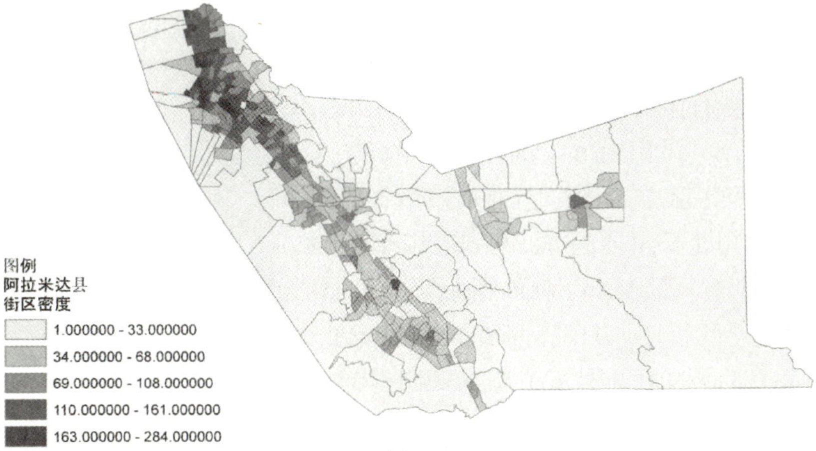

(a)

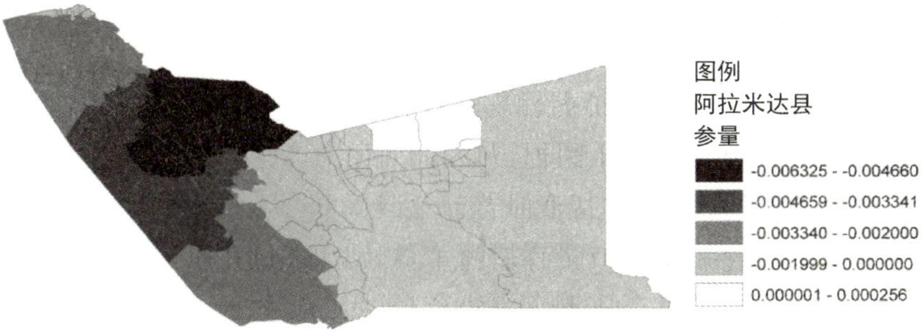

(b)

(c)

图 6-1　连通性指标及回归结果分布示意图：(a) 街区密度(街区/mile²)；(b) 回归系数；(c) T 检验值

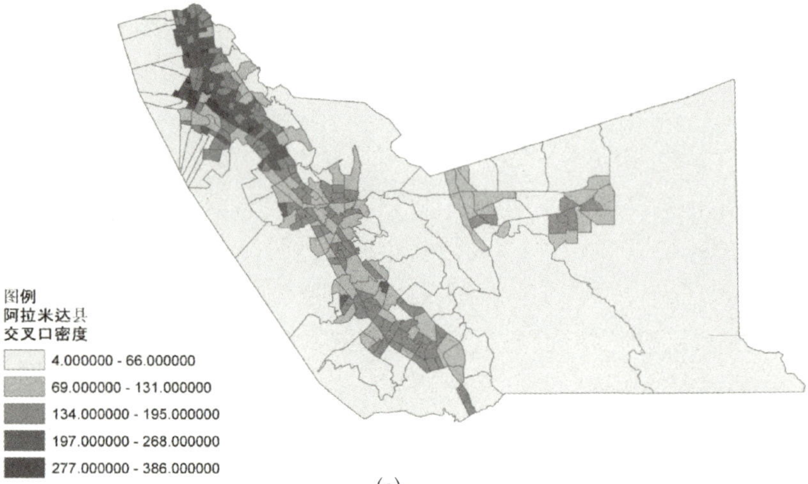

(a)

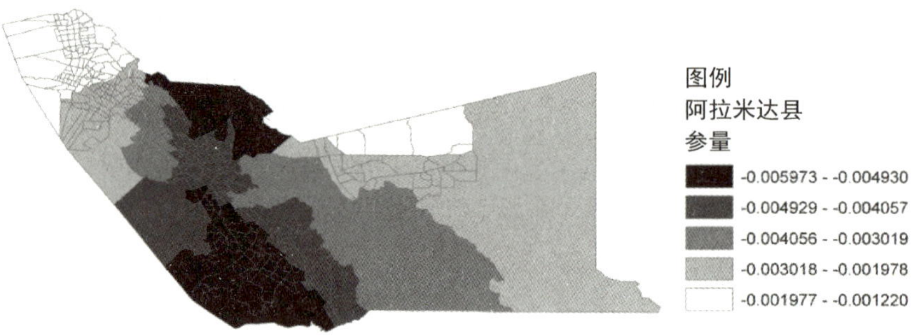

(b)

(c)

图 6-2　连通性指标及回归结果分布示意图：(a) 交叉口密度(交叉口/$mile^2$)；(b) 回归系数；(c) T 检验值

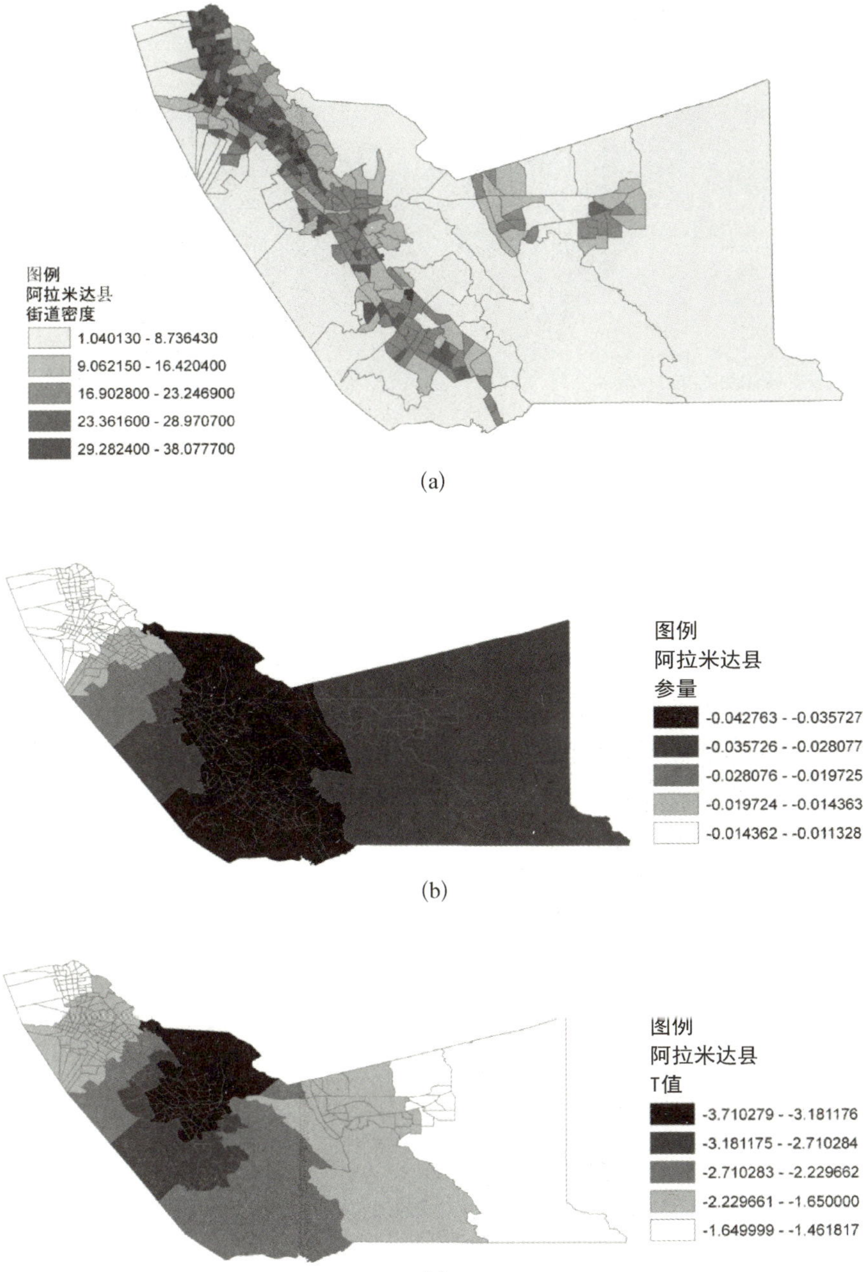

图 6－3　连通性指标及回归结果分布示意图：(a) 街道密度(英里/$mile^2$)；(b) 回归系数；(c) T 检验值

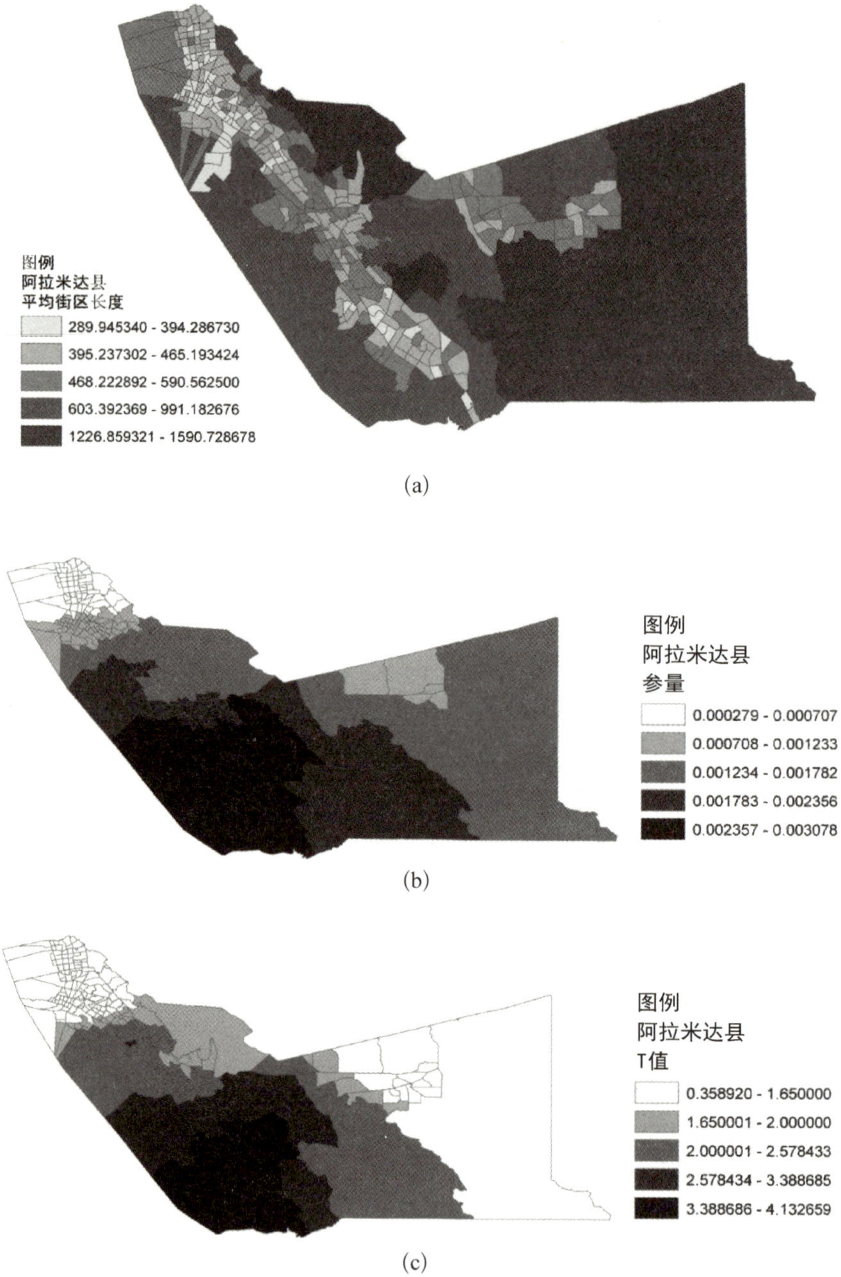

图 6-4　连通性指标及回归结果分布示意图：(a) 平均街区长度(ft)；(b) 回归系数；(c) T 检验值

SafeTREC 研究人员所建立。居住用地数据则直接来自 U. S. Census 2000 数据库。另外，"居住区建筑建成年"也被采用来作为土地利用类的控制变量来反映分析单元的建成时间，这一数据被转化成多少居住单元建于 1950 年之前。因为有研究表明建于 1950 年代之前的区域与之后的区域在交通安全方面的特征有所区别[123]。

5. 人口经济数据

人口数据按照不同年龄阶段进行统计，分别是年龄在 0 到 15 岁、16 到 64 岁和大于或等于 65 岁。这些数据被用来表征人口的组成结构；家庭年平均收入的中值以及就业率数据被用来反映分析单元的经济条件。以上数据均来自 U. S. Census 2000 数据库。

6. 交通设施数据

分析单元内公共交通的可达性可以用公交线路条数表示，这一数据同样来自 ACPICVM。另外，三路交叉口、四路交叉口和四路以上交叉口数量被统计出来表示分析单元的道路设施供给。道路连通性指标也基于路网数据进行计算，来反映不同分析单元之间路网连通性的差别。路网数据来自 ESRI 公司的"StreetMap North America"。因为本书重点分析行人和自行车交通事故，而行人和自行车可以到达的路段主要是地方道路。所以，对于接入限制严格的快速路以及封闭式管理的高速公路系统都没有包括在分析数据当中。

6.3.3　数据空间匹配

根据本书第 4 章提供的空间数据匹配方法，可以将所有的数据都匹配在分析单元上，即通过表 6-1 中所示的过程，给所有数据都分配以分析单元的 ID，在此基础上可以统计每一个分析单元下各种数据的数值。

表 6-1　数据空间匹配过程

分类	变　　量	原始信息数据类型	数据再生	匹配方法	边界问题处理
事故	行人和自行车交通事故年平均值(2004—2006 年)	点	无	使用 4.4.3 节中点分配到面的方法，分配给分析单元 ID	边界上的事故在相邻小区内都进行统计

续 表

分类	变量	原始信息数据类型	数据再生	匹配方法	边界问题处理
连通性	街区密度(blocks/mile^2)	线	分配到分析单元ID之后再计算	使用4.4.2节中线分配到面的方法，分配给分析单元ID	边界上的路段同时分配给相邻的小区
	交叉口密度(intersections/mile^2)	线至点	使用路网数据生成交叉口点，分配到分析单元ID之后再计算	使用4.4.3节中点分配到面的方法，分配给分析单元ID	边界上的交叉口在相邻小区内都进行统计
	街道密度(miles/mile^2)	线	分配到分析单元ID之后再计算	使用4.4.2节中线分配到面的方法，分配给分析单元ID	边界上的路段同时分配给相邻的小区
	平均街区长度(feet)	线	分配到分析单元ID之后再计算	使用4.4.2节中线分配到面的方法，分配给分析单元ID	边界上的路段同时分配给相邻的小区
土地利用	每个分析单元商业点数目	点	无	使用4.4.3节中点分配到面的方法，分配给分析单元ID	边界上的事故在相邻小区内都进行统计
	每个分析单元居住单元数目	面	无	已经具有分析单元ID	无
	建造于1950年的居住单元比例	面	无	已经具有分析单元ID	无
出行行为	车英里	表格	无	已经具有分析单元ID	无
	年龄超过16岁的居民中选择私人小汽车为通勤交通方式的数量	面	无	已经具有分析单元ID	无
	年龄超过16岁的居民中选择公共交通为通勤交通方式的数量	面	无	已经具有分析单元ID	无
	年龄超过16岁的居民中选择步行或者自行车为通勤交通方式的数量	面	无	已经具有分析单元ID	无

续　表

分类	变　　量	原始信息数据类型	数据再生	匹配方法	边界问题处理
交通设施	每个分析单元公交线路的条数	面	无	已经具有分析单元 ID	无
	每个分析单元内三路交叉口数量	线至点	使用路网数据生成交叉口点	使用 4.4.3 节中点分配到面的方法，分配给分析单元 ID	边界上的交叉口在相邻小区内都进行统计
	每个分析单元内四路交叉口数量	线至点	使用路网数据生成交叉口点	使用 4.4.3 节中点分配到面的方法，分配给分析单元 ID	边界上的交叉口在相邻小区内都进行统计
	每个分析单元内超过四路的交叉口数量	线至点	使用路网数据生成交叉口点	使用 4.4.3 节中点分配到面的方法，分配给分析单元 ID	边界上的交叉口在相邻小区内都进行统计
经济人口	人口密度(persons/mile^2)	面	无	已经具有分析单元 ID	无
	年龄在 0 岁到 5 岁的人口数量	面	无	已经具有分析单元 ID	无
	年龄在 16 岁到 64 岁的人口数量	面	无	已经具有分析单元 ID	无
	年龄超过 65 岁的人口数量	面	无	已经具有分析单元 ID	无
	就业率	面	无	已经具有分析单元 ID	无
	平均家庭年收入(1999 年)	面	无	已经具有分析单元 ID	无

6.4　模型分析

6.4.1　模型构建

1. 模型形式

基本的 GWR 方法假设回归模型标定时候使用的残差项的分布符合正态分布。这一假设对于交通事故数据这类计数数据来说，并不能成立。与正态分布相比，泊松分布更加符合计数数据的特点。尽管负二项分布比起泊松分布更加能够准确反映计数数据回归的残差分布特点，解决交通事故数据的“超散布”问题，但是泊松分布也不会因此产生不精确的估计结果[124]。更进一步，考虑到分析工作的可行性和便捷性，进行模型标定的 GWR 软件也是基于泊松分布假设设计的，因此分析所使用的模型形式如式(5－12)。

2. 变量

因变量是行人和自行车交通事故 2004—2006 年的年平均值。使用三年数据的平均值可以有效避免交通事故在时间上的起伏变化。自变量可以分为五个大类：连通性变量、土地利用变量、出行行为变量、交通设施供给变量和人口经济属性变量，见表 6－2。本书选择人口密度代替车公里作为曝露变量，因为已有研究表明在交通分析小区等比路段和交叉口分析单元较为宏观的分析单元层面，车公里作为曝露变量的表现并不佳。曝露变量应当是需要与因变量存在一种强烈的正相关关系，这一点对于离散的独立交通设施的历史交通事故数据分析往往成立，容易理解对于一个路段随着车公里的增加交通事故的发生概率也随之增长。但是对于连续的地理区域分析单元，这一关系被证明是不稳定的。而作为区域分析中常用的变量，人口密度在这个较为宏观的分析层面表现出的曝露变量所应当有的特性往往较为理想。

表 6－2　变量列表和描述统计值

分类	变　量	符　号	均　值	最小值	最大值	标准差
事故	行人和自行车交通事故年平均值(2004—2006 年)	y_i	4.01	0	24	3.49
连通性	街区密度(blocks/mile^2)	BlkDen	82.40	1.00	284.00	55.62
	交叉口密度(intersections/mile^2)	IntDen	154.57	4.00	386.00	78.36
	街道密度(miles/mile^2)	StDen	20.85	1.04	38.08	8.27
	平均街区长度(ft)	MBlkLen	466.81	289.95	1 590.73	144.39
土地利用	每个分析单元商业点数目	ComCnt	22.11	0.00	142.00	23.24
	每个分析单元居住单元数目	HUTot	1 682.81	10.00	4 969.00	751.53
	建造于 1950 年的居住单元比例	E50	0.33	0.00	1.00	0.27

续　表

分类	变　　量	符　号	均　值	最小值	最大值	标准差
出行行为	车英里	TotVMT	56 465.35	288.36	228 925.30	36 628.58
	年龄超过 16 岁的居民中选择私人小汽车为通勤交通方式的数量	WTPRV	1 695.17	6.00	5 557.00	963.02
	年龄超过 16 岁的居民中选择公共交通为通勤交通方式的数量	WTPUB	224.84	0.00	1 090.00	163.26
	年龄超过 16 岁的居民中选择步行或者自行车为通勤交通方式的数量	WTBW	94.40	0.00	1 389.00	143.39
交通设施	每个分析单元公交线路的条数	BusCnt	62.79	0.00	316.00	54.60
	每个分析单元内三路交叉口数量	3WayIntCnt	63.34	4.00	837.00	64.75
	每个分析单元内四路交叉口数量	4WayIntCnt	28.34	4.00	131.00	16.05
	每个分析单元内超过四路的交叉口数量	MWayIntCnt	1.17	0.00	9.00	1.41
经济人口	人口密度(persons/mile^2)	PD	10 077.20	7 154.03	26.70	38 852.20
	年龄在 0 岁到 5 岁的人口数量	Pop15	991.11	0.00	2 878.00	579.65
	年龄在 16 岁到 64 岁的人口数量	Pop16_64	3 046.74	23.00	8 885.00	1 394.88
	年龄超过 65 岁的人口数量	Pop65	459.79	1.00	1478.00	247.90
	就业率	EmR	0.47	0.10	0.68	0.10
	平均家庭年收入(1999 年)	HHInc	59 060.48	2 499.00	167 106.00	27 426.64

3. 模型结构

考虑到不同连通性指标之间可能具有相关性，因此在所有子模型当中都独立使用，而不将多个连通性指标同时放到一个模型当中。在将控制变量放入同一模型当中之前，需要进行变量之间相关性分析，避免共线的变量出现在相同模型中。如附录 F 所示，使用 Stata 软件计算相关性矩阵中，每一对影响因素之间对应的元素包括两个数据，上面一行为算的皮尔逊相关系数，越接近于 1 说明相关性越大，正负符号则表示这种相关性的方向。下面一行表示这种相关性的置信水平，此算例得到的结果，打星号的数据表示该相关关系为显著性水平 95%。同时因为自变量个数和种类较多，所以使用一种“顺序加入”的模型构建方法，将自变量按照种类顺序，在自变量之间保持独立不相关的情况下测试哪些自变量包括在模型当中可以得到最好的估计[125]。在这一模型构建程序下，一个简单的起始模型包括一个连通性指标、一个曝露变量和一个常数项。然后，其他控制变量将逐一地加入到基本模型当中。这一程序可以生成 15 个子模型，在每一个子模型中，只有一个连通性指标自变量，与其他控制变量一起与交通事故数据进行回归标定，见表 6－3。

表 6－3　模型结构

分 类	变 量	15 个子模型的变量选择														
		#1	#2	#3	#4	#5	#6	#7	#8	#9	#10	#11	#12	#13	#14	#15
因变量	Ln(y_i)	√	√	√	√	√	√	√	√	√	√	√	√	√	√	√
曝露变量	Ln(PD)	√	√	√	√	√	√	√	√	√	√	√	√	√	√	√
连通性变量	BlkDen Or IntDen Or StDen Or MBlkLen	√	√	√	√	√	√	√	√	√	√	√	√	√	√	√
土地利用变量	ComCnt		√				√	√	√				√	√		√
	HUTot		√				√	√	√				√	√		√
	E50		√				√	√	√				√	√		√
交通出行变量	TotVMT			√			√			√	√		√	√	√	√
	WTPRV			√			√			√	√		√	√	√	√
	WTPUB			√			√			√	√		√	√	√	√
	WTBW			√			√			√	√		√	√	√	√
交通设施变量	BusCnt				√			√		√		√	√		√	√
	3WayIntCnt				√			√		√		√	√		√	√
	4WayIntCnt				√			√		√		√	√		√	√
	MWayIntCnt				√			√		√		√	√		√	√

续　表

分类	变量	15个子模型的变量选择														
		#1	#2	#3	#4	#5	#6	#7	#8	#9	#10	#11	#12	#13	#14	#15
人口经济变量	Pop15					√			√		√	√		√	√	√
	Pop16_64					√			√		√	√		√	√	√
	Pop65					√			√		√	√		√	√	√
	EmR					√			√		√	√		√	√	√
	HHInc					√			√		√	√		√	√	√

6.4.2　连通性指标的系数估计

GWR 方法在每一个空间位置点都对模型进行一次独立的标定，因此模型标定的结果是每一个自变量可以估计出一系列系数，对于每一个空间点都会有一个系数的估计值。因此对于本书分析区域一共有 321 个分析单元，那么对于每一个自变量都会估计出 321 个系数。而每一次估计也有一个相应的 T 检验值和标准差等统计参数。所以，这种动态的空间统计模型的估计结果是每一个自变量所对应的系数、检验值和其他统计参数都随着空间地理位置的变化而进行一次新的估计。专注于连通性变量，每一个指标所估计出的系数和统计参数整理在表 6－4 里面。由于每一个自变量的估计出来的系数有 321 个，因此系数按照最小值、第一个四分位值、中值、第三个四分位值和最大值的顺序整理在表 6－4当中。四个连通性指标对应系数的空间分布，见图 6－1、图 6－2、图 6－3、图 6－4 的(b)所示。

6.4.3　显著性水平

每个自变量对应的 T 检验值估计也是随着空间位置的不同而有所变化，见图 6－1、图 6－2、图 6－3、图 6－4 的(c)。所以模型估计结果不是每一个变量对应一个 T 检验值，因此不能通过传统的根据唯一的 T 检验值来判断自变量对因变量影响的显著性。本书通过建立一种“显著率”来判断自变量的显著性水平，通过计算一个自变量对应的系数估计的 321 个 T 检验值中有多少比例大于 1.65 或者小于－1.65(±1.65 是双边 T 检验在自由度为 320，置信度 90%所对应的检验区间)，通过这个比例来显示有多少分析单元的交通事故数据和连通性指标之间的关系在 90%置信度下是显著的。每一个连通性指标对应的系数估计

表 6 - 4　不同子模型得到的四个连通性指标的参数估计结果

连通性指标	每个连通性指标的参数估计，子模型＃1 to ＃8							
	＃1	＃2	＃3	＃4	＃5	＃6	＃7	＃8
街区密度	−0.005 975	−0.001 563	−0.006 525	−0.007 940	−0.004 434	−0.000 310	−0.002 587	−0.000 830
	−0.001 460	−0.000 369	0.000 667	−0.003 898	0.000 168	−0.000 088	−0.002 211	−0.000 505
	0.001 612	0.000 303	0.002 672	−0.002 526	0.001 753	−0.000 043	−0.001 051	0.000 183
	0.004 027	0.000 535	0.004 839	−0.002 010	0.003 642	0.000 049	−0.000 961	0.000 314
	0.011 317	0.003 762	0.010 633	0.003 201	0.006 751	0.001 321	−0.000 899	0.000 468
交叉口密度	−0.011 564	−0.004 757	−0.005 195	−0.007 628	−0.005 888	−0.001 312	−0.005 444	−0.001 257
	−0.004 182	−0.002 073	−0.002 068	−0.005 119	−0.000 515	−0.000 854	−0.004 110	−0.000 928
	−0.001 066	−0.000 703	0.000 688	−0.001 630	0.000 031	−0.000 552	−0.001 231	−0.000 224
	0.001 150	−0.000 154	0.002 116	−0.001 181	0.001 292	−0.000 429	−0.000 793	−0.000 068
	0.005 585	0.002 387	0.006 210	0.001 482	0.004 698	0.000 633	−0.000 685	0.000 467
街道密度	−0.096 454	−0.021 855	−0.042 297	−0.090 096	−0.025 657	−0.012 690	**−0.042 763**	−0.011 929
	−0.036 546	−0.017 388	−0.004 769	−0.054 998	−0.001 442	−0.009 736	**−0.037 634**	−0.007 750
	−0.012 564	−0.010 458	0.011 288	−0.035 038	0.008 597	−0.008 002	**−0.022 749**	−0.003 272
	0.008 288	−0.006 290	0.025 186	−0.008 032	0.022 540	−0.006 778	**−0.013 158**	−0.001 684
	0.058 122	0.010 527	0.089 238	0.017 437	0.056 299	0.006 669	**−0.011 328**	0.008 072
平均街区长度	−0.007 355	−0.001 502	−0.004 949	−0.001 171	−0.002 996	0.000 046	0.000 275	−0.000 294
	−0.001 443	−0.000 526	−0.001 699	0.000 147	−0.000 840	0.000 198	0.000 500	0.000 039
	0.000 080	0.000 327	−0.000 586	0.001 237	−0.000 274	0.000 378	0.000 991	0.000 067
	0.001 388	0.001 355	0.001 530	0.002 404	0.000 770	0.000 882	0.002 188	0.000 194
	0.004 935	0.002 627	0.003 956	0.003 833	0.001 795	0.001 087	0.002 668	0.000 681

续　表

连通性指标	每个连通性指标的参数估计，子模型＃9 to ＃15							
	＃9	＃10	＃11	＃12	＃13	＃14	＃15	—
街区密度	**−0. 006 325**	−0. 000 475	−0. 004 295	−0. 003 627	−0. 001 576	−0. 003 391	−0. 003 862	—
	−0. 003 817	0. 000 864	−0. 003 604	−0. 003 279	−0. 001 283	−0. 003 142	−0. 003 489	
	−0. 002 783	0. 001 310	−0. 002 665	−0. 001 642	−0. 000 352	−0. 001 490	−0. 000 988	
	−0. 002 204	0. 001 793	−0. 001 841	−0. 001 378	−0. 000 120	−0. 001 349	−0. 000 665	
	0. 000 256	0. 003 665	−0. 001 475	−0. 001 314	−0. 000 038	−0. 001 294	−0. 000 588	
交叉口密度	**−0. 005 973**	−0. 001 158	−0. 006 112	−0. 003 818	−0. 001 492	−0. 002 742	−0. 002 918	—
	−0. 004 609	−0. 000 065	−0. 003 403	−0. 003 331	−0. 001 167	−0. 002 502	−0. 002 549	
	−0. 002 686	0. 000 330	−0. 002 237	−0. 001 662	−0. 000 313	−0. 000 990	−0. 000 693	
	−0. 001 785	0. 000 627	−0. 001 197	−0. 001 174	−0. 000 091	−0. 000 820	−0. 000 363	
	−0. 001 220	0. 002 184	−0. 000 861	−0. 001 005	0. 000 030	−0. 000 784	−0. 000 247	
街道密度	−0. 044 962	−0. 005 407	−0. 031 595	−0. 034 844	−0. 012 724	−0. 021 734	−0. 023 234	—
	−0. 030 539	0. 002 439	−0. 020 922	−0. 028 946	−0. 007 754	−0. 017 727	−0. 019 911	
	−0. 023 874	0. 005 153	−0. 017 001	−0. 016 961	−0. 004 369	−0. 009 658	−0. 009 642	
	−0. 017 883	0. 015 537	−0. 009 085	−0. 012 612	−0. 003 152	−0. 007 470	−0. 006 151	
	−0. 013 145	0. 022 623	−0. 004 005	−0. 011 349	0. 004 890	−0. 006 816	−0. 004 987	
平均街区长度	**0. 000 279**	−0. 001 331	−0. 000 295	0. 000 700	−0. 000 577	0. 000 099	−0. 000 334	—
	0. 000 814	−0. 000 718	0. 000 541	0. 000 843	−0. 000 247	0. 000 570	0. 000 070	
	0. 001 581	−0. 000 498	0. 000 737	0. 001 057	−0. 000 215	0. 000 617	0. 000 106	
	0. 002 121	−0. 000 379	0. 001 001	0. 001 612	−0. 000 050	0. 000 819	0. 000 423	
	0. 003 078	−0. 000 304	0. 002 654	0. 001 856	0. 000 400	0. 001 510	0. 001 049	

的显著性比例见图 6－5 中横轴所示。本书认为显著率超过 0.6 的估计是较为显著的。因此，图 6－5 中黑色粗竖线右边的点表示参数估计显著性水平较为理想的子模型。

6.4.4 最优模型选择

为了衡量一个子模型对于数据关系的描述能力有多强，本书采用 AICc (Corrected Akaike Information Criterion)[121]，如果 AICc 值较低则认为模型拟合能力较好。所有子模型的 AICc 值见图 6－5，从最小值 254 到最大值 539。本书认为 AICc 低于 350 的子模型为拟合质量较高的模型。如图 6－5 中所示，黑色水平线下的点为拟合效果较好的子模型。

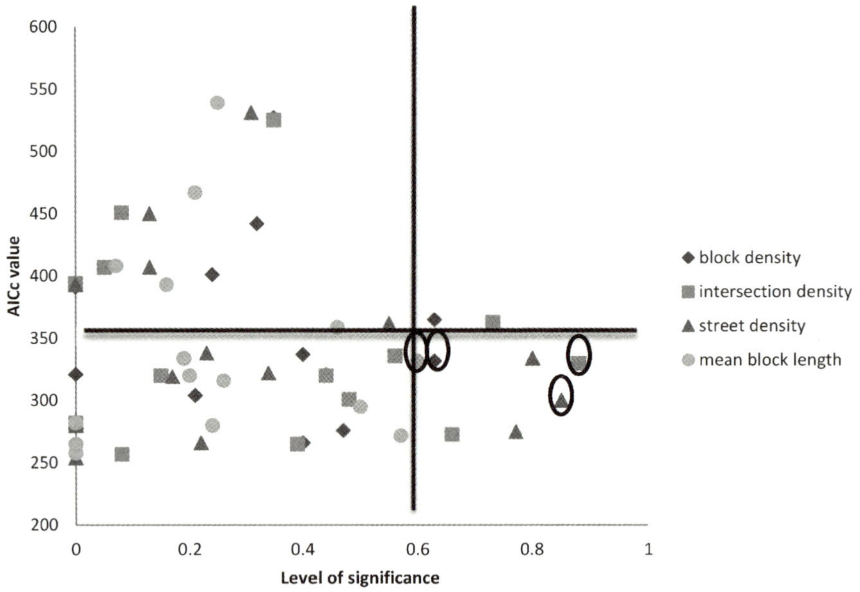

图 6－5　连通性变量系数估计显著性水平和模型拟合程度

为了进一步分析连通性指标和非机动车使用者交通事故之间的相关性，连通性自变量系数估计的显著性较高的子模型将被作为进一步分析的被选模型。而在这些被选模型当中，拟合水平较高的模型被进一步选出作为最后进行分析的对象。所以在图 6－5 中黑色竖线右边和同时在黑色横线下面的子模型属于可以被进一步分析的对象，其中以显著性水平最高为选择首要条件，在同样是落在图 6－5 纵横黑线分割区域右下角的点中，显著率最高的即最靠右侧的点选出作为分析连通性指标与交通事故关系的关注模型。最后选出的分析四个连通性指标的四个子模型分别是子模型 9 号，用于分析街区密度对慢行交通事故的影响；子模型 9 号，用于分析交叉口密度对慢行交通事故的影响；子模型 9 号，用于分析平均街区长度对慢行交通事故的影响；子模型 7 号，用于分析街道密度对慢行交通事故的影响，这些关注的子模型在表 6－4 中用加粗字体标注出其对应的估计参数，在图 6－5 中用黑色圆圈圈出。

6.5 结果解读

根据连通性自变量系数估计的显著性水平和模型的拟合优度，图 6－5 中圈出的四个子模型被选择出来进行连通性指标和行人、自行车交通事故相关性的分析。

6.5.1 影响的方向

图 6－1(b)中显示街区密度指标对应的系数在不同分析单元之间的分布情况，大部分人口统计小区对应的系数为负值，除了中北部区域内部分用白色显示的分析单元其系数值为正值。表面上看，回归结果说明街区密度对于慢行交通事故的发生在部分地区成正相关，而在部分地区又成负相关。但是，如果进一步观察 T 检验值的分布特点，就会得出不同的结论。所以，还需要进行显著性水平的观察才能得出正确的结论。上述模型解释中提到 T 检验值随着不同的地理位置会有所变化，如图 6－1(c)所示，T 检验值在 321 个分析单元的数值不同造成颜色有所区别。T 检验值小于－1.65 的分析单元表示该分析单元对应的街区密度指标对于慢行交通事故的发生影响显著。而上文提及的街区密度指标为正值的分析单元恰好对应的 T 检验值都大于－1.65，这说明这些分析单元的系数回归并不显著，因此街区密度对于慢行交通事故的正相关关系也并不显著，这些分析单元得到的回归结果可以在分析中忽略。综上所述，街区密度与慢行交通事故发生之间存在显著的负相关性，即，街区密度越高可以减少行人和自行车交通事故的发生。

图 6－2(b)中所示，交叉口密度所对应的系数估计值在所有分析单元都是负值，从－0.006 到－0.001。因为没有出现系数为正值的分析单元，因此可以得出结论为交叉口密度与慢行交通事故之间的关系为负相关，即，交叉口密度越高，行人和自行车的交通事故越少。这也可以从图 6－3(b)中得到同样的结论，

街道密度越高慢行交通事故越少。

相反的，平均街区长度的系数估计值在所有分析单元都为正值。如图 6－4(b)所示，最小的系数估计值为 0.000 3，最大的系数估计值为 0.003。这表明较短的平均街区长度与较安全的慢行交通出行环境有显著的关系。

6.5.2 影响的程度

使用 GWR 方法为每个自变量估计的系数不仅其正负符号会随着样本单元空间位置的变化而改变，其绝对值大小也会随之变化，这说明自变量对于因变量的影响不仅在方向上会根据分析单元的地理位置而不同，影响程度也不是固定不变的。在本书的分析模型中，影响慢行交通事故发生的因素在某些人口统计小区对事故的影响是显著很强的，而在某些小区则是很弱的。为了分析不同影响因素的影响程度强弱与否，暂且忽略系数的符号，仅观察系数估计的绝对值在空间位置上的分布和变化。如图 6－1(b)所示，街区密度指标对应的系数在阿拉米达县西部的人口统计小区十分接近 0，这说明在这些分析单元内街区密度对于行人和自行车交通事故的发生影响可以非常微小。当街区密度有一个单位的增长时，慢行事故的发生量几乎不会有什么变化。但是这种影响程度也需要在考察影响显著性水平的前提下定论。对比 T 检验值在图 6－1(c)中的分布情况，很容易发现在图 6－1(b)中系数估计绝对值较接近于 0 的那些分析单元在图 6－1(c)中对应着的是 T 检验值大于－1.65 的分析单元，也就是那些系数估计并不显著的分析单元(置信度 90％)。换言之，凡是 T 检验值小于－1.65 的系数估计显著的分析单元，其系数绝对值都较大，即街区密度对于慢行事故发生的影响在 90％置信度水平下是强烈的，那些系数绝对值接近于 0 的分析单元由于其估计本身不显著，所以可以忽略。此时可以下结论认为，街区密度对于行人和自行车交通事故的发生其影响强烈(置信度 90％)。同样的分析结论可以通过分析对比图 6－2(b)到图 6－4(c)得到，证明交叉口密度、街道密度和平均街区长度都在 90％置信度水平下强烈地影响慢行交通事故的发生。

6.5.3 有效的连通性指标和模型

在本书分析的四个表征路网连通性的指标当中，街道密度是用来估计路网连通性与慢行交通事故关系的最好指标，因为以下几个原因：第一，街道密度对应的系数估计在 85％的分析单元都是显著的，如图 6－5 中所示。说明有 85％的样本单元其数据分析是 90％置信度下可以估计该指标对于慢行交通事故的影响的。第二，使用街道密度作为连通性指标的分析子模型具有最小的 AICc 值，说明这个模型是之前挑选出来进行深入分析的四个子模型当中拟合度最好的模型。第三，街道密度自变量对应的系数值变化范围从 −0.042 763 到 −0.011 328，浮动率为 0.74，而其他的连通性指标对应的系数估计变化浮动率分别为街区密度 0.96、交叉口密度 1.04、平均街区长度 10.03。因此，街道密度相比之下有变化幅度较小的系数估计，说明其对于慢行交通事故的发生影响也较为稳定。

如果要选择一个最好的模型结构用于分析路网连通性和行人、自行车交通事故的关系，那么子模型 9 号是首选，原因如下：第一，该子模型的自变量不仅包括连通性指标，同时还包括出行行为和交通设施供给的指标作，这些类型的影响因素也是已有研究中常用的分析变量，被证明是对于交通事故有着显著强作用的因素。第二，所有四个连通性指标在 9 号子模型结构中的估计系数都有较高的显著性水平，这说明这个子模型结构比其他的模型结构对于连通性指标和慢行交通事故的关系解释力度更强。第三，对于四个连通性使用 9 号子模型得到的 AICc 值都较小，说明在这个模型结构下模型对于自变量和因变量关系的拟合水平较高。

6.6　本 章 小 结

根据连通性自变量系数估计的显著性水平和模型的拟合优度，图 6 - 5 中圈出的四个子模型被选择出来进行连通性指标和行人、自行车交通事故相关性的分析。根据以上分析可以得出结论：较高的路网连通性水平与较安全的慢行交通环境有关系。更高的街区密度意味着被街道环绕的较小的街区；高密度的交叉口表示单位区域内的道路更频繁地连接在一起；更大的街道密度表示街道的供给较高且紧凑密集；较短的平均街区长度则定义了一种连接概率很高的路网组织形式。这些指标情况都可以表示连通性较高的路网形式，并且被估计出与较低的慢行交通事故发生显著的强关系（置信度 90%）。而在这些指标当中，街道密度指标可以提供更好的解释力、更优的拟合水平以及更稳定的估计。此外，分析比较证明在 GWR 模型中使用路网特征（本书考察连通性特征）、出行行为和交通设施供给作为估计慢行交通事故的影响因素能够得到更好的估计和更优的模型拟合度。

第7章 结论与展望

7.1 研究成果

7.1.1 路网构型描述指标体系

以往的路网构型描述，通常建立在从某一个特定角度观察路网。例如仅从抽象的形态角度将路网元素进行分解，考虑路网的环元素和非环元素的比例；又如仅从设施规模的角度考察路网的区别，比较不同路网之间交叉口密度、路网密度等指标的情况。此类试图从某个特定角度区别路网的研究，确实在一定程度上反映了路网在特定方面的区别，但是往往偏重于局部特征，或者局限于所在领域的限制，而不能全面整体地来比较不同的路网构型。

本书所建立的路网构型描述指标体系，一方面从路网形态认知的不同空间尺度理顺描述逻辑，另一方面从不同尺度下在该系统的框架下，总结了以往研究和相关领域所能及的路网构型指标，并提供了详细的计算方法。在分析了道路网络构型对于城市意象和交通运行的影响之后，总结了道路网络描述工作的已有方法和现存问题，剖析了已有描述方法的局限性，从而引出本书路网构型描述体系所要达到的目的，提出基于认知尺度的网络构型描述体系的逻辑，并依此建立了规模指标、设施形式指标、结构指标三大类指标。其中结构指标又分为横向结构和纵向结构两个维度进行阐述。最后使用典型路网构型作为样本路网，采用指标体系中计算最为复杂的中心度指标计算，示例指标计算的过程以及结果的可用性。使用本书提供的路网构型描述指标体系，可以从不同的认知尺度和解构角度，全面地掌握路网构型的各类特征信息。可以使用多维信息比较的方式分类、理解、描述路网，也可以根据研究目的仅着重于某个方面的指标，但同时可以对其他指标有一个背景式的了解。

7.1.2 空间数据处理

随着信息技术的发展，数据采集、集计和分析都逐渐空间化。尤其是在区域层面的交通研究中，各类信息更是开始以空间集计的方式丰富和精确起来。为了便于研究中的使用，以及得到更加准确的分析，空间数据的集计、二次集计、典型问题的处理方法开始变得普遍，为每一个区域层面的交通研究所需要。本书以区域层面的交通安全研究为数据需求主体，将研究所涉及的各种数据进行分类，并且针对每一个数据类型，深入讨论了其数据质量、内容、数据选择、划分以及生成等方面的特点，并且结合交通安全研究所需信息的要求，介绍了各类数据内部以及数据之间的整合关系及处理方法。

本书提供的对于空间数据来源、内容、质量方面的特点的总结，以及各类数据自身和相互关系的特征，为区域层面研究交通安全的数据准备提供了参考。尤其是对于数据内部和数据之间的集计以及二次集计，都是针对最普遍的最基本的交通安全研究要求而总结，并且总结了针对不同分析要求的数据选择和处理方法。既包括了对数据的统一性要求，又包括了特殊研究的特殊考虑，可以作为空间数据处理工具的开发依据和参考，实现区域交通安全研究数据的标准化处理和自动化生成。

7.1.3 地理加权回归的应用

交通事故的发生、事故类型和发生事故的群体，均会随着事故发生的位置的不同而有所差异。同样是行人和机动车冲突的事故，在路段中间和交叉口上的该类事故严重程度不同，路段机动车行驶速度较快，且没有行人过街设施的情况下，发生的事故严重程度要高于交叉口处。除此之外，影响交通事故发生的因素，尤其是区域层面的因素，例如人口组成、经济水平、土地利用等情况，也都随着统计该数据的空间位置的不同而有所区别，甚至会由于空间的联系而有所关联。因此，无论是交通事故，还是交通事故的影响因素，甚而是两者之间的关系，在空间上都是存在相关性和差异性的。地理加权回归模型在空间数据分析方面的应用，主要集中在医学、环境、生态等学科领域，其在交通学科尤其是交通安全方面的直接应用还处于起步阶段。随着交通数据库的空间集计信息越来越丰富，地理信息技术的应用广为普及，空间统计模型的使用开始在数据和技术方面成为可能。而影响交通安全的因素，包括交通事故本身，都是受到相当的空间位置影响的，尤其是区域层面以连续的小区为分析单元的交通安全研究，更加需要考虑交通事故和影响因素以及两者之间关系在空间上的相关性。因此，又为空间统计模型在区域交通安全问题研究方面的应用提供了必要性。

本书介绍了传统的地理加权回归模型的产生、应用以及扩展和延伸的发展历程，针对区域层面的交通安全分析，引入了服从泊松分布的地理加权回归模型。详细介绍了该模型的假设和构造，解释了模型标定回归系数的机制和过程，重点讲解了权重方程的构造、频带宽度的选择以及如何获得服从泊松分布的地理加权回归模型。之后，文章特别针对该模型在区域交通安全分析中的使用，分析和讨论了使用过程中的各类关键问题，包括控制变量的选择、曝露变量的选择、模型的选择、模型的构建、模型结果表达、模型结果的解释以及计算软件的选择，为服从泊松分布的地理权重模型在区域交通安全研究的应用提供了非常详尽的指导。本书所引用和介绍的服从泊松分布的地理加权回归模型，不仅可以用来分析第 5 章案例中的路网构型与慢行交通安全之间的关系，还可以用来分析其他各种区域因素对于交通安全的影响；另外，除了研究慢行交通事故的发生，还可以进而研究机动车事故或者不同严重程度的交通事故与区域层面影响因素的关系。由于本书所强调的是解释影响因素与事故发生之间的解释模型，因此对于模型的选择以模型的信息量和解释力度为标准。但是，该模型同样可以用来进行交通安全水平的预测模型，在模型选择过程中使用基于“估计值和观测值差别”的模型选择指标，例如第 5 章中讨论的 Hadayeghi 等人使用的 PPMCC(Pearson's prodect moment correlation coefficient)、MSPE(Mean squared prediction error)和 MSE(Mean squared error)等指标，可以从预测能力的角度选择拟合程度最好的模型。

7.1.4 路网构型与交通事故关系分析的应用

1. 指导规划

传统的道路网络的规划和设计，往往与规划师和设计师本人的经验及偏好有关，基于个人对于路网及其功能的理解。现行的路网规划，则更多的依据城市规划和土地利用的总体目标，以城市居民对于城市发展本身的某种期许为指引而进行。无论是出于个人的理解还是群体的期许，首先都需要了解路网构型本身所具有的属性，以及这些属性所造成的影响。基于这种影响，对比城市发展的目标，从而选择合适的路网构型。尤其是在交通安全问题受到广泛关注的今天，交通事故的减少和控制已经成为世界各大城市和地区的首要任务，纷纷纳入城市规划目标体系当中。因此，本书所提供的分析路网构型与交通安全之间关系的方法和模型，可以帮助规划者和设计者们理解不同路网构型特征对于安全的影响程度以及方向，从而指导新区路网规划设计能够朝着有利于出行安全的方向发展。

2. 方案评选

本书所提供的路网构型与交通事故关系分析模型，同样可以用于路网的交通安全水平预测。通过使用路网构型指标体系和事故标定事故模型，从而用于对于新规划方案的比选和评价。为规划方案的选定和比较提供交通安全角度的意见，并为方案的优化提供依据。

3. 已有设计改善

对于已经建成的道路网络，可以根据路网构型与当地交通事故历史数据的统计分析，找出对于事故影响程度最大的路网属性，从而针对性地改善已有设计。这种分析和改善，与以往的基于交叉口和路段的局部分析不同，后者是从细节和网络节点的尺度，来解决该层面所能解决的问题。而仍旧有许多可能是在系统层面的、整个网络的问题，此时就需要从网络的整体层面来了解事故的发生和造成事故的网络特征。在此依据下所进行的改善，可以从更加系统的角度来解决节点和局部处理所不能解决的问题。

7.2　研究创新点和突破点

7.2.1　面向交通安全分析的路网结构指标体系

以往的路网结构指标多使用定性描述的方法体现路网特征，而仅有的个别量化指标又不能全面地描述路网。更重要的是，这些已有的指标并非满足交通安全分析对路网指标区域性、事故导向的要求。以路网结构的交通安全分析为具体目标，本书所提供的路网构型描述指标体系，其创新点在于其指标体系构建和选择均是针对交通安全分析的要求而进行。① 基于多学科对于路网结构的定性描述和片段性描述的已有成果，提出了设施规模、网络形态和网络结构三个方面的指标，形成定量化的体系。② 该体系根据不同尺度下解析度的区别，形成了全面的、系列的、多角度、多尺度的路网构型指标系统。③ 针对区域层面交通安全分析的要求，提供能够体现区域尺度特征的路网指标计算。④ 并且在此基础上提出了针对不同交通事故类型应当如何选择路网结构指标的原则以及推荐的指标。

7.2.2　满足区域交通安全分析的空间数据处理

区域层面的交通安全分析，尤其是关注路网结构对于交通安全影响的分析，需要以连续的、一定面域的小区作为分析单元。而传统的交通数据、事故数据、区域特征等数据均是集计在不同单位上，例如交通事故以事故发生地点为单位集计，道路里程以路线为单位集计，人口数量以人口统计小区为单位集计等。而为了满足区域交通安全分析的数据要求，需要将不同的统计单元下的数据统一匹配到小区分析单元上，在这个过程中如何通过原始数据形成模型可用的数据、如何匹配、分配不同统计单元下的数据，都没有成形的方法。因此，本书的突破点在于：① 将区域交通安全分析中需要的各种空间数据进行归纳，总结出各类数据的内容和特征。② 详细介绍了如何将各种数据进行空间关系的互相匹配，尤其突出了针对区域分析要求的各类数据区域信息的匹配。③ 针对不同交通事故类型的分析，给出了关于选取道路网络结构指标的建议。④ 对以区域为分析单元的空间单元选择和边界数据处理进行了深入的探讨。

7.2.3 考虑数据空间信息和数据关系空间差异性的分析模型

传统的交通安全分析模型不能反映数据的空间信息，而以往的空间统计模型仅仅作为预测模型，考虑数据整体的空间相关性，而不能体现数据样本的空间信息，尤其不能充分解释数据关系在空间上的差异性。通过引用 GWR 局部空间统计模型，本书的又一个突破点在于，① 在分析路网结构的交通安全水平时，一方面考虑路网数据、交通事故数据、区域特征数据等空间数据本身的空间信息和空间相关性，另一方面同时考虑各种交通事故影响因素与交通事故发生之间关系的空间差异性。② 兼顾交通事故数据的分布特点进一步引用服从泊松分布的改进 GWR 模型。③ 使得 GWR 模型适用于交通安全分析，对其模型变量的选择、模型构建方法以及结果的解读进行了详细的讨论。④ 进一步从定量的角度分析了以区域为分析单元的统计分析中关键的边界问题，提出了适用于交通安全分析的边界数据分配方法。

7.3 研究不足和发展

7.3.1 特征计算器特征指标的扩充和更新

道路网络构型的描述，是对于路网特征和属性的最基本的信息来源。由于计算的指标甚多，过程繁杂，当中不乏对数据的处理和转化、变形，因此，有必要将其开发成操作简单的指标计算器。避免研究人员过度集中于如何计算指标，影响主体研究的时间和精力。另外，随着网络科学、图形科学的不断发展，以及关于网络计算的新指标的引用，路网特征的计算需要进行扩充和更新，以便不断改进各个指标，但是描述网络的逻辑和体系框架可以继续沿用。

7.3.2　GWR 模型的改进

交通事故数据是非负的、整数的、不连续的计数型数据，该类型数据的回归模型经历了简单线性回归、服从泊松分布的回归、服从负二项分布的回归的过程。出于对 GWR 模型可操作性的考虑，目前能够直接进行 GWR 模型计算的软件所提供的回归假设数据符合正态分布或者泊松分布。虽然有研究表明使用服从泊松分布的 GWR 模型并不会明显影响模型的回归精度和解释能力，但是能够将其改进为服从负二项分布的 GWR 模型依旧是主要发展趋势。

7.3.3　交通安全深入分析

路网构型的交通安全分析，可以针对不同的交通主体、交通方式和严重程度进行深入的对比。本书案例中仅分析了路网构型的连通性对于慢行交通安全的影响，得到的结论是连通性越好的路网其行人和自行车事故的发生较少。但是，还应当继续分析该路网构型数据下机动车事故的发生情况是如何受到影响的。此外，也需要分析路网构型的连通性对于交通事故发生的总量和严重程度在影响上的区别。

参考文献

[1] Jacobs J. The death and life of great American cities[M]. Westminster, MD, USA: Vintage, 1992.

[2] Southworth M, Ben-Joseph E. Streets and the shaping of towns and cities[M]. Washington D C: Island Press, 2003.

[3] Ewing R, Schieber R A, Zegeer C V. Urban sprawl as a risk factor in motor vehicle occupant and pedestrian fatalities[J]. American Journal of Public Health, 2005, 93(9): 1541 - 1545.

[4] Pawlovich M, Li W, Carriquiry, et al. Iowa's Experience with road diet measures: use of bayesian approach to assess impacts on crash frequencies and crash rates[J]. Transportation Research Record: Journal of the Transportation Research Board, 2006, No. 1953: 163 - 171.

[5] Marshall W E, Norman W. Garrick. Street network types and road safety: a study of 24 california cities[J]. Urban Design International, 2010, 15(3): 133 - 147.

[6] Rifaat S M, Tay R, de Barros A. Effect of street pattern on the severity of crashes involving vulnerable road users[J]. Accident Analysis and Prevention, 2011, 43(1): 276 - 283.

[7] Gladhill K W. Exploring traffic safety and urban form in portland. [D]. Portland: Portland State University, 2010.

[8] Marshall S. Streets and Patterns[M]. London and Newyork: Spon Press, 2004.

[9] Dill J. Measuring network connectivity for bicycling and walking[C]//Presented at the 83rd Annual Meeting of the Transportation Research Board, Washington D C. 2004.

[10] Freeman L C. Centrality in social networks conceptual classification[J]. Social Networks, 1978, 1: 215 - 239.

[11] Pengyao Ye. Research on Structure Characteristics of urban road and street network. [D]. Shanghai: Tongji University, 2008.

[12] Hadayeghi A, Shalaby A S, Persaud B N. Development of planning level transportation safety tools using geographically weighted poisson regression[J]. Accident Analysis and Prevention. 2010, 42: 676 - 688.

[13] Handy S, Paterson R G, Butler K. Planning for street connectivity: getting from here to there[R]. Planning Advisory Service Report 515. American Planning Association. 2004.

[14] Cervero R, Kockelman K. Travel demand and the 3Ds: density, diversity and design [J]. Transportation Research Part D. 1997, 2: 199 - 219.

[15] Scheurer J, Porta S. Centrality and connectivity in public transportation networks and their significance for transport sustainability in cities[C]//In: World planning schools congress, global planning association education network, Mexico: 2006.

[16] Lutz T, Lenore F. How should we measure landscape connectivity[J]. Landscape Ecology, 2000, Vol. 15, No. 7: 633 - 641.

[17] Yuanyuan Zhang, Xuesong Wang, Peng Zeng, et al. Centrality characteristics of traffic analysis zone road network patterns[J]. Transportation Research Record: Journal of the Transportation Research Board. 2011, No. 2256: 16 - 24.

[18] Grammenos F, Tasker-Brown J. Residential street pattern design. Socio-economic Series 75, 2002[EB/OL]. [2010 - 7 - 1]. http://www.cmhc-schl.gc.ca/publications/en/rh-pr/tech/socio75.html.

[19] Rifaat S M, Tay R. Effects of street patterns on injury risks in two-vehicle crashes [C]//Presented at 88th annual meeting of the transportation research board. Washington D C: 2009.

[20] Sun J, Lovegrove G R. Using community-based macro-level collision prediction models to evaluate the safety level of neighborhood road network patterns[C]//Presented at 89th annual meeting of the Transportation Research Board. Washington D C: 2010.

[21] Rosell A. Improve safety by increasing street connectivity, Feb. 2009[EB/OL]. [2010 - 7 - 1]. http://tcstreetsforpeople.org/node/652. Accessed Jun 1st, 2010.

[22] Moore J A, Johnson J M. Transportation, land use and sustainability[M]. Publication Florida Center for Community Design and Research, 1994.

[23] Southworth M, Ben-Joseph E. Reconsidering the Cul-de-sac[EB/OL]. http://www.uctc.net . Access, No. 24, University of California, 2004.

[24] Heinzle F, Anders K H. Automatic detection of pattern in road networks-methods and evaluation[C]//proceedings of the joint workshop visualization and exploration of geospatial data. CD-ROM. Stuttgart. Germany: 2007.

[25] Thomas I. Transportation networks and the optimal location of human activities: a

numerical geography approach [M]. Northampton, MA, USA: Edward Elgar Publishing Limited, 2002.

[26] Gersmehl P J. The language of maps[M]. Publication national council for Geographic Education, 1991.

[27] Wasserman S, Faust K. Social networks analysis [M]. Cambridge: Cambridge University Press, 1994.

[28] Crucitti P, Latora V, Porta S. Centrality measures in spatial networks of urban streets [J]. Physical review E. 2006, 73(3): 1-5.

[29] Porta S, Crucitti P, Latora V. The network analysis of urban streets: a primal approach[J]. Environment and planning B: planning and design. 2006, 33(5): 705-725.

[30] Scellato S, Cardillo A, Latora V, et al. The backbone of a city[J]. the european physical journal B — condensed matter and complex systems, 2006, 50: 221-225.

[31] Xie Feng, Levinson D. Topological evolution of surface transportation networks[J]. Computers, environment and urban systems. 2009, 33(3): 211-223.

[32] de Leur P, Sayed T. Developing a systematic framework for proactive road safety planning[C]//Presented at the 81st annual meeting of the transportation research board. Washington D C: 2002.

[33] Lovegrove G R, Sayed T. Macro-level collision prediction models for evaluating neighbourhood traffic safety[J]. Canadian journal of Civil Engineering. 2006, 33(5): 609-621.

[34] Poppe F. Risk figures in the traffic and transport evaluation module (EVV): a contribution to the definition study traffic safety in EVV[R]. SWOV Institute for Road Safety Research, Leidschendam: The Netherlands. SWOV Report R-95-21, 1995.

[35] Poppe F. Traffic models: inner areas and road dangers[R]. SWOV Institute for Road Safety Research, Leidschendam, The Netherlands. SWOV Report R-97-10, 1997.

[36] Geoffrey H, Marco G. Developing a road safety module for the regional transportation model[R]. Technical memorandum one: framework. ICBC, Vancouver, Canada: 1998.

[37] Levine N, Kim K E, Nitz L H. Spatial analysis of honolulu motor vehicle crashes: II. Zonal Generators[J]. Accident Analysis & Prevention. 1995, 27(5): 675-685.

[38] Guevara F L D, Washington S P, Oh J. Forecasting crashes at the planning level: simultaneous negative binomial crash model applied in tucson [J]. Arizona. Transportation Research Record 2004, No. 1897: 191-199.

[39] Washington S, Schalkwyk I V, Mitra S, et al. Incorporating safety into long-range

transportation planning[R]. National Cooperative Highway Research Program Report 546, Tucson, AZ: 2006.

[40] Roberts K. Safety conscious planning: the development of safer transportation network planning process[R]. Institute of transportation engineers, Washington D C: 2001.

[41] Transportation Research Board. Incorporating safety in transportation planning[C]. In: Proceedings of the special seminar presented at 81st annual meeting of the Transportation Research Board, Washington D C: 2002.

[42] Poch M, Mannering F. Negative binomial analysis of intersection-accident frequency [J]. Journal of transportation engineering. 1996: 105 - 113.

[43] Lord D. The Prediction of Accidents on Digital Networks: Characteristics and Issues Related to the Application of Accident Prediction Models. [D]. Toronto: Department of civil engineering, University of Toronto, 2000.

[44] Andreassen D. Population and registered vehicle data vs. road deaths[J]. Accident Analysis and Prevention. 1991, 23: 343 - 351.

[45] Fleury D, Mazet C, Debois D. Road safety analysis and categorization of urban environment[J]. Rothengatter, Talib; Bruin, Rudie de. Road User Behavior: theory and research. Assen/ Maastricht, the Netherlands: VanGorcum. 1988: 410 - 417.

[46] Tay, Richard, Rifaat, et al. Effects of street patterns on injury risks in two-vehicle crashes[J]. Transportation Research Record: journal of the Transportation Research Board. 2009, No, 2102: 61 - 67.

[47] Lord D, Persaud B N. Estimating the safety performance of urban road transportation networks[J]. Accident analysis and prevention. 2004, 36(4): 609 - 620.

[48] Hadayeghi A, Shalaby A S, Persaud B N. Macro-level accident prediction models for evaluating the safety of urban transportation systems[J]. Transportation Research Record: journal of the Transportation Research Board. 2003, 1840: 87 - 95.

[49] Hadayeghi A. Accident prediction models for safety evaluation of urban transportation network. [D]. Toronto: Department of Civil Engineering, University of Toronto, 2002.

[50] Hadayeghi A, Shalaby A, Persaud B. Safety prediction models: proactive tool for safety evaluation in urban transportation planning applications[J]. Transportation Research Record: journal of Transportation Research Record. 2007, 2019: 225 - 236.

[51] Kwok-suen Ng, Wing-tat Hung, Wing-gun Wong. An algorithm for assessing the risk of traffic accident[J]. Journal of Safety Research. 2007, 33: 387 - 410.

[52] Quddus M A. Modelling area-wide count outcomes with spatial correlation and heterogeneity: an analysis of London crash data[J]. Accident analysis and prevention.

2008, 40(4): 1486 - 1497.

[53] Aguero-Valverde J, Jovanis P. P. Spatial analysis of fatal and injury crashes in Pennsylvania[J]. Accident Analysis and Prevention. 2006, 38(3): 618 - 625.

[54] MacNab Y C. Bayesian spatial and ecological models for small-area accident and injury analysis[J]. Acc. Anal. Prev. 2004, 36(6): 1028 - 1091.

[55] Aguero-Valverde J, Jovanis P P. Temporal transferability and updating of zonal level accident prediction models [J]. Accident Analysis & Prevention. 2006, 38 (3): 618 - 625.

[56] Khondakar B, Sayed T, Lovegrove G. Transferability of community-based macro-level collision prediction models between different time-space regions for use in road safety planning applications[C]//Presented at Transportation Research Board 88h annual meeting. Washington D C: No. 09 - 0610, 2009.

[57] Li L, Zhu L, Sui D Z. A GIS-based Bayesian approach for analyzing spatial-temporal patterns of intra-citymotor vehicle crashes[J]. Journal of Transportation Geography. 2007, 15(4): 274 - 285.

[58] Lovegrove G R, Sayed T. Using macrolevel collision prediction models in road safety planning applications [J]. Transportation Research Record: journal of the Transportation Research Board. 2006, 1950: 73 - 82.

[59] Lovegrove G R, Sayed T. Using macrolevel collision prediction models to enhance traditional reactive road safety improvement programs[C]//Presented at TRB 2007 annual meeting, Washington D C: no. 07 - 0280, 2007.

[60] Lovegrove G R, Litman T. Using macrolevel collision prediction models to evaluate the road safety effects of mobility management strategies: new empirical tools to promote sustainable development[C]//Presented at TRB 2008 annual meeting, Washington D C: 2008.

[61] Sun J, Lovegrove G, et al. Community-based macro-level collision prediction models for evaluating road safety levels of left-turn and on-street parking restrictions on major urban corridors[C]//Presented at TRB 2009 annual meeting, Washington D C: 2009.

[62] Lovegrove G R, Lim C, Sayed T. Using macrolevel collision prediction models to conduct road safety evaluation of regional transportation plan[C]//Transportation Research Board 87th annual meeting. Transportation Research Board, Washington D C: 2008.

[63] Graham D J, Glaister S. Spatial variation in road pedestrian casualties: the role of urban scale, density and land-use mix[J]. Urban Studies. 2003, Vol. 40, No. 8: 1591 - 1607.

[64] Kim K, Brunner I M, Yamashita E Y. Influence of land use, population, employment and economic activity on accidents[J]. Transportation research record. 2006, No 1953: 56 - 64.

[65] Kmet L, Brasher P, Macarthur C. A small area study of motor vehicle fatalities in Alberta, Canada[J]. Accident Analysis & Prevention. 2003, No. 35: 177 - 182.

[66] Hadayeghi A, Amer S. Shalaby and Bhagwant N. Persaud, Development of planning level transportation safety tools using geographically weighted poisson regression[C]// Presented at TRB 2009 annual meeting, Washington D C: No. 09 - 2146, 2009.

[67] Hadayeghi A, Shalaby A S, Persaud B N, et al. Temporal transferability and ubdating of zonal level accident prediction models[J]. Accident Analysis and Prevention. 2006, 38(3): 579 - 589.

[68] de Leur P, Sayed T, A framework to proactively consider road safety within the road planning process[J]. Canadian Journal of Civil Engineering. 2003, 30(4): 711 - 719.

[69] Chatterjee A, Everett J, Reiff B, et al. Tools for assessing safety impacts of long-range transportation plans in urban areas[R]. Prepared for: office of metropolitan planning and programs, FHWA, US DOT, Washington D C: 2003.

[70] Xie Feng, Levinson D. Measuring the structure of road networks[J]. Geographic Analysis. 2006, 39(3): 336 - 356.

[71] Porta S, Crucitti P, Latora V. The network analysis of urban streets: a dual approach [J]. Physica A. 2006, 369: 853 - 866.

[72] ESRI at http://www. esri. com/.

[73] ArcGIS 10 at http://www. esri. com/software/arcgis/arcgis10/index. html.

[74] TIGER, Topologically Integrated Geographic Encodingand Referencing system at http://www. census. gov/geo/www/tiger/.

[75] StreetMap Pro. StreetMap Premium for ArcGIS at http://www. esri. com/data/streetmap/index. html.

[76] Park S H, Bigham J M, Kho S Y, et al. Geocoding vehicle collisions on korean expressways based on postmile referencing[J]. KSCE journal of civil engineering. 2011, 15(8): 1435 - 1441.

[77] Transportation Injury Mapping System (TIMS)[R]. Safe transportation research and education center (SafeTREC) at the University of California, Berkeley.

[78] Florida Department of Transportation Systems Planning Office. Arecommended approach to delineating traffic analysis zones in Florida[R]. September 27, 2007.

[79] Abdel-Aty M, Lee C, et al. Identification of intersections' crash profiles/patterns[R]. Florida Department of Transportation. 2006.

[80] City of Chicago 2011 pedestrian crash analysis [R]. Chicago Department of Transportation. 2011.

[81] Green E R, Agent K R. Crash rates at intersections[R]. Kentucky Transportation Center. KTC-03-21/SPR258-03-2I, August 2003.

[82] Schneider R J, Diogenes M C, et al. Association between roadway intersection characteristics and pedestrian crash risk in Alameda County, California [J]. Transportation Research Record: Journal of the Transportation Research Board. 2010, No. 2198: 41-51.

[83] Tobler W R. A computer movie simulating urban growth in the Detroit region[J]. Economic Geography. 1970, 46: 234-240.

[84] Ning Wang, Chang-Lin Mei, Xiao-Dong Yan. Local linear estimation of spatially varying coefficient models: an improvement on the geographically weighted regression technique[J]. Environment and Planning A. 2008, 40: 986-1005.

[85] Fotheringham A S, Charlton M, Brunsdon C. Geographically weighted regression: a natural evolution of the expansion method for spatial data analysis[J]. Environment and Planning A. 1998, 30: 1905-1927.

[86] Brunsdon C, Fotheringham A S, Charlton M. A comparison of random coefficient modeling and geographically weighted regression for spatially non-stationary regression problems[J]. Geographical and Environmental Modelling. 1999, 3: 47-62.

[87] Leung Y, Mei C L, Zhang W X. Testing for spatial autocorrelation among the residuals of the geographically weighted regression[J]. Environment and Planning A. 2000, 32: 871-890.

[88] Paez A, Uchida T, Miyamoto K. A general framework for estimation and inference of geographically weighted regression models: 1. Location-specific kernel bandwidths and a test for locational heterogeneity[J]. Environment and Planning A. 2002, 34: 733-754.

[89] Paez A, Uchida T, Miyamoto K. A general framework for estimation and inference of geographically weighted regression models: 2. Spatial association and model specification tests[J]. Environment and Planning A. 2002, 34: 883-904.

[90] Wheeler D, Tiefelsdorf M. Multicollinearity and correlation among local regression coefficients in geographically weighted regression [J]. Journal of Geographical Systems. 2005, 7: 161-187.

[91] Hardle W. Applied nonparametric regression[M]. Boston: Cambridge University Press. 1990.

[92] Wand M P, Jones M C. Kernel smoothing[M]. London: Chapman and Hall. 1995.

[93] Fan J, Gijbels I. Local polynomial modeling and its applications[M]. London: Chapman and Hall, 1996.

[94] Fotheringham A S, Brunsdon C, Charlton M. Geographically weighted regression-the analysis of spatial varying relationships[M]. Sussex, Chichester, John Wiley. 2002.

[95] Nakaya T, Fotheringham A S, Brunsdon C, et al. Geographically weighted poisson regression for disease association mapping[J]. Statistics in Medicine. 2005, 24 (17): 2695 - 2717.

[96] Nacul L, Soljak M, Samarasundera E, et al. COPD in England: a comparison of expected, model-based prevalence and observed prevalence from general practice data [J]. Journal of Public Health, 2010, 33(1): 108 - 116.

[97] Lambert D M, McNamara K T, Garrett M I. An application of spatial poisson models to manufacturing investment location analysis[J]. Journal of Agricultural and Applied Economics. 2006, 38 (1): 105 - 121.

[98] Wang Y, Kockelman K M, Wang Xiaokun. Anticipating land use change using geographically weighted regression models for discrete response[C]//In: Proceedings of the 90rd Annual Meeting of the Transportation Research Board. National Research Council, Washington D C: 2011.

[99] Vichiensan V, Miyamoto K. Influence of urban rail transit on house value: spatial hedonic analysis in Bangkok[J]. Journal of the Eastern Asia Society for Transportation Studies. 2010.

[100] Pavlyuk D. Public transport accessibility and residential land value: a case study of Riga[C]//In: Proceedings of the 9th International Conference "Reliability and Statistics in Transportation and Communication", Riga, Latvia. 2009, No. 9: 30 - 36.

[101] Du H, Mulley C. The relationship between transport accessibility and land value: a local model approach with geographically weighted regression[C]//In: Proceedings of the 85rd Annual Meeting of the Transportation Research Board. National Research Council, Washington D C. 2006.

[102] Blainey S. Trip end models of local rail demand in England and Wales[J]. Journal of Transport Geography, 2010, 18 (1): 153 - 165.

[103] Park N, Zhao F. Estimation of AADT using geographically weighted regression models[C]//In: Proceedings of the 83rd Annual Meeting of the Transportation Research Board. National Research Council, Washington D C: 2004.

[104] Zhao F, Chow L, Li M, et al. A transit ridership model based on geographically weighted regression and service quality variables[R]. Report DO97591, Lehman

Center for Transportation Research, Department of Civil and Environmental Engineering, Florida International University, 2005.

[105] Chow Lee-Fand, Zhao Fang, Liu M. S, et al. Transit ridership model based on geographically weighted regression[J]. Transportation Research Record: Journal of the Transportation Research Board. 2006, 1972: 105 - 114.

[106] Hadayeghi A. Use of advanced techniques to estimate zonal level safety planning models and examine their temporal transferability[D]. Toronto: Graduate Department of Civil Engineering, University of Toronto. 2009.

[107] Guo L, Ma Z, Zhang L. Comparison of bandwidth selection in application of geographically weighted regression: a case study[J]. Canadian Journal of Forest Research. 2008, Vol. 38 (9): 2526 - 2534.

[108] Sakamoto Y, Ishiguro M, Kitagawa G. Jyohoryo Tokeigaku (Information Statistics) [M]. Tokyo: Kyoristu-shuppansha, 1983.

[109] http://www.aiaccess.net/English/Glossaries/GlosMod/e_gm_bias_variance.htm.

[110] http://en.wikipedia.org/wiki/Akaike_information_criterion.

[111] http://ncg.nuim.ie/ncg/GWR/GWR_Tutorial.pdf.

[112] http://ncg.nuim.ie/ncg/GWR/GWR_WhitePaper.pdf.

[113] Abdel-Atya M, Chundia S S, Lee C. Geo-spatial and log-linear analysis of pedestrian and bicyclist crashes involving school-aged children[J]. Journal of Safety Research. 2007, 38(5): 571 - 579.

[114] Eluru N, Bhat C R, Hensher D A. A mixed generalized ordered response model for examining pedestrian and bicyclist injury severity level in traffic crashes[J]. Accident Analysis and Prevention. 2008, 40(3): 1033 - 1054.

[115] Kim J K, Kim S, Ulfarsson G F, et al. Bicyclist injury severities in bicycle-motor vehicle accidents[J]. Accident Analysis and Prevention. 2007, 39(2): 238 - 251.

[116] Macpherson A K, To T M, Parkin P C, et al. Urban/Rural variation in children's bicycle-related injuries [J]. Accident Analysis and Prevention. 2004, 36 (4): 649 - 654.

[117] Ivan J N, Zajac S S, Garder P. Finding strategies to improve pedestrian safety in rural areas[R]. Cambridge, mass.: New England University Transportation Center, Massachusetts Institute of Technology; Springfield, Va.: National Technical Information Service, 2001.

[118] Sullivan J M, Flannagan M J. The role of ambient light level in fatal crashes: inferences from daylight saving time transitions [J]. Accident Analysis and Prevention. 2002, 34(4): 487 - 498.

[119] Oakes J M, Forsyth A, Schmitz K H. The effects of neighborhood density and street connectivity on walking behavior: the twin cities walking study[J]. Epidemiologic Perspectives & Innovations. 2007, 4(16): 1-9.

[120] Berrigan D, Pickle L W, Dill J. Associations between street connectivity and active transportation[J]. International journal of health geographics. 2010, 9(20): 1-18.

[121] Fotheringham A S, Brunsdon C, Charlton M. Geographically weighted regression: the analysis of spatially varying relationships[M]. John Wiley & Sons Ltd, England, 2002.

[122] Schneider R J, Arnold L S, Ragland D R. Validation testing and refinement of the Alameda County pedestrian intersection crossing volume model white paper[C]// Association of collegiate schools of planning conferenc, 2009.

[123] Amrosell. Improve safety by increasing street connectivity. http://tcstreetsforpeople.org/node/652, July 2011.

[124] Miaou S P. The relationship between truck accidents and geometric design of road sections: poisson versus negative binomial regressions[J]. Accident Analysis and Prevention. 1994, 26(4): 471-482.

[125] Hadayeghi A, Shalaby A S, Persaud B N. Development of planning level transportation safety tools using geographically weighted poisson regression[J]. Accident Analysis and Prevention. 2010, 42: 676-688.

附录 A　区域交通安全研究发展历史

表 A-1　区域交通安全研究发展历史

<table>
<tr><th colspan="6">问题出现</th></tr>
<tr><th colspan="3">社会需求</th><th colspan="3">技术产生</th></tr>
<tr><td colspan="3">● Poppe, 1995, Netherland, plan to assess the safety performance in EMME/2 model
● Poppe, 1997, state the fact that EMME/2 can not evaluate safety, and suggest using planning data to set up a safety module to insert into EMME/2 model</td><td colspan="3">● Fleury, D. Mazet, C., Debois, D., 1988, Road safety analysis and categorization of urban environment
● Andreassen, D. (1991). Population and registered vehicle data vs. road deaths
● Levine, 1995, spatial pattern of crashes and area features have impacts on traffic safety</td></tr>
<tr><th colspan="6">发　展</th></tr>
<tr><th colspan="6">主动交通安全研究</th></tr>
<tr><td colspan="6">● Paul de Leur and Tarek Sayed, 2002, developing a systematic framework for proactive road safety planning
● Ladron de Guevara, F, Washington, S P, Oh, J, 2004, FORECASTING CRASHES AT THE PLANNING LEVEL: SIMULTANEOUS NEGATIVE BINOMIAL CRASH MODEL APPLIED IN TUCSON
Washington, S., Schalkwyk, I. V., Mitra, S., Meyer, M., Dumbaugh, E. (2006) Incorporating safety into long-range transportation planning</td></tr>
<tr><th colspan="6">已有研究</th></tr>
<tr><th colspan="2">致因分析</th><th colspan="2">模型构建与优化</th><th colspan="2">应　用</th></tr>
<tr><td colspan="2">● Kwok-suen Ng, Wing-tat Hung, Wing-gun Wong. 2007, An algorithm for assessing the risk of traffic accident. Journal of Safety Research</td><td colspan="2">● Lord, D. 2002, The Prediction of Accidents on Digital Networks: Characteristics and Issues Related to the Application of Accident Prediction Models</td><td colspan="2">● Gordon R. Lovegrove and Tarek Sayed, 2006, Using Macrolevel Collision Prediction Models in Road Safety Planning Applications</td></tr>
</table>

续　表

已有研究		
致因分析	模型构建与优化	应　用
● Andreassen, D. (1991). Population and registered vehicle data vs. road deaths. Accident Analysis and Prevention ● Fleury, D. Mazet, C., Debois, D., 1988, Road safety analysis and categorization of urban environment ● Tay, Richard, Rifaat, Shakil Mohammad, 2009, Effects of Street Patterns on Injury Risks in Two-Vehicle Crashes	● Gordon R. Lovegrove and Tarek Sayed, 2006, Macro-level collision prediction models for evaluating neighbourhood traffic safety ● Hadayeghi, A., 2002, Accident Prediction Models for Safety Evaluation of Urban Transportation Network ● Alireza Hadayeghi, Amer S. Shalaby, Bhagwant N. Persaud, 2003, Macro-level accident prediction models for evaluating the safety of urban transportation systems ● Hadayeghi, A., A. Shalaby, and B. Persaud. 2007, Safety Prediction Models: Proactive Tool for Safety Evaluation in Urban Transportation Planning Applications ● Kwok-suen Ng, Wing-tat Hung, Wing-gun Wong. 2007, An algorithm for assessing the risk of traffic accident ● Quddus M A. 2008, Modelling area-wide count outcomes with spatial correlation and heterogeneity: an analysis of London crash data ● MacNab, Y. C., 2004. Bayesian spatial and ecological models for small-area accident and injury analysis	● Gordon R. Lovegrove and Tarek Sayed, 2007, Using macrolevel collision prediction models to enhance traditional reactive road safety improvement programs ● Gordon R. Lovegrove and Todd Litman, 2008, Using macrolevel collision prediction models to evaluate the road safety effects of mobility management strategies: new empirical tools to promote sustainable development ● Gordon Richard Lovegrove, Clark Lim, Tarek Sayed. 2008, Using macrolevel collision prediction models to conduct road safety evaluation of regional transportation plan

续 表

已有研究		
致因分析	模型构建与优化	应　用
	● Aguero-Valverde，J.，Jovanis P. P.（2006）. Spatial analysis of fatal and injury crashes in Pennsylvania ● Aguero-Valverde，J.，Jovanis P. P.，Temporal transferability and updating of zonal level accident prediction models ● Khondakar，B.，Sayed，T.，Lovegrove，G.（2009）. Transferability of community-based macro-level collision prediction models between different time-space regions for use in road safety planning applications	

附录 B 区域交通安全研究文献总结

表 B-1 区域交通安全研究文献总结

时间	国家	作　者	内　容	重　点	方　向
1985	美国	Rivara, F. P	研究社会人口特征与儿童步行交通事故之间的关系	社会人口、儿童步行事故	关系
1988	荷兰	Fleury, D.	研究城市类型与交通事故的关系	不同城市类型、交通事故	关系
1991	澳大利亚	Andreassen, D.	研究人口和注册车辆数与交通事故死亡人数的关系	人口和注册车辆数与死于交通事故的人数	关系
1995	荷兰	Poppe	希望在规划阶段用现有规划软件考虑交通安全水平	在规划阶段考虑安全性	规划发现
1995	美国	Levine	交通事故分布的空间规律	空间分布	关系
1995	美国	Levine	交通事故空间分布于区域特征的关系	区域特征与事故发生存在关系	关系
1997	荷兰	Poppe	对于加入交通安全的计划存在困难	发现现有规划软件和模型对交通安全考虑的不足	规划建议
1998	加拿大	Ho, Geoffrey, and Guarnaschelli, Marco	提出将交通安全预测子模块放入交通预测模型中的思路和框架	思路和框架构建	规划框架
2000	加拿大	Lord, D	数字路网系统事故预测模型		网络模型

续 表

时间	国家	作　者	内　容	重　点	方　向
2002	加拿大	Alireza Hadayeghi	城市交通网络的交通安全预测模型		网络模型
2002	香港	Kwok-suen Ng et al.	建立一个算法来预测一个研究区域内的交通事故数量和预测事故风险		区域模型
2002	美国	Kim, Karl et al.	土地利用与交通事故的关系		关系
2002	美国	Paul de Leur and Tarek Sayed	建立主动交通安全研究模型	模型框架	框架
2003	加拿大	Alireza Hadayeghi	预测研究区域内的交通事故数量，并且评价区域内发生交通事故的风险		模型
2003	加拿大	Kmet, Leanne	小区域机动车死亡事故分析	小区域、死亡事故	关系
2003	美国	FHWA	评价远期交通规划对于交通安全的影响		规划框架
2003	英国	Daniel J. Graham and Stephen Glaister	城市尺度、密度、土地利用与行人事故的关系		关系
2003	美国	Paul de Leur and Tarek Sayed	建立用于交通规划过程中的主动交通安全模型	模型框架	规划框架
2004	加拿大和美国	Dominique Lord and Bhagwant N. Persaud	建立一个工具来用于规划过程中，预测数字化的或者编码的交通网络的交通事故数量		网络模型
2004	美国	Ladron de Guevara, F, Washington, S P, Oh, J	建立区域内集计的交通安全预测模型，证明规划层面的交通事故发生预测的可行性和科学性		规划模型、科学性、可用性

续　表

时间	国家	作　者	内　容	重　点	方　向
2004	加拿大	MacNab, Y. C.	使用贝叶斯方法分析小区域内交通事故和伤亡程度	新方法、小区域、事故和伤亡	贝叶斯
2006	加拿大	Gordon R. Lovegrove and Tarek Sayed	建立了用于规划的宏观安全预测模型，并且提供了模型使用指南指导读者如何将此模型用于规划过程中		规划模型
2006	加拿大	Gordon R. Lovegrove and Tarek Sayed	指导社区规划		规划、应用
2006	加拿大	Alireza Hadayeghi et al.	区域层面安全分析模型的时间、空间移植问题		时空分析
2006	美国	Aguero-Valverde, J., Jovanis P. P	空间相关性分析		空间关系
2006	美国	Aguero-Valverde, J., Jovanis P. P	时间-空间转移性		时空分析
2006	美国	Kim, Karl et al.	土地利用、人口、就业、经济活动与交通事故的关系		关系
2006	美国	Washington, S. P.	将区域层面的交通安全预测模型用于预测规划阶段的安全性水平		规划、安全全面介绍
2007	加拿大	Gordon R. Lovegrove and Tarek Sayed	将宏观安全模型用于被动交通安全研究中		规划应用
2007	加拿大	Hadayeghi, A., A. Shalaby, and B. Persaud	区域层面交通安全预测模型的建立		模型建立
2007	美国	Li, L. et al.	事故时空分布规律	新方法进行时空分析	贝叶斯、时空分析

续 表

时间	国家	作 者	内 容	重 点	方 向
2008	英国	Mohammed A. Quddus	建立一系列区域范围不同交通伤亡和空间特征相关的影响因素之间的关系，通过分别使用非空间模型(NB)和空间模型来确定这些不同模型建立出的关系之间的异同		模型改进
2008	加拿大	Gordon R. Lovegrove and Todd Litman	将宏观交通安全模型用于评价不同机动性管理政策		应用
2008	加拿大	Gordon Richard Lovegrove, Clark Lim, Tarek Sayed	宏观安全模型和使用指南运用到一个实际的例子中，展示和检验模型在区域交通规划中应用的指南		应用
2009	加拿大	Khondakar, B. , Sayed, T. , Lovegrove, G	通过使用宏观安全模型和使用指南，实现不同时间、不同地点间模型的移植		应用
2009	加拿大	Shakil Mohammad Rifaat and Richard Tay	街道结构和交通事故发生的关系		关系
2009	加拿大	Alireza Hadayeghi, Amer S. Shalaby and Bhagwant N. Persaud	使用 GWPR 来改进规划层面的交通安全预测工具		改进
2009	加拿大	James Sun, Gord Lovegrove, et al.	应用宏观安全模型评估在非信号交叉口禁止左转和/或禁止城市主干道路边停车这一管理策略对于整个研究区域的安全性影响		应用

附录 C　模型拟合优度指标计算方法

1. 皮尔逊相关系数 Pearson Product-Moment Correlation Coefficient

$$\gamma = \frac{\sum (Y_i - Y_{avg})(\hat{Y}_l - \hat{Y}_{avg})}{[\sum (Y_i - Y_{avg})^2 \sum (\hat{Y}_l - \hat{Y}_{avg})^2]^{0.5}}$$

式中，γ 是皮尔逊相关系数；Y_i是分析单元 i 内观测到的交通事故数；$\hat{Y}_l$是使用统计模型得到的分析单元 i 内交通事故的预测值；Y_{avg} 是 Y_i 的均值；$\hat{Y}_{avg}$ 是$\hat{Y}_l$的均值。

2. 绝对差值的平均值 Mean Absolute Deviation(MAD)

$$MAD = \frac{\sum_{i=1}^{n} |\hat{Y}_l - Y_i|}{n}$$

式中，n 为观测样本量，即分析单元总数；其他参数定义同前。

3. 预测方差均值 Mean Squared Prediction Error(MSPE)

$$MSPE = \frac{\sum_{i=1}^{n} (\hat{Y}_l - Y_i)^2}{n}$$

参数定义同前。

4. 方差均值 Mean Squared Error(MSE)

$$MSE = \frac{\sum_{i=1}^{n} (\hat{Y}_l - Y_i)^2}{n - p}$$

式中，p 为模型内变量个数。

附录 D　美国各州交通死亡事故统计

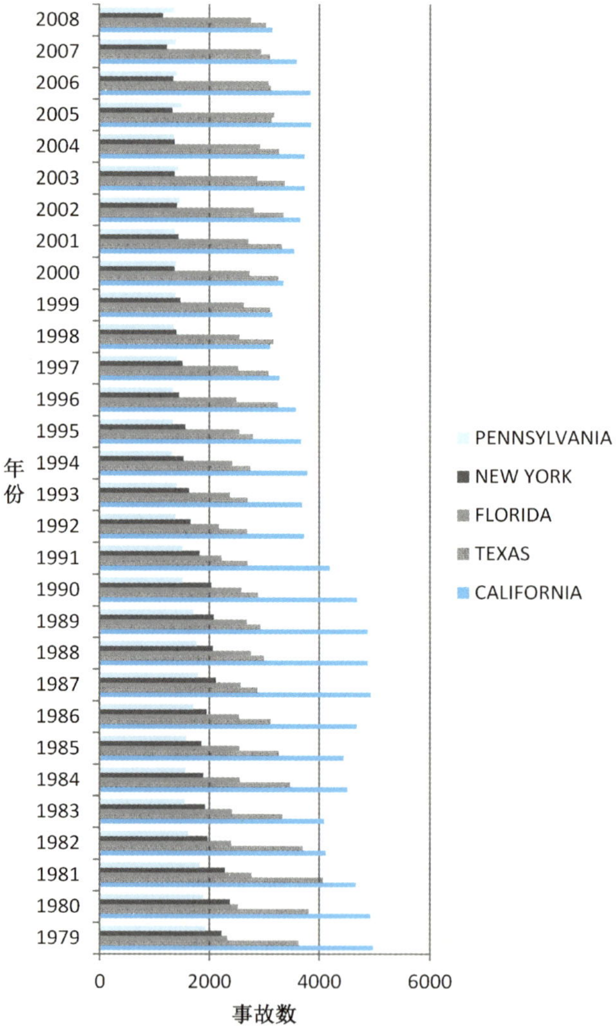

图 D-1　美国各州 1979 年至 2008 年交通事故统计图

附录 E　美国加利福尼亚州各县事故、路网、分析单元统计

根据美国加州 58 个县的交通事故、路网种类和人口小区单元个数进行综合统计：按照事故数量超过 3 起/千人，人口统计小区超过 100 个，道路网络类型超过 3 种进行综合删选，最后剩下备选县五个，分别如图 E-1 中所示。再根据分析模型对于样本量的要求应当是尽可能大，超过 300 为佳。因此，首先以样本量，即分析单元个数为优先，再选择路网类型尽量多和事故数尽量多的县。基于以上考虑，最后选择 Alameda 县作为示例应用的数据来源。

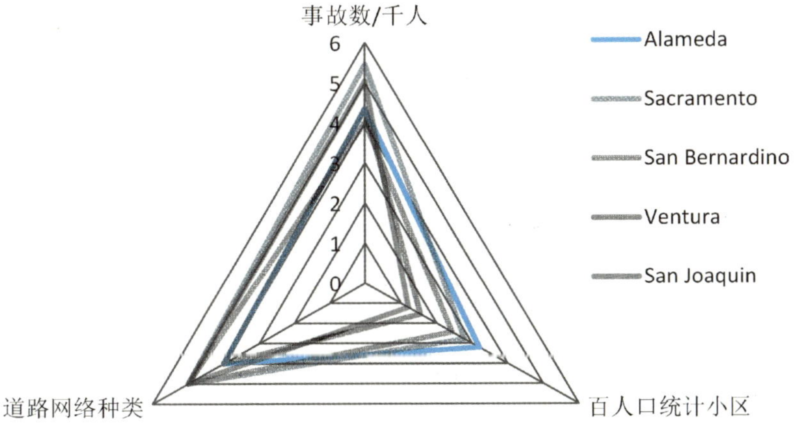

图 E-1　连通性变量系数估计显著性水平和模型拟合程度

附录 F　控制变量分析矩阵

Stata 软件计算皮尔逊相关系数矩阵结果如图 F－1 至图 F－6 所示：

```
                          IndependentVarCorrelationCheck
. spearman blkden intden stden cnr lnrint linkcnt blkcnt mblklenf intcnt sblklenm
cdscnt allncnt tintcnt fintcnt fsintcnt gi ai wt_pub wt_bic wt_walk zvhh totvmt
avmthh co
> 2hh aco2hh aco2hhv buscnt comcnt _00mar _98 _94 _89 _79 _69 _59 _49 e_39 e_50r
lnpd, stats(rho p) star(0.05)
(obs=321)

+-----------------+
| Key             |
|-----------------|
|   rho           |
|   Sig. level    |
+-----------------+

             |  blkden   intden    stden      cnr   lnrint  linkcnt   blkcnt
mblklenf      intcnt sblklenm   cdscnt  allncnt  tintcnt  fintcnt fsintcnt        gi
  ai
-------------+----------------------------------------------------------------------
-------------------------------------------------------------------------------------
      blkden |  1.0000
             |
             |
      intden |  0.9449*  1.0000
             |  0.0000
             |
       stden |  0.9551*  0.9725*  1.0000
             |  0.0000   0.0000
             |
         cnr |  0.8231*  0.7248*  0.7430*  1.0000
             |  0.0000   0.0000   0.0000
             |
      lnrint | -0.1839* -0.2979* -0.2123* -0.3610*  1.0000
             |  0.0009   0.0000   0.0001   0.0000
             |
     linkcnt | -0.4903* -0.5052* -0.5073* -0.5342*  0.3815*  1.0000
             |  0.0000   0.0000   0.0000   0.0000   0.0000
             |
      blkcnt | -0.0565  -0.1790* -0.1648* -0.0544   0.2893*  0.8127*  1.0000
             |  0.3128   0.0013   0.0031   0.3312   0.0000   0.0000
             |
    mblklenf | -0.7690* -0.8193* -0.7376* -0.4519*  0.0012   0.3047*  0.0802
1.0000
             |  0.0000   0.0000   0.0000   0.0000   0.9833   0.0000   0.1518
             |
      intcnt | -0.4801* -0.4792* -0.4938* -0.4984*  0.2536*  0.9884*  0.8109*
0.3172*  1.0000
             |  0.0000   0.0000   0.0000   0.0000   0.0000   0.0000   0.0000
0.0000
             |
    sblklenm | -0.6294* -0.6530* -0.6355* -0.5959*  0.3516*  0.9670*  0.7333*
0.5130*  0.9581*  1.0000
             |  0.0000   0.0000   0.0000   0.0000   0.0000   0.0000   0.0000
0.0000   0.0000
             |
      cdscnt | -0.8081* -0.7387* -0.7565* -0.9341*  0.3522*  0.7739*  0.3494*
0.4813*  0.7522*  0.8116*  1.0000
             |  0.0000   0.0000   0.0000   0.0000   0.0000   0.0000   0.0000
0.0000   0.0000   0.0000
             |
     allncnt | -0.6152* -0.5883* -0.6043* -0.6766*  0.3112*  0.9741*  0.6915*
0.3798*  0.9724*  0.9651*  0.8753*  1.0000
             |  0.0000   0.0000   0.0000   0.0000   0.0000   0.0000   0.0000
0.0000   0.0000   0.0000   0.0000
                                     Page 1
```

图 F－1　Stata 软件计算皮尔逊相关系数矩阵

```
                          IndependentVarCorrelationCheck
             |
     tintcnt |  -0.6531* -0.6194* -0.6309* -0.6566*  0.2442*  0.9074*  0.6174*
0.4477*  0.9121*  0.9238*  0.8505*  0.9384*  1.0000
             |   0.0000   0.0000   0.0000   0.0000   0.0000   0.0000   0.0000
0.0000   0.0000   0.0000   0.0000   0.0000
             |
     fintcnt |   0.2957*  0.2031*  0.2106*  0.2518*  0.2288*  0.3949*  0.6527*
-0.2590*  0.3891*  0.2787* -0.0547   0.2642*  0.0454   1.0000
             |   0.0000   0.0003   0.0001   0.0000   0.0000   0.0000   0.0000
0.0000   0.0000   0.0000   0.3283   0.0000   0.4174
             |
    fsintcnt |   0.1134*  0.0553   0.0822   0.0505   0.3176*  0.2179*  0.3430*
-0.1707*  0.1799*  0.1518*  0.0228   0.1365*  0.1009   0.2665*  1.0000
             |   0.0424   0.3235   0.1416   0.3674   0.0000   0.0001   0.0000
0.0021   0.0012   0.0064   0.6842   0.0144   0.0709   0.0000
             |
          gi |   0.7836*  0.6138*  0.6761*  0.8812*  0.0808  -0.4238*  0.0599
-0.4723* -0.4513* -0.4960* -0.8312* -0.6079* -0.6058*  0.3349*  0.2205*  1.0000
             |   0.0000   0.0000   0.0000   0.0000   0.1487   0.0000   0.2848
0.0000   0.0000   0.0000   0.0000   0.0000   0.0000   0.0000   0.0001
             |
          ai |   0.7812*  0.6093*  0.6730*  0.8766*  0.0927  -0.4062*  0.0781
-0.4706* -0.4343* -0.4799* -0.8218* -0.5921* -0.5920*  0.3501*  0.2249*  0.9989*
1.0000
             |   0.0000   0.0000   0.0000   0.0000   0.0975   0.0000   0.1630
0.0000   0.0000   0.0000   0.0000   0.0000   0.0000   0.0000   0.0000   0.0000
             |
      wt_pub |   0.3700*  0.3157*  0.3205*  0.4065* -0.0526  -0.1225*  0.1440*
-0.2555* -0.1111* -0.1809* -0.3558* -0.2071* -0.2567*  0.3543*  0.1212*  0.4003*
0.4016*
             |   0.0000   0.0000   0.0000   0.0000   0.3478   0.0282   0.0098
0.0000   0.0467   0.0011   0.0000   0.0002   0.0000   0.0000   0.0299   0.0000
0.0000
             |
      wt_bic |   0.2824*  0.2215*  0.2426*  0.2972* -0.0523  -0.1252*  0.0648
-0.1722* -0.1231* -0.1651* -0.2604* -0.1875* -0.2014*  0.1780*  0.0058   0.2909*
0.2896*
             |   0.0000   0.0001   0.0000   0.0000   0.3500   0.0248   0.2468
0.0020   0.0274   0.0030   0.0000   0.0007   0.0003   0.0014   0.9173   0.0000
0.0000
             |
     wt_walk |   0.2975*  0.2728*  0.2611*  0.3191* -0.0770  -0.0686   0.1141*
-0.2402* -0.0538   -0.1303* -0.2556* -0.1335* -0.1815*  0.2908*  0.0007   0.2906*
0.2910*
             |   0.0000   0.0000   0.0000   0.0000   0.1688   0.2205   0.0410
0.0000   0.3368   0.0195   0.0000   0.0167   0.0011   0.0000   0.9893   0.0000
0.0000
             |
        zvhh |   0.5134*  0.4849*  0.4582*  0.5431* -0.2460* -0.3446* -0.0472
-0.4237* -0.3249* -0.4279* -0.5243* -0.4170* -0.4806*  0.3125*  0.0358   0.4588*
0.4565*
             |   0.0000   0.0000   0.0000   0.0000   0.0000   0.0000   0.3990
0.0000   0.0000   0.0000   0.0000   0.0000   0.0000   0.0000   0.5223   0.0000
0.0000
             |
      totvmt |  -0.5325* -0.5263* -0.5113* -0.5783*  0.2007*  0.7697*  0.5334*
0.4103*  0.7759*  0.7884*  0.7301*  0.8033*  0.8023*  0.1047   0.0482  -0.5510*
-0.5378*
             |   0.0000   0.0000   0.0000   0.0000   0.0003   0.0000   0.0000
0.0000   0.0000   0.0000   0.0000   0.0000   0.0000   0.0609   0.3892   0.0000
0.0000
             |
      avmthh |  -0.6661* -0.6422* -0.6169* -0.6930*  0.2693*  0.6080*  0.2663*
                                   Page 2
```

图 F-2　Stata 软件计算皮尔逊相关系数矩阵

```
                          IndependentVarCorrelationCheck
0.5425*  0.5944*  0.6909*  0.7448*  0.6848*  0.7328* -0.2086* -0.0012  -0.6236*
-0.6163*
                 |  0.0000   0.0000   0.0000   0.0000   0.0000   0.0000   0.0000
0.0000   0.0000   0.0000   0.0000   0.0000   0.0000   0.0002   0.9832   0.0000
0.0000
                 |
           co2hh | -0.5325* -0.5263* -0.5113* -0.5783*  0.2007*  0.7697*  0.5334*
0.4103*  0.7759*  0.7884*  0.7301*  0.8033*  0.8023*  0.1047   0.0482  -0.5510*
-0.5378*
                 |  0.0000   0.0000   0.0000   0.0000   0.0003   0.0000   0.0000
0.0000   0.0000   0.0000   0.0000   0.0000   0.0000   0.0609   0.3892   0.0000
0.0000
                 |
          aco2hh | -0.6660* -0.6422* -0.6169* -0.6929*  0.2692*  0.6079*  0.2661*
0.5425*  0.5943*  0.6908*  0.7446*  0.6847*  0.7327* -0.2087* -0.0011  -0.6236*
-0.6163*
                 |  0.0000   0.0000   0.0000   0.0000   0.0000   0.0000   0.0000
0.0000   0.0000   0.0000   0.0000   0.0000   0.0000   0.0002   0.9844   0.0000
0.0000
                 |
         aco2hhv | -0.6277* -0.6503* -0.6282* -0.5370*  0.2921*  0.5288*  0.2713*
0.5358*  0.5061*  0.6121*  0.6075*  0.5683*  0.5952* -0.1088   0.0605  -0.4401*
-0.4358*
                 |  0.0000   0.0000   0.0000   0.0000   0.0000   0.0000   0.0000
0.0000   0.0000   0.0000   0.0000   0.0000   0.0000   0.0515   0.2800   0.0000
0.0000
                 |
          buscnt |  0.1294*  0.0733   0.0732   0.1748*  0.0792   0.2204*  0.3616*
-0.1190*  0.2302*  0.1593* -0.0442   0.1460*  0.0825   0.4369*  0.2511*  0.2105*
0.2156*
                 |  0.0204   0.1903   0.1906   0.0017   0.1568   0.0001   0.0000
0.0331   0.0000   0.0042   0.4302   0.0088   0.1404   0.0000   0.0000   0.0001
0.0001
                 |
          comcnt |  0.3601*  0.2808*  0.2906*  0.3888* -0.0595  -0.0608   0.2104*
-0.2103* -0.0472  -0.1251* -0.3084* -0.1405* -0.2623*  0.4950*  0.1046   0.3897*
0.3924*
                 |  0.0000   0.0000   0.0000   0.0000   0.2882   0.2774   0.0001
0.0001   0.3997   0.0249   0.0000   0.0117   0.0000   0.0000   0.0612   0.0000
0.0000
                 |
          _00mar | -0.2837* -0.2914* -0.2882* -0.2818*  0.1052   0.3082*  0.1845*
0.2282*  0.2954*  0.3169*  0.3323*  0.3202*  0.3142*  0.0417   0.0029  -0.2528*
-0.2508*
                 |  0.0000   0.0000   0.0000   0.0000   0.0596   0.0000   0.0009
0.0000   0.0000   0.0000   0.0000   0.0000   0.0000   0.4561   0.9588   0.0000
0.0000
                 |
             _98 | -0.3695* -0.3745* -0.3792* -0.3701*  0.1803*  0.4597*  0.3102*
0.2542*  0.4469*  0.4673*  0.4583*  0.4752*  0.4468*  0.1330*  0.0548  -0.3267*
-0.3190*
                 |  0.0000   0.0000   0.0000   0.0000   0.0012   0.0000   0.0000
0.0000   0.0000   0.0000   0.0000   0.0000   0.0000   0.0171   0.3281   0.0000
0.0000
                 |
             _94 | -0.3628* -0.3759* -0.3804* -0.3902*  0.1975*  0.4221*  0.2755*
0.2254*  0.4063*  0.4251*  0.4539*  0.4448*  0.4301*  0.0567   0.0747  -0.3388*
-0.3322*
                 |  0.0000   0.0000   0.0000   0.0000   0.0004   0.0000   0.0000
0.0000   0.0000   0.0000   0.0000   0.0000   0.0000   0.3111   0.1817   0.0000
0.0000
                 |
             _89 | -0.4325* -0.4073* -0.4287* -0.5137*  0.1704*  0.4880*  0.2749*
                                  Page 3
```

图 F-3　Stata 软件计算皮尔逊相关系数矩阵

```
                                    IndependentVarCorrelationCheck
0.2134*  0.4826*  0.4873*  0.5683*  0.5406*  0.5046*  0.0320  -0.0402  -0.4897*
-0.4814*
                |  0.0000   0.0000   0.0000   0.0000   0.0022   0.0000   0.0000
0.0001   0.0000   0.0000   0.0000   0.0000   0.0000   0.5673   0.4730   0.0000
0.0000
                |
            _79 | -0.3124* -0.2537* -0.2725* -0.4029*  0.0559   0.3284*  0.1247*
0.1125*  0.3265*  0.3130*  0.4327*  0.3806*  0.3428* -0.0051  -0.1078  -0.4325*
-0.4269*
                |  0.0000   0.0000   0.0000   0.0000   0.3182   0.0000   0.0255
0.0439   0.0000   0.0000   0.0000   0.0000   0.0000   0.9272   0.0536   0.0000
0.0000
                |
            _69 | -0.2291* -0.1773* -0.1858* -0.2085* -0.1164*  0.2201*  0.0849
0.1479*  0.2388*  0.2209*  0.2545*  0.2501*  0.2448*  0.0137  -0.1312* -0.2878*
-0.2847*
                |  0.0000   0.0014   0.0008   0.0002   0.0371   0.0001   0.1288
0.0079   0.0000   0.0001   0.0000   0.0000   0.0000   0.8063   0.0187   0.0000
0.0000
                |
            _59 |  0.0885   0.0887   0.1030   0.1181* -0.1549*  0.0093   0.0559
0.0328   0.0404   0.0212  -0.0785   0.0013   0.0285   0.0368  -0.0950   0.0571
0.0623
                |  0.1136   0.1128   0.0652   0.0344   0.0054   0.8680   0.3185
0.5588   0.4708   0.7056   0.1605   0.9814   0.6106   0.5117   0.0894   0.3077
0.2658
                |
            _49 |  0.3919*  0.3631*  0.3730*  0.4470* -0.1533* -0.2010*  0.0198
-0.1992* -0.1740* -0.2230* -0.4223* -0.2654* -0.2951*  0.2359* -0.0149   0.4026*
0.4039*
                |  0.0000   0.0000   0.0000   0.0000   0.0059   0.0003   0.7237
0.0003   0.0018   0.0001   0.0000   0.0000   0.0000   0.0000   0.7898   0.0000
0.0000
                |
           e_39 |  0.5924*  0.5495*  0.5554*  0.6269* -0.0983  -0.3082*  0.0204
-0.4112* -0.2979* -0.3814* -0.5992* -0.4194* -0.4830*  0.3692*  0.0988   0.6125*
0.6120*
                |  0.0000   0.0000   0.0000   0.0000   0.0786   0.0000   0.7163
0.0000   0.0000   0.0000   0.0000   0.0000   0.0000   0.0000   0.0772   0.0000
0.0000
                |
          e_50r |  0.6251*  0.5756*  0.5858*  0.6826* -0.1422* -0.4404* -0.0948
-0.3954* -0.4270* -0.4900* -0.6876* -0.5414* -0.5722*  0.2504*  0.0960   0.6651*
0.6617*
                |  0.0000   0.0000   0.0000   0.0000   0.0107   0.0000   0.0900
0.0000   0.0000   0.0000   0.0000   0.0000   0.0000   0.0000   0.0860   0.0000
0.0000
                |
           lnpd |  0.7570*  0.7865*  0.7919*  0.6247* -0.3176* -0.6339* -0.3411*
-0.5905* -0.6136* -0.7189* -0.7137* -0.6825* -0.6993*  0.0617  -0.0313   0.5194*
0.5120*
                |  0.0000   0.0000   0.0000   0.0000   0.0000   0.0000   0.0000
0.0000   0.0000   0.0000   0.0000   0.0000   0.0000   0.2704   0.5767   0.0000
0.0000
                |

                |  wt_pub   wt_bic  wt_walk     zvhh   totvmt   avmthh    co2hh
aco2hh   aco2hhv   buscnt   comcnt   _00mar      _98      _94      _89      _79
_69
----------------+------------------------------------------------------------
-----------------------------------------------------------------------------
         wt_pub |   1.0000
                |
                                 Page 4
```

图 F-4　Stata 软件计算皮尔逊相关系数矩阵

```
                              IndependentVarCorrelationCheck
             |
      wt_bic |   0.4425*  1.0000
             |   0.0000
             |
     wt_walk |   0.5445*  0.4701*  1.0000
             |   0.0000   0.0000
             |
        zvhh |   0.6027*  0.2630*  0.4804*  1.0000
             |   0.0000   0.0000   0.0000
             |
      totvmt |   0.0353   0.0243   0.0037  -0.3095*  1.0000
             |   0.5290   0.6641   0.9470   0.0000
             |
      avmthh |  -0.4549* -0.2010* -0.3500* -0.8581*  0.6875*  1.0000
             |   0.0000   0.0003   0.0000   0.0000   0.0000
             |
       co2hh |   0.0353   0.0243   0.0037  -0.3095*  1.0000*  0.6875*  1.0000
             |   0.5290   0.6641   0.9470   0.0000   0.0000   0.0000
             |
      aco2hh |  -0.4549* -0.2009* -0.3501* -0.8582*  0.6874*  1.0000*  0.6874*
1.0000
             |   0.0000   0.0003   0.0000   0.0000   0.0000   0.0000   0.0000
             |
     aco2hhv |  -0.2867* -0.0550  -0.1664* -0.6800*  0.5865*  0.8314*  0.5865*
0.8315*  1.0000
             |   0.0000   0.3261   0.0028   0.0000   0.0000   0.0000   0.0000
0.0000
             |
      buscnt |   0.4677*  0.1045   0.3408*  0.2987*  0.1096* -0.1984*  0.1096*
-0.1984* -0.0909   1.0000
             |   0.0000   0.0615   0.0000   0.0000   0.0497   0.0003   0.0497
0.0003   0.1040
             |
      comcnt |   0.4133*  0.2883*  0.4266*  0.5481* -0.1206* -0.4605* -0.1206*
-0.4607* -0.3077*  0.4787*  1.0000
             |   0.0000   0.0000   0.0000   0.0000   0.0307   0.0000   0.0307
0.0000   0.0000   0.0000
             |
      _00mar |  -0.1037  -0.0922  -0.0663  -0.0938   0.3236*  0.2685*  0.3236*
0.2684*  0.2771* -0.0442  -0.0635   1.0000
             |   0.0634   0.0992   0.2363   0.0933   0.0000   0.0000   0.0000
0.0000   0.0000   0.4303   0.2566
             |
         _98 |  -0.0087  -0.0779   0.0523  -0.0052   0.4714*  0.2805*  0.4714*
0.2804*  0.2628*  0.1281*  0.0481   0.5002*  1.0000
             |   0.8769   0.1641   0.3502   0.9259   0.0000   0.0000   0.0000
0.0000   0.0000   0.0217   0.3902   0.0000
             |
         _94 |  -0.0027  -0.0883   0.0749   0.0209   0.4934*  0.2705*  0.4934*
0.2706*  0.2741*  0.0472  -0.0072   0.4009*  0.6504*  1.0000
             |   0.9612   0.1144   0.1808   0.7096   0.0000   0.0000   0.0000
0.0000   0.0000   0.3994   0.8983   0.0000   0.0000
             |
         _89 |  -0.0058  -0.0898   0.0343   0.0605   0.6041*  0.2836*  0.6041*
0.2835*  0.2089*  0.0679   0.0075   0.2694*  0.5532*  0.6746*  1.0000
             |   0.9170   0.1082   0.5398   0.2795   0.0000   0.0000   0.0000
0.0000   0.0002   0.2254   0.8941   0.0000   0.0000   0.0000
             |
         _79 |   0.1293*  0.0583   0.1685*  0.2275*  0.5197*  0.1116*  0.5197*
0.1115*  0.0669   0.0583   0.0515   0.2121*  0.3940*  0.4826*  0.7579*  1.0000
             |   0.0205   0.2975   0.0024   0.0000   0.0000   0.0458   0.0000
0.0459   0.2321   0.2980   0.3581   0.0001   0.0000   0.0000   0.0000
             |
                                       Page 5
```

图 F-5　Stata 软件计算皮尔逊相关系数矩阵

```
                          IndependentVarCorrelationCheck
          _69 |   0.1715*  0.1377*  0.2125*  0.2708*  0.4312*  0.0115   0.4312*
0.0115  -0.0125   0.0443   0.0949   0.1488*  0.2317*  0.2769*  0.4389*  0.6483*
1.0000
              |   0.0020   0.0135   0.0001   0.0000   0.0000   0.8369   0.0000
0.8372   0.8234   0.4293   0.0895   0.0076   0.0000   0.0000   0.0000   0.0000
              |
          _59 |   0.2010* -0.0025   0.0953   0.2590*  0.1267* -0.1483*  0.1267*
-0.1483* -0.2749*  0.1240*  0.1236* -0.0910  -0.0679  -0.0118   0.0414   0.0555
0.3785*
              |   0.0003   0.9646   0.0883   0.0000   0.0232   0.0078   0.0232
0.0078   0.0000   0.0264   0.0268   0.1038   0.2253   0.8334   0.4602   0.3211
0.0000
              |
          _49 |   0.4774*  0.1089   0.2208*  0.4242* -0.1738* -0.4402* -0.1738*
-0.4402* -0.4474*  0.3375*  0.3645* -0.1949* -0.1756* -0.1785* -0.2282* -0.2194*
0.0052
              |   0.0000   0.0512   0.0001   0.0000   0.0018   0.0000   0.0018
0.0000   0.0000   0.0000   0.0000   0.0004   0.0016   0.0013   0.0000   0.0001
0.9266
              |
         e_39 |   0.6618*  0.3956*  0.4762*  0.4920* -0.2955* -0.5347* -0.2955*
-0.5347* -0.3390*  0.3642*  0.4614* -0.2855* -0.2682* -0.2914* -0.3764* -0.2844*
-0.1398*
              |   0.0000   0.0000   0.0000   0.0000   0.0000   0.0000   0.0000
0.0000   0.0000   0.0000   0.0000   0.0000   0.0000   0.0000   0.0000   0.0000
0.0122
              |
        e_50r |   0.4256*  0.2604*  0.2878*  0.2982* -0.5239* -0.5269* -0.5239*
-0.5268* -0.3700*  0.2644*  0.3397* -0.3664* -0.4657* -0.5166* -0.6513* -0.6093*
-0.4284*
              |   0.0000   0.0000   0.0000   0.0000   0.0000   0.0000   0.0000
0.0000   0.0000   0.0000   0.0000   0.0000   0.0000   0.0000   0.0000   0.0000
0.0000
              |
         lnpd |   0.4751*  0.2641*  0.3385*  0.6958* -0.4565* -0.7423* -0.4565*
-0.7423* -0.7679*  0.0321   0.3097* -0.2585* -0.2578* -0.2318* -0.2169* -0.0118
0.0719
              |   0.0000   0.0000   0.0000   0.0000   0.0000   0.0000   0.0000
0.0000   0.0000   0.5672   0.0000   0.0000   0.0000   0.0000   0.0001   0.8334
0.1987
              |

              |      _59      _49     e_39    e_50r     lnpd
--------------+---------------------------------------------
          _59 |   1.0000
              |
              |
          _49 |   0.5977*  1.0000
              |   0.0000
              |
         e_39 |   0.1538*  0.6186*  1.0000
              |   0.0058   0.0000
              |
        e_50r |   0.0998   0.6446*  0.8581*  1.0000
              |   0.0743   0.0000   0.0000
              |
         lnpd |   0.2509*  0.4358*  0.5203*  0.4365*  1.0000
              |   0.0000   0.0000   0.0000   0.0000
              |


                                   Page 6
```

图 F-6　Stata 软件计算皮尔逊相关系数

后 记

从 2008 年 9 月博士入学至今，已有近四年光景。斗转星移，光怪陆离的世界变化万千，我也在这令人眩晕的色彩中不断地成长。每一个参与的项目、写作的报告、阅读的文献，都没有浪费，全部凝聚成这一本“巨厚”的(引用陈老师的形容)书中。字里行间，寄托的是导师对我每日的叮咛，是父母对我每日的关爱，是师兄师姐与我促膝探讨，是师弟师妹对“圈姐”的喜爱，是我努力的证明，人生的礼物。

我很幸运，师从两位优秀的导师——汪光焘教授和陈小鸿教授。是的，我有两位导师，我得到两份满满的关爱。

汪老师公务繁忙，却总能抽出时间尽量多地与我们聚会，倾听学生们的近况，组织大家互相讨论互相帮助，无论是科研还是生活都面面俱到地关怀着我们。原谅学生出国在外的时间，不能回国探望您和众师兄师姐们。

陈老师是我的导师，更是我的家人。您给予我的关怀和教导，已经远远超过一个导师所应该给予的，是至亲至爱的家人才会付出的温暖。没有您在学术上的支持，我不可能自由快乐地科研；没有您对人生的引导，我不可能如此快乐地成长；是您伴随着我度过人生最重要的时光。

课题组的老师们，林航飞老师、杨超老师、李晔老师、吴娇蓉老师、王雪松老师、孙海浩老师、辛飞飞老师，你们对我的教导和帮助，是我科研道路上不可或缺的动力；你们勤于学术、严谨执教的态度，是我今后工作中的榜样。

我的爸爸妈妈，你们默默地支持着我的一切选择，无论是在物质上还是在精神上总是尽全力给我最好的。你们给我任性的自由，让我无忧无虑地选择自己的人生。

感谢我爱的、爱我的人们，高忭、徐珺、叶亮、郭泉颖、张瑜、张纯敏、张一宁、冯思思，你们这帮“死党”是我最不能失去的财富，祝你们的生活、工作一切美满。

丹哥(顾晓丹),感谢你阳光乐观的性格照亮我的生活,在本书最艰难的时候给予我支持和信念。

我的师兄、师姐、师弟、师妹们,你们是我的后援部队,也是我的精神教堂。每当我遇到困难时,总是无休止地对你们倾诉,完全不会顾及你们到底爱不爱听。李师兄(李鹏飞),谢谢你对我兄长般的照顾,与你探讨本书的内容,让我备受启发。还要感谢华仔(张华)、熊(熊文)、叶师兄(叶建红)、涂师姐(涂颖菲)、田博(田园)、曾鹏、小许(许寅莉)、钱良辉、傅摶峰、许彬、陈祥、戴剑军、韩舒以及陈林课题组和汪光焘课题组众师兄姐师弟妹们,是你们给我的生活增添了欢乐和温情,祝愿你们在学术和工作的航程里一帆风顺。

张圆圆